문예신서
2015

아이들이 자라면서 겪는 짤막한 이야기들

아이의 두려움, 걱정, 호기심에 다가가기 위해
매일 저녁 아이와 함께 읽어야 할 이야기들

소피 카르캥

박은영 옮김

東 文 選

아이들이 자라면서 겪는 짤막한 이야기들

Sophie Carquain

Petites histoires pour devenir grand

À lire le soir pour aborder avec l'enfant ses peurs, ses tracas, ses questions

© Éditions Albin Michel S.A., 2003

차 례

잠과 어둠

가족, 권위

싸움, 이혼

육체, 콤플렉스, 다름

타인들: 친구, 사랑, 사회

슬픔, 공포, 소심함

학대와 성적 학대

세상에 대한 중요한 질문들

머리말

"심오한 꿈들이 있다. 우리를 자신 속으로
아주 깊숙이 파고들도록 하여 우리의 이야기
로부터 자유롭게 벗어나게 하는 꿈들이 있다.
꿈은 우리를 우리의 이름으로부터 자유롭게
한다."

가스통 바슐라르, 《몽상의 시학》

벽장 속에 악어가…

우리는 우리 아이들의 손톱 모양, 들쭉날쭉한 귀, 웃음소리, 투정
과 분노 등 아이들을 속속들이 알고 있다. 보통 그렇지 않은가? 우
리가 아이들을 '만들'었으니까…. 그런데 무언가가 너무 빨리 우리
에게서 벗어난다. 삶, 현실의 삶이란 항상 벗어나는 것이다.

아이들은 아이들만의 비밀, '벽장 속에 악어'를 갖고 있다. 걱정
이 있고, 질문이 있다. "난 그 애를 좋아하는데 왜 그 애는 아닌 거
죠?" "그런데 아빠, 저기 높이 있는 하나님은 어떻게 생겼어요?" "적
어도 하나님은 행복한가요?" "그럼, 아빠는 하나님이 정말로 있다고
생각해요…?"

아이들은 이미 질문들, 비밀들에 싸여 꼼짝 못하는데도 우리는 아
이들을 아직도 캐러멜을 먹는 시기로, 미끄럼틀을 타는 시기로 생각

하곤 한다. 우리는 당황해 머리를 설레설레 흔든다. 때때로 우리, 엄마들은 어릴 적의 향수에 사로잡힌다. 그러고는 '애가 벌써… 벌써 그런 걸 다 질문하다니!' 라고 생각한다.

벌써, 그렇다…. 우리는, 250 사이즈 신발을 신기도 전에 세상에 대해 날카롭게 질문하는 아이와 마주하게 된다.

바슐라르[역주: 프랑스의 철학자]는 "꿈꾸는 아이는 우리를 세상에 결합시키는 우주적 꿈을 꿀 수 있다"라고 썼다. 알고자 하는 바람은 철학을 향한 첫번째 발걸음이다.

아이들은 익살광대를 보고 웃는 우리의 함박웃음에 넘어가지 않는다. 우리는 아이들을 악으로부터 보호하려 애쓴다. 아이들은 존재의 아픔과 형이상학적 질문으로부터도 안전하지 않다. 매일 아침, 우리 부모들이 우리의 작은 행성을 수색하고 아이들에게 상처를 입힐 위험이 있는 '바오밥나무들' 을 전부 제거하려 하더라도 세상의 쐐기풀이 또 어린 왕자와 같은 아이들을 찌른다. 아이들의 침묵을 그대로 믿지 말라. 청소년 시절의 사춘기를 맞기 전에조차도 우리의 아이들은 아주 둥글고, 아주 파랗고, 아주 유쾌한 지구에 사는 게 아니다.

아이들은 서너 살에 죽음에 대해 어렴풋이 인식하기 시작한다. 열 살경에는 죽음이 피할 수 없는 것임을 알게 된다. 그러므로 그 이후에 아이들 앞에 놓인 버릇없는 바오밥나무를 제거하려고 하시라….

그렇다면 아이들에게 죽음, 성욕, 우정, 돈, 슬픔과 걱정, 고독과 우의에 대해 어떻게 말해야 할까? 이혼과 싸움에 대해서는? 아이들에게 어떻게 밤이 아주 까맣지는 않은지, 어떻게 악몽을 꿀 수 있는지, 어른들이 걸맞지 않은 행동을 할 수 있는지 어떻게 말할 수 있을까?

철학적인 아이

아이는 천성적으로 지극히 철학적이다. 그런데도 학교에서 거의 하루의 일과를 보내며 지리과목, 수학과목 혹은 도덕 시간에 모든 질문에 대답한다. 철학적으로 질문한다거나 탐구한다는 것은 있을 수 없다!

아이는 유럽 연합 국가에 속하는 나라가 어느 국가들인지, 9 곱하기 8이 얼마인지를 말하기 위해 손을 올린다. 나머지 일상에서는? 우리는 아이의 철학적 욕구를 먹는 것으로 성대하게 채운다.

때때로 우리는 현실적인 세상에 100퍼센트 적응된 작은 어른을 만들려고 매우 서두른다. 하지만 아이 속에 잠재해 있는 철학적 소양을 질식시키지 않도록 주의해야 한다. 아이는 매우 적응을 잘해서 유도에서 바이올린까지 조금 익히고서도 우리에게 미소 지으며 좋은 점(틀린 것일지라도)들을 이야기한다.

피에르 페쥐(역주: 소설가이자 프랑스 철학교수)는 "아이를 유아기 상태로 머물게 하는" 그런 압박을 주의해야 한다고 적고 있다. 그렇게 하면 "아이가 사춘기 이전의 문제들을 접하기 전에 마주하는 중요한 질문들을 결코 제기하지 못하기 때문이다." 아이들의 입을 막지 않았더라면…. 그들이 중요한 질문들을 자유롭게 말할 수 있도록 우리들이 그렇게 처신했다면?

잠복기, 침묵기

분별력이 생기는 나이(철이 드는 나이)를 전문가들은 '잠복기'라고 부른다. 이 시기는 아주 특별한 때이다. 우리의 '옛 아이들이' 금지를 억압하고 있다고들 한다. 아이들은 더 이상 울부짖지도, 울지도, 삶은 가재처럼 새빨개질 때까지 화를 내지도 않는다. 기껏해야 아이들은 잠을 자기가 좀 어렵다고 불평한다. 부모들은 고통스럽다.

이 축복 받은 시기는, 아이가 '삶은 가재처럼 새빨개질 정도로 투정'을 부리는 시기를 지나 혼란스런 사춘기를 겪기 전까지 늑대의 걸음으로 전개된다. 그리고 이 시기는 결정적으로 별로 소란스럽지 않기 때문에 우리는 이 시기를 잊어버린다! 하지만 우리의 꼬마가 이제 여섯 살 혹은 일곱 살이 되어 차분해진 것이 아니다.

오히려 그 반대이다. 전문가들은 이 지독한 '유년기'의 지배적인 특징으로 걱정을 꼽는다. 그 걱정이 네 살 때보다는 눈길을 덜 끌기는 하지만 말이다.

학교, 사회는 아이의 '입을 봉하게끔' 한다고 말할 수 있다. 준비(예비) 과정 때부터 아이는 운동장에서 판타지, 아기자기한 장난감과 미끄럼틀과 작별한다. 그러고는 줄을 서지 않는 아이에게 정렬하게 한다!

그러나 아이들은 모든 것에 적응한다.

그들은 늦게 귀가하는 아빠에게, 답변할 시간이 없는 엄마에게, 낯선 학교의 리듬에 적응한다. 생각해 보면 이는 끔찍한 일이다.

그러면 몽상적인 아이는?

학교를 비판하지 말자. 현실적인 아이, '태양의' 아이를 기분 좋게 하는 데 우리 부모가 시간을 더 확실하게 할애하자. 우리의 대화는? "너 수업 시간에 뭐했니? 네 방 정돈해, 최소한 3분 동안 이 닦아야 해, 야채 먹어, 서둘러!"

'합성'된 듯 약간 금속성의 날카로운 목소리가 멀리서 메아리처럼 울리고 결국 우리는 우리가 싫어했던 것을 떠올린다. 존재의 '의무'의 냉혹하고 케케묵은 반복. 하지만 진짜 삶은? 우리는 왜 아주 자주 삶을 잊는가?

물론 시간이 없다. 빨리 만들어야 하기 때문이다! 성과, 가시적인 것의 이점에 집착한 나머지 우리는 결국 겉으로 드러나는 것의 '한쪽 편에만' 관심을 기울이기 때문이다. 현실적인 아이는 자고 먹고 공부할 수 있다. 그러면 몽상적인, '달의' 아이, 시인은 꿈꾸고 생각하고 아무도 몰래 고통스러워하는 걸까? 우리는 너무나 자주 이것을 잊는다. 아마도 우리는 아이에게 어떻게 해야 하는지 모를 것이다….

양을 그려줘

시대는 변했다. 그리고 우리도 이제 더 이상은 옛날처럼 아이들에게 명령조로 마구 해 대며 회초리로 호소하지 않는다. 우리는 이제 '매질하는 엄마'들이 아니다. 민주적인 가정은 보다 시적이고 보다 덜 '금속성'의 목소리로 또 다른 대화를 요구한다.

좋은 시절이다. 왜냐하면 우리의 꼬마 철학자들은 냉정하고 조작적인 언어와 거리가 있는 시와 같은 언어를 무척 좋아하기 때문이다.

그들이 문장가(文章家)가 될 수 있다니 얼마나 황당한가! 자신의 양이 결코 예쁘거나, 착하거나 유순하지 않기 때문에 투덜거리는, 조금은 어린 왕자와 같다…. 그리고 마침내 '꼭 필요한 양' 이 완성되는 것을 볼 때 몹시 기뻐한다. 《어린 왕자》의 이야기에서처럼 알아내야 할 진실을 자신의 상자 속에 숨긴다.

그것은 철학적인 수수께끼인 동시에 포장된 선물 상자이기도 한, 눈보다는 가슴으로 말하는 동물이다. 태양의 아이보다는 달의 아이를 기분 좋게 하는 동물이다.

우리의 아이들도 우리에게 이렇게 말한다. "이야기해 주세요! 하지만 진짜 이야기요. 딱딱하고 재미없고 정확한 도덕적인 교훈이 있는 거 말고요."

언어의 기교를 부릴 줄 모르는 아이들은 자신의 속내이야기를 거의 풀어놓지 않고 우리의 물음에 따라 자신의 아픔을 이야기하기를 싫어한다. 아이들은 우리, 자신의 부모에게 상처를 줄까봐 너무 두려워한다! 그들은 자신이 학교에서 갈취당했거나 친구들과 잘 어울리지 못한다는 것을 우리에게 말하기보다는 오히려 상당한 그 아픔을 배 속에 놔두려 할 것이다.

브뤼노 베틀랑(역주: 정신분석학자이자 교육학자)은 《요정이야기의 정신분석》에서 "고독해서 절망스러운 행동을 하는 경향이 있는 아이는 (…) 종종 자신의 감정을 말로 표현하지 못한다. (…) 그는 우회된 방식으로만 자신의 감정을 표현한다"라고 쓰고 있다. 말 못할 걱정스러운 일이 있어 화가 난 아이에게 해줄 수 있는 이야기란 것이 있다. 자신의 이야기와는 다른 이야기, 베틀랑의 표현처럼 "기어 올라가기

위해 잡아야 할 것"이 아이에게 제공될 것이다. 즉 성장하기 위한 것
이다.

'집요하게 묻지' 말자!

우리는 저녁에 귀가해 낮 동안에 어쩔 수 없이 단절되었던 대화를
나누려고 해본다.

아이는 학교에, 우리는 사무실에 있었다. 그리고 다시 만난다. 우리
는 무엇을 할 것인가. 종종 우리는 "그런데 여보, 당신의 하루는 어
땠어요? 식사는 잘했어요?"라고 말하고는 "넌 성적 잘 받았니?"라는
어쩔 수 없는 질문까지 '집요하게 묻는다.'

물론 의도는 좋다. 하지만 이것은 '우리는 당신이 말하게 할 수 있
소!' 라는 경찰 수사 방식의 의문문의 냄새를 풍긴다. 게다가 결과는
종종 실망스럽기 마련이다. 그리고 인터뷰를 받는 우리의 꼬마는 침
묵으로 빠져든다.

"아이의 고독은 남자의 고독보다 더 비밀스럽다"라고 바슐라르는
《몽상의 시학》에서 이야기한다. 그건 사실이다. 그 비밀들이 정말로
우리, 엄마들을 성가시게 하는 것은 정말 맞다. 일단 집에 돌아오면
우리는 아이가 우리에게 자신의 하루 일과를 아주 착하게 이야기하
는 완전한 햇병아리 같은 아이로 되찾고 싶어할 것이다. 하지만 햇병
아리는 저항할 뿐, 의사소통은 더디게 이루어진다.

아이들은 어른들의 개입과 호기심을 싫어한다. 그들은 작은 물고기
들처럼 질문의 그물코와 그물로부터 벗어나려 한다. 꼬마는 토라진
기색을 하고 "그만 물어봐요" "날 그냥 나둬요…"라며 한숨을 쉰다.

그래 좋아. 미안해.

이야기는 관계를 형성한다…

바로 여기에 저녁의 옛날이야기가 끼어들 수 있다.

옛날이야기는 우리 부모들이 아이들과 분명히 거리가 있는 시대를 보내는 시기에 결정적으로 부모들과 아이들 간의 관계를 형성하게 해준다. 저녁의 옛날이야기를 통해 아이에게 엄마로서의 지배력을 행사하며 말하는 게 중요한 게 아니라 아이와 함께 이런저런 문제를 '소통하는' 것이 중요하다.

옛날이야기는 '시(詩)적인 변화'와 거리 유지의 효과를 통해 다른 인물에 대해 이야기하기 때문에 아이를 불안하게 하지 않으면서 또 다른 자신에 대해 말하게끔 해준다. 당신은 아이가 우울하다고 의기소침하다고 느끼는가? "옛날에"라고 시작해 보라. 아이를 '걱정시키지 않고' 억압하지 않는 시대의 이야기로 거리를 두라. 왜냐하면 이야기의 등장인물, 작은 토끼, 생쥐, 어린 왕자나 작은 요정은 아이인 동시에 타자이기 때문이다.

탑에 갇혀 너무나 슬픈 어린 공주의 이야기를 들을 때면 아이는——그 이야기는 먼, 아주 오래된 것이니까——차분해질 것이고 아이의 걱정은 완화될 것이다. 아이에게 위베르 프티루의 이야기, 강탈의 희생자의 이야기를 하라. 아이는 당신에게 아마도 "엄마, 그 얘기를 들으니까 뭔가 생각나요…"라고 말할 것이다.

아이와의 직접적인 대화가 더 어렵게 되었을 때 옛날이야기로 접근해 간다면 훨씬 더 효과적으로 아이로부터 속내이야기를 들을 수 있다. 억지로 우려내기보다는 '줌으로써' 받을 수 있다. 그건 잘 알려진 사실이다….

커다란 입을 한 동물로부터 작은 귀를 가진 동물에 대한 동화는 최초의 철학적인 속내이야기가 될 수 있다. 아이는 처음에 동화를 통해 보편적인 것에 대한 경험을 한다. 즉 아이는 '나'의 좁은 울타리, 자아의 틀에서 벗어난다…. 이야기는 우리와 타인들 간에 다리를 세우고 우리의 작은 자아의 고치로부터 나오게 한다.

알베르 자카르[역주: 프랑스의 유전생물학자]가 《작은 것을 읽은 자가 큰 것을 읽을 것이다》라는 책의 서문에서 "사람이 된다는 것은 만남의 조직으로 끼어드는 것이다"라고 멋있게 적었다.

그렇다, 독서를 통해 타인과 교제하게 되면 만남이라는 엄청난 세계를 경험할 수 있다. 왜냐하면 독서는 우리를 공감과 감동의 세계로 이끌기 때문이다.

감동과… 사고

말은 감동을 풀어놓는다. 그리고 교훈적인 대화와 이야기를 구분짓는 것이 바로 감동이다. 필자는 어떤 점에서 책이 감동을 전달하는지 결코 말하지 않겠다. 적어도 책이 양을 상자 속에 가둘 때에는…. 너무나 잘 알려졌듯이 우리는 프루스트, 셀린과 그 외의 많은 작가들 덕분에 미학적인 감동을 경험한다.

아이들에게 있어서도 마찬가지이다. 그림책 덕택에 아이들은 신데렐라를 읽으며 분노하고 백설공주로 인해 두려워하며 성냥팔이 소녀 이야기(아이들에게 하나님과 사후에 대해서도 말하는)를 들으며 눈물을 흘린다.

최초로 책을 읽을 때 독서의 감미로움을 경험할 수 있다. 다니엘 페낙〔역주: 소설가이자 아동작가〕이 《소설 같은》에서 이러한 감흥을 언급한다. "이런 만족감은 즉각적이고 절대적인 감각이다. 즉 상상력이 커지고, 감각이 예리해지고, 가슴이 마구 뛰고, 아드레날린이 분출된다…."

이야기들은 또한 잠재의식에서 잠재의식으로 이야기되는 것이지 피질에서 네오피질로 전달되는 것이 아니다! 아이들이 이야기를 읽을 때 그들 속에서 감정이 열린다…. 눈이 빛나고, 미소가 생겨나고, 얼굴의 표정이 활짝 펴지고, 턱이 떨린다. '뭔가가 일어난다,' 뭔가가 왔다 갔다 하고 뭔가가 동요한다고 시인은 말한다. 왜냐하면 감정은 사고로 헤아릴 수 없는 매개체이고 합리적인 토론보다 훨씬 더 효과적이기 때문이다!

그리고 갑자기 존재의 이 내적인 '큰 변화' 속에서 우리는 타인들의 아픔, 중대한 질문과 고통을 다 이해할 준비가 된다. 그리고 자신의 것들도 받아들이게 된다. 감정은 사고에 이르는 놀라운 열쇠이다.

아이를 품에 안고, 옛날이야기 들려주기

"이야기를 읽어 주세요…! 한 가지만 읽어 주세요…. 몇 페이지만요!" 아이가 학교 축구팀의 선수인데다가 혼자서 학교에서 돌아오는 여덟 살이나 아홉 살이 되었다면, 아이가 이제 더는 당신의 품을 파고 들지 않고 자발적으로는 당신의 무릎에 앉지 않은 지 한참 되었다는 것이다.

그런데 아이는 당신에게 아주 어린아이처럼 저녁이야기를 해달라고 한다···. 보통 있는 일이다. 부모님이 당신을 현실적인 삶의 구속들로부터 풀어 주었을 때처럼 아이는 아직도 마술에 의해 무중력 상태의 그 묘한 느낌을 느끼고 싶어하고 '그 영향력권'에 있고 싶어하는 것이다.

당신은 아직도 아이의 책가방을 들어주고 있지 않은가?

당신이 아이에게 이야기를 읽어 주면, 아이는 갑자기 더는 일곱 살, 여덟 살의 세계가 아니라 다른 곳에 있게 된다. 날아가는 깃털처럼 가볍고 아이가 아주 잘 아는 '옛이야기 속에' 안기게 된다.

품에 안기는 것, '이야기'를 듣는 것··· 이야기는 극장에서도 상연되지 않는가? 장 자크 베넥스(역주: 영화감독이자 제작자이며 시나리오작가)는 프랑스 '엥테르'에서의 인터뷰에서 "극장에서 옛날이야기를 들려주기로" 선택했을 때 할머니 목소리의 중요성을 언급했다.

"나는 할머니가 내게 동화를 읽어 줄 때 침대에서 아주 작은 영화를 만들기 시작했다. 그때, 어둠 속에서 상상력이 깨어났다. 바로 그 목소리가 당신을 품어 주는 것이다. 나는 당신을 품어 주는 그 목소리에다가 늘 많은 중요성을 부여했다."

아이를 달래는 부드러운 목소리

이 부드러운 목소리는 '금속성'을 띠거나 교훈적인 소리와는 거리가 있으며 영혼으로 가득 차 있다. 이것은 나의 목소리도, 당신의 목소리도 아니다. 그것은 다른 곳에서 온다. 물론 그것은 우리의 목소리이지만 우리가 해석할 때면 더 이상은 우리의 것에 속하지 않는다. 그 목소리는 아주 멀리 있고 부드럽고 동화나라에서 온 것 같다.

하지만 그 목소리는 자아의 내부에 깊숙이 감춰진 것, 표현되지 않은 감정들을 깨운다.

사랑에 빠지거나 혹은 거의 신비스러운 어떤 경험을 할 때처럼 우리는 갑자기 우리의 신체와 '이름'에서 벗어남을 느낀다.

브뤼노는 "우리 부모들이 우리의 아이들에게 이 이야기들을 들려준다면 동시에 가장 아름다운 위안을 주게 될 것이다. 만약 아이가 이야기를 듣는 대신 읽는다면 결과는 같지 않을 것이다. (…) 하지만 바로 부모가 아이에게 이야기를 해준다면 아이는 판타지를 통해 그를 억압하는 어른들의 영향력에서 벗어날 수 있을 것이라고 확신한다"고 적고 있다.

타인을 위한 애인…

아이는 다섯, 여섯, 일곱 살에 점차적으로 자신의 낡고 해진 곰, 헝겊의 끝을 놓는다. 아이는 '절대적인 애인' 〔역주: 아이들이 유아기 때 집착하는 물건으로 인형, 이불, 종이 등등〕의 세계를 떠나 '다양한 애인'의 세계, 소위 철학, 이야기, 타인들의 세계로 들어간다.

그러면 이야기는 과도기적인 대상이 아닌가?

매일 아침, 아이들에게 들려주었던 이야기 책, 하루 종일 유치원이나 학교에서 즐겨 읽는 이야기(읽을 줄 모를지라도) 책을 흔들면서 학교(유치원)에 들떠 도착하는 아이들을 보라. 그리고 우리를 보자. 우리의 가방을 뒤져 보자. 놀러 가서 찍은 사진이나 작은 수첩 옆에 한쪽 귀퉁이가 떨어져 나간 낡은 책이 항상 있다.

저녁의 옛날이야기는 또한 치료적이고 과도기적인 기능도 한다.

우리는 밤이 되기 전에 이야기를 갈망한다. 이야기는 복도에 켜둔 작은 전등처럼, 밤으로 빠져들기 전에 우리를 타인들에게 연결한다.

저녁이야기의 의식

저녁이야기들은 한순간 삶에서 벗어나게 하는 마술에 속한다. 우리는 자리잡고 앉아 조금 전에 했던 말다툼, 조그만 상처, 나무람, 이 닦지 않은 것, 모든 것을 잊는다. 부모와 아이는 서로를 거의 보지 않는다. 저녁이야기의 이러한 의식을 지켜야 한다. 꼭 필요하다면 최소한의 교대만 한다.

매일 저녁 읽기: 아이는 여러 가지 의식으로 안정된다. 그래서 저녁이야기가 없을 때 눈물을 짜낼 위기가 생긴다. 식사 후 디저트가 없는 것과 같은 가장 나쁜 상황이다.

다음과 같은 이야기 의식 택하기: '연극적' 분위기, 분위기를 어둡게 조성하고 작은 전등을 켜놓고 조용히 한다.

목소리를 변조시켜 이야기 톤을 내기: 아주 굵은 목소리를 내기도 하고 작은 생쥐들의 이야기일 경우 아주 가는 목소리를 내는 등 철저하게 흉내낸다. 미리 책을 읽어두는 것이 좋다. 그리고 특히 감정을 풍부하게 살린다….

요컨대, **노력이 필요하다**. 어쨌든 당신이 '무릎 위에' 책을 두고 읽을 때 당신의 아이가 다른 책, 그러고 나서 또 다른 책을 읽어 달랠 수 있다는 것을 알아챘는가? 아이가 정말 만족할 때는 더 읽어 달라고 하지 않는다….

생각하는 작은 엄지공주들을 위한 작고 하얀 조약돌…!

이야기, 그것은 오랜 시간 떨어져 있게 되는, 밤의 시간으로 들어가기 전에 갖는 작은 갈망이다. 이야기는 아이들이 그들의 베갯속으로 밀어 넣을 수 있는 작은 불빛과 같다. 애무하고 빨아먹고 만지작거리는 생각, 그림이다. 우리가 아기들에게 책을 줄 때, 아기들은 책을 사방으로 돌리면서 바로 이것을 막연히 예감한다. 그렇다, 그들은 그들의 언어로 말한다. 바로 거기에 필수적이고 신비스런 어떤 것이 있다. 책은 마술이다.

아이에게 이야기를 읽어 주면서 우리는 그에게 한 움큼의 작고 하얀 돌, 새들이 쪼아 먹지 않을 조약돌을 주는 것이다.

아이는 조약돌을 가지고 길, 어두운 숲을 지날 것이다. 어둠 속에서 길을 잃고, 질문과 의심과 걱정으로 괴로워도 아이는 조약돌을 움켜잡을 수 있을 것이다. 그리고 그것을 이용해 벗어날 것이다.

잠과 어둠

겨울잠을 자기
싫어하는 작은곰

11월이 되자 갑자기 캐나다의 그랑 노르 숲 속의 자연은 잠이 들었어요.

낮은 점점 더 일찍 졸려 하며 하품을 하고 동물들은 서로에게 몸을 기댑니다. 새들은 읊조리기를 그만두고 개미들조차 둔해져서 집 쪽으로 작게 코를 골면서 걸어갔어요. 바로 겨울잠을 잘 시기이기 때문이죠.

숲 속에서 제일 강한, 노란 작은 눈을 한 늑대도, 재칼도 아주 단순히 겨울이기 때문에 잠을 자는 거랍니다. 겨울은 새들이 노래하고 과일들이 자라는 것을 방해합니다.

모두가 여섯 달 동안 잠자기 위해 둥지나 작은 굴을 현명하게 준비합니다. 개미들은 잔가지들과 이끼들을 모으고, 두더지들은 첫눈이 와도 젖지 않도록 깊숙이 땅바닥을 파고 방울새들은 첫눈이 와도 젖지 않도록 아주 높은 나무 위에 둥지를 짓고 푹신푹신한 깃털 속에 부리를 쏙 파묻고 잠 잘 준비를 합니다. 달팽이들은 초가을부터 네 쪽으로 접혀 껍질 속에 들어가 있어 밖의 세상 소리를 듣지 못합니다.

곰 가족들도 긴 겨울밤에 대비합니다. "자, 레오야! 이 닦아라" "네 인형 챙기고, 예쁜 잠자리가 준비됐어!" "자, 잠자러 가렴, 사랑스런 아가! 안 그러면, 봄에 제때에 깨어나지 못할 거야…!"

하지만 레오는 겨울이 되는 것을 불안하게 생각했어요.

레오는 이번에 처음으로 겨울잠을 자는 것이거든요. 겨울잠은 아이들에게는 늘 힘든 일이죠. 상상해 보세요. 하루 종일 뛰어다니다가 이제 굴속에서 움직이지 않고 웅크리고 있기로 하기란 쉬운 일이 아니죠.

— 맙소사, 왜 겨울이 되어야 하죠? 레오는 투덜거리며 말했어요. 난 여름이 영원히 계속되었으면 좋겠어요. 바위들 사이로 달리기도 계속하고 싶고, 나무줄기 속으로 내 발을 슬그머니 밀어 넣고 벌들의 은신처를 찾아내고 땅바닥에서 구르고 싶어요. 그러니까, 계속해서 살아 있고 싶단 말예요.

— 아, 그런 게 아기곰들이지! 레오의 엄마 로즈가 한숨을 쉬었습니다.

모든 엄마들처럼 로즈는 좀 쉬고 싶었답니다. 그녀는 엄청난 꿀단지들을 포장하고 곰인형의 털로 아주 많은 담요를 짰고, 많은 인형들을 손질했습니다…. 그녀는 자신의 아기곰들이 벌들을 피하면서 어떻게 꿀의 냄새를 맡아 찾아내는지를 가르치는 데 너무나 많은 시간을 보내서 잠, 잠, 잠을 자고 싶었답니다…. 숲 속의 잠자는 공주처럼 100년을요!

그녀는 지내 온 동면을 감미롭게 회상했습니다.

굴 속에 들어가 공처럼 몸을 웅크리고는 아기곰들의 심장박동 소리를 들으면서 봄이 되면 기운을 차리기 위해 자기 집에서 은거하는 것이죠. "겨울잠을 자는 것은 아주 즐거운 삶이지!" 그녀는 생각했습니다. 그렇지만 다시 곰곰이 생각해 보았습니다. 그녀 역시 아기곰이었을 때 이 긴 잠을 싫어했었죠. "아기곰들은 모두 비슷하지, 아기곰들은 겨울잠 자는 걸 좋아하지 않아, 하지만 왜지?" 엄마곰은 중얼거렸습니다.

레오는 설명할 수 있었는데, 좀 겁이 난다고 말했습니다. "내가 여기에서 지켜보지 않는다면 아마 사물이 변하고 죽게 되겠지?"라고 생각했어요.

그가 잠에서 깨었을 때 더 이상 숲도, 자연도, 하늘도 존재하지 않는다면, 그리고 부모님조차 더 이상 존재하지 않는다면?

깨어났을 때, 모든 나무들이 쓰러지고 폭탄이 터지고 엄마가 사라지고 벌들이 따뜻한 나라 쪽으로 떠나려 하고 꿀이 한 방울도 남아 있지 않다면? 나비 한 마리도 없다면? 아무것도 없다면?

레오의 엄마, 로즈가 미소 지었어요.

— 안심해, 세상을 돌아가게 하는 건 네가 아니잖아, 알지! 이 세상은 수천 수백만 년 전부터 존재해 왔어! 너의 할아버지, 증조할아버지, 고조할아버지, 고조할아버지의 할아버지, 모든 조상들이 겨울잠을 잤단다…, 네가 잠을 자는 동안에도 지구는 계속해서 돌아갈 거야, 너도 함께 말이지, 겨울 동안에 네 심장은 계속 뛰고 폐도 계속해서 오흡해, 그리고 네 눈들은 달콤한 꿈을 꾸면서 모든 것을 볼 거야, 넌 굴 속으로 자리만 바꾸는 거고 잠을 자면서 작은 소리도 듣게 될 거야, 그건 죽는 것과는 달라, 내 말을 믿으렴!

그러고 나서 엄마는 레오의 눈을 들여다보았어요.

— 말해보렴…, 엄마 믿지?

레오는 안심이 되었습니다. 그의 걱정은 햇빛을 받은 눈처럼 녹아 버렸답니다. 그는 눈을 감고 굴 속에서 몸을 웅크리고 평화롭게 잠들었습니다.

몇 달이 지나고 어느 날, 한 줄기 햇빛이 레오의 콧망울을 비추었습니다.

레오는 네발로 기어서 밖으로 반쯤 나왔어요. 그는 아주 몸이 둔했어요.

— 오랫동안 잠을 자면 종종 그런 거야.

그는 햇빛에 눈이 멀 수 있으니까 바로 눈을 뜨면 안 되고 아주 천천히 떠야 한다는 것을 알았어요. 밖에서 좋은 냄새가 났어요! 소나무잎 냄새, 박하 향기, 신선한 냄새.

— 냠냠! 배고파! 꿀단지를 아주 많이 만들어야지, 숲에서 뛰어다니고! 새들을 깨울 거야! 배고프다, 배고파, 배고파!

그리고 밤이 조언한 대로 레오폴드는 가족 모두를 위해 꿀을 찾으러 달려갔습니다. 잠을 자는 동안 레오는 엄청 자랐군요!

부모를 위한 조언
· · · · · · 밤과 잠 · · · · · ·

왜 아이들은 잠자러 가기 싫어할까?

아이들에게 밤은 고독, 즉 놀이로부터 부동상태로의 이행, '가족과의 집단적인 삶'으로부터 고독으로, 빛에서 어둠으로, 활동으로부터 어떤 '소멸' 상태로의 귀환을 상징한다. 물론 아이들과 유아들까지 이러한 이행을 무서워하며 분명히 아무런 이유없이 울부짖기 시작한다.

밤은 꼭 필요한 것이다…. 잘 쉬기 위해서뿐만 아니라 혼자 지내는 데 익숙해지기 위해서다. 바로 이 '내면의 짧은 고립'이 성장하도록 돕는다. 자기 자신과 첫번째로 대면하는 것이다.

왜 아이들은 혼자서 잠들어야만 할까?

왜냐하면 어느 누구도 그들을 대신해서 잠들 수 없기 때문이다! 특히 초저녁에 아이 곁에 남아 있는 엄마도 대신할 수 없다.

우리가 '불안해하는' 아이의 침대 머리맡에 남아 있을지라도, 문제에 봉착하게 될 것이기 때문이다. 우리가 모성보호적인 행동을 한다면 아이는 "네가 밤을 두려워하는 것은 옳아. 네가 잠들려면 내가 필요하지"라고 이해하게 될 것이다…. 그때부터는 애원하고 타협하는 고역의 날들이 시작되는 것이다.

그렇게 되면 정확히 매일 저녁마다 매번 고독을 처음으로 체험하게 되기 때문이다. 불가피한 일이다.

우리가 할 수 있는 것

잠잘 시간을 알린다(10분 후에 잠자러 간다, 잘자라고 말하기 시작한다).

들려줄 이야기에 대해 협상하지 않는다. 즉 이야기는 하나만 해주어야지 그 이상은 안 되는 것이다(혹은 의향에 따라 두 개). 그 대신 아이의 침대 곁에 인형(애완물) 외에도 작은 책을 남겨둔다. 책 또한 밤으로의 이행을 도와주는 대상이다.

'내일'을 말하기 위한 방법으로, 다음 날 입을 옷을 함께 준비하고 잘 보이게 (밤에서 낮으로의 이행을 효과적으로 돕는 방법이기도 함) 의자 위에 둔다.

다음 날의 일과를 이야기한다.

어떤 경우에도 '잠자는 것에 대해 위협'을 가하지 않도록 한다. 예를 들면 "넌 착하지 않니? 잠자러 가거라" 등등.

잠자러 가는 때에 불안한 분위기와 '신경질을 내는' 식은 피한다. 우리가 '하기 싫은 일을 억지로 하는' 듯해 보인다면, 만약에 한숨을 쉰다면, 아이에게 잠자러 가는 것을 유희하는 게 아니라 간청해야 할 것이다. 아이도 마찬가지다.

키워드가 되는 문장

★ "잠은 기운을 회복하는 데 꼭 필요하다. 아침마다 우리는 에너지를 다시 얻고 원기 왕성해져서 잠을 깬다."

★ "잠드는 것을 두려워하지 마라. 세상은 네가 잠자는 동안에도 계속해서 돌아간다."

★ "네가 잠자는 동안 성장한다는 것을 아니? 밤에도 몸속에서는 성장 호르몬이 분비되어 우리를 성장하게 한단다."

사랑받지 못한다고
느끼는 달

바로 그날 밤 달은 기분 좋지 않은 상태로 일어났습니다. 달은 두 주먹을 둥근 허리춤에 대고 투덜거렸죠.

— 충분해! 충분하다고! 난 지겹단 말야!!!

달은 막 훌쩍거렸고 마침내 아기처럼 깊이 잠든 밤을 깨웠습니다.

— 웬 소동이람! 밤은 하품을 하면서 어둡게 했습니다. 만일 네가 계속 이런 짓을 하면 모든 아이들이 잠에서 깨어날 거고 넌 다시 아이들을 잠들게 해야 돼! 그렇지만 네가 내 커다랗고 파란색 망토에 감싸여 눈을 크게 뜨고 이 세상을 바라본다면, 그리고 아이들이 침대에 아주 얌전히 있다는 것을 확인하게 된다면 그때 아주 기분 좋게 일할 수 있을 거야.

달은 우울하게 눈을 떨구었어요.

— 난, 사랑받지 못하는 게 진저리가 나, 태양만 사랑한다니까! 태양이 뜨면 온 세상이 외치지, "어 저기 태양이네! 다시 태어난 느낌이야!" 그런데 네가 커다란 파란색 망토를 드리울 때와 내가 나타날 때는….

— 그래? 밤은 어깨를 으쓱거리며 물었습니다.

— 그래, 그건 같은 게 아니야. 사람들은 내게 안녕!조차 말하지 않아!

달은 목을 긁었습니다.

— 아마도 어른들은 널 잊을지도 모르지만 아이들은 아니야. 아이들은 네게 공주에게 하듯이 인사하지! 네가 나타나면 아이들은 소리 지르지,

"봐! 달이야, 저기 달이야!" 그리고 그들은 별처럼 눈을 반짝이지.

— 유우…. 달은 한숨을 쉬고 결국은 바로 그날 밤엔 달빛을 비추고 싶어하지 않았죠. 하지만 언젠가 어떤 끔찍한 날, 내가 아주 둥근달이 되면 사람들은 날… 날 혼동하지….

황금빛 달은 창피해서 얼굴이 붉어졌어요.

— 무엇이랑? 밤이 물었습니다.

— 가로등이랑! 그래, 완전히! 이미 겪은 일이지!

— 가로등은 친절하지. 밤이 대답했습니다. 그건 도로에 빛을 주잖아. 마음을 따뜻하게 해주지.

달이 한숨을 쉬었어요.

— 난, 난 가로등보다 훨씬 더 높이 있다구! 아이구! 사람들은 태양을 머리맡의 전등이랑 혼동하지 않을 거야!!

그리고 나서 달은 계속해서 훌쩍거렸습니다.

— 아무도 내가 어떻게 일하는지 모르지…. 아이들조차도 내가 아무것도 하지 않는다고 생각하지. 그 애들이 그린 그림을 봐. 난 항상 거의 배경에서 벗어나서 오른쪽에, 그림종이의 작은 귀퉁이에 있어. 아이들의 그림에서 내가 뭘 하는 건지 네가 말해 줄 수 있어? 달은 투덜거렸습니다. 난 자는 거라고! 사람들은 눈을 감고 하품하는 입을 하는 날 그린 거야. 반면에 태양은 온 치아를 다 드러내고 눈을 크게 뜨고 웃고 있지. 달은 눈살을 찌푸리면서 덧붙였습니다. 하지만 난 눈을 완전히 감은 적이 결코 없다구! 난 잠든 아이들 모두를 살펴봐. 그런데 아무도 그걸 짐작하지 못해! 달은 속삭였습니다. 가끔씩은 난 그들에게 살짝 아양을 떨기도 하지. 그러면 아이들은 이마에 약간 간지럼을 느끼는데 내가 그런 거라는 걸 짐작 못해!

밤은 주의를 기울여 듣고 있었습니다.

— 나도 그래. 사람들은 내가 항상 잠자고 있다고 알지. 사람들은 '동이 터오른다'라고 말하고 '밤이 저물었다'고 말하지. 마치 내가 구멍으로 떨어진 것처럼. 하지만 그건 틀렸어! 난 세상으로 '저무는 게' 아냐. 난 묘하게도 유용하거든. 내가 없으면 사람들은 잠시도 쉬지 않아서 하루 종일 달리다가 쓰러질 거야. 삶이란 시간에 쫓기는 달리기 경주와 비슷하지. 달리기 끝에 지쳐서 쓰러지면 일어날 수 없어.

반면에 내 덕분(밤은 가슴을 내밀며)에 사람들은 밤 동안에 힘을 얻고 다음 날 새로이 경주하고 즐길 수 있거든!

— 달은 한술 더 떴습니다. 난 꽃들과 곡식들이랑 아이들 역시 성장하게 하는 데 선수야! 난 그들을 보호하고 잠재워. 그들이 성장하는 건 바로 잠자는 동안이니까.

밤이 다시 말했습니다.

— 맞아. 밤새 아무것도 멈추지 않아. 모든 게 아주 낮게 소리 죽여 계속되지. 피는 혈관 속에서 흐르고 꽃들은 계속해서 호흡하고 나비들은 날갯짓을 하지….

달은 커다랗고 둥근 머리를 흔들었습니다.

— 그런데 왜 아이들은 잠자러 갈 때 불평하는 걸까? 그건 정말로 자존심 상하는 일이야! 가끔씩 난 그들이 이렇게 말하는 소리를 듣곤 해. "싫어요, 엄마! 잠자러 안 갈래요. 잠자기 싫어요!"

그러고는 달은 우울하게 다른 곳을 바라보았습니다.

— 그럴 때면 내 마음은 터져 버릴 것 같아. 난 너무 슬퍼서 어떤 커다랗고 까만 구멍으로 들어가 다시는 나오고 싶지 않아…. 하지만 그렇게 할 수 없어. 만일 어느 날 내가 나타나지 않는다면 아이들은 뭐라고 말하겠어?

달이 침묵하자 밤도 침묵했습니다. 하늘은 고요했습니다. 하지만 둘 다 언젠가 아이들이 그림을 그리면서 아주 아름답고 멋진 자리에 그들을 그려 주기를 꿈꾸었습니다. 바로 그날 아이들이 말했습니다. "멋있다! 잠잘 시간이야! 서둘러요, 엄마! 내 친구 달님이 내 귀에 자장가를 흥얼거리는 걸 듣고 싶어요…."

그리고 달과 밤은 아이들이 부드러운 밤과 다정한 달을 느끼게 될 그 행복한 날을 생각하면서 커다랗고 파란 하늘에서 미소 지었답니다.

달의 탄생

그때는 달이 존재하지 않았습니다. 크고 금빛 찬란하고 정말 강렬한 태양만 있었죠.

모든 사람들이 태양을 좋아했고 그 빛 아래 엎드렸답니다! 태양을 보지 않고는 잠들지 않을 정도였죠! 매일 저녁 해가 질 무렵에는 울음소리와 울부짖는 소리, 흐느끼는 소리, 비명소리가 들렸어요. "제발, 사랑스러운 태양아! 잠들지 말렴! 우리와 함께 있어 줘." 지구는 온통 한탄하는 한숨 소리와 근심하며 괴로워하는 소리로 가득했습니다. 그런데 왜 그런 걸까요?

왜냐하면 밤에는 태양이 없어 검은색보다 더 어둡기 때문이었어요. 달은 아직 존재하지 않았고 지구는 온통 어둠에 휩싸였어요.

하나님은 구름 위에서 살펴보았습니다. 분명히 밤에는 뭔가가 부족했죠. 태양의 엄청나게 강렬한 빛과 밤의 깜깜한 어둠 사이에 하나님은 무엇을 만들 수 있었을까요? 하나님은 태양을 불러들였고 태양은 거만하게 자신의 빛줄기를 가다듬었답니다.

— 넌 밤에 좀 다시 올 수 있겠느냐? 하나님이 물으셨죠. 울부짖는 이 모든 사람들을 위해서 조금만 다시 올 수 없느냐?

— 푸! 분명코 할 수 없어요! 태양이 대답했답니다. 난 낮의 행

성이에요, 난 어둠 속에서는 아무것도 할 수 없어요, 그리고 난 너무나 많이 일하거든요, 저녁이 되면 난 산 뒤로 잠자러 가고 싶을 뿐이에요, 추가로 일을 해야 하는 것은 생각할 수 없어요,

— 그래, 그래, 하나님은 한숨을 쉬었답니다, 네 강렬한 빛으로 화내지 마라, 다른 묘안을 찾아봐야겠다,

그리고 나서 하나님은 모든 사람들을 환히 비추고 달래 줄 전등 같은 커다란 행성을 만들기로 결심했습니다,

— 내게 조금만 시간을 주면 너희들에게 아주 놀라운 것을 만들어 주겠다, 밤은 이제 그렇게 어둡지 않게 될 것이다!

하나님은 붓을 들고 밤의 행성인 달을 창조했답니다, 그건 아주 둥글고 하얗고 기묘한 작은 여자 같은 야릇한 것이었는데 자비로운 눈으로 온 세상을 지켜보았답니다, 달은 태양보다는 덜 환했어요, 꼭 환하게 비추기 위해서 만들어진 게 아니었습니다,

달은 사람들의 졸음을 돌보는, 사막의 상인들이 말하는 바람막이를 가진 꼬마를 생기게 했어요, 그날 이후로 사람들은 밤이 되는 것을 아주 기꺼이, 고마워하며 바라보았습니다, 이제 우는 일은 없었죠, 오히려 반대였다니까요! 사람들은 노래하고 웃고 모든 아이들이 외쳤습니다, "보세요! 달이 저기 있어요! 달이 저기 있어! 이 다정한 전등이 있어서 정말로 기분 좋게 잠들게 될 거예요,"

그날 이후로 밤은 더 이상 전혀 깜깜하지 않답니다,

밤은 오히려 푸른 빛-푸른밤입니다, 밤은 이제 검지 않고 졸음은 이제 깊은 혼수상태로 빠져드는 게 아니죠,

달은 밤을 고치기로 결심했죠, 오, 밤은 너무 쓸쓸했고 무지 침울했지!

달은 천연색으로 꿈 같은 세상을 만들고 듣기에 편안한 소곤거리는 소리를 남겨두고 온 세상에 온화한 희미한 빛이 감돌게 했어요, 하지만 태양빛처럼 거만한 빛이 아니라 부드럽고 위안을 주는 희미한 빛이었고 여러분에게 살아 있음을 느끼게 하지요, 밤이 갑자기 유쾌해져서 어떤 사람들은 세상의 커다란 집에 있는 것처럼 지내고 싶어했답니다, 올빼미들, 빵가게 주인들, 야간열차, 야간경비들, 역설수면(꿈꾸는 동안 자는 잠), 밤나방들, 귀중한 돌을 모으기 위해 조개를 여는 불가사리들 등은 낮보다 오히려 밤에 일하기로 결정했어요, 중요한 인물들 역시 밤의 거처를 따로 두었어요, 즉 생쥐들은 동전과 사탕을 아이들의 베개맡에 두었고 산타클로스도 굴뚝 밑으로 몰래 내려오기 위해 밤을 선택했죠, 그리고 이 모든 이들은 밤이 낮보다 훨씬 더 아름답다고 결론지었습니다…,

달은 희한하게도 자랑스러워했어요, 왜냐하면 달 덕분에 밤은 이제 더이상은 깜깜한 구멍과 닮지 않았기 때문이죠, 가장 화가 난 것은 태양이었어요, 왜냐하면 달이 태어난 이후로 태양은 사람들에게 아주 쬐끔 덜 사랑받고 아주 쬐금, 덜 필요한 존재라고 느꼈기 때문이랍니다, 태양은 이런 소리를 듣기까지 했어요, "오, 왜 이렇게 환하지, 이런 태양빛은 눈에 안 좋은데!" 게다가 이런 소리도요, "잠자는 오늘 저녁 만세!"

기생충 같은 작은 게 태양을 자존심 상하게 했어요, 하지만 지구에서 모든 사람들은 밤에 다시 오기 싫어하는 태양의 자리를 찬탈한 이 커다란 달이 태양에게 훌륭한 교훈을 주었다고 생각했습니다,

잠자기
싫어하는
어린 태양

아주아주 오랜 옛날에는 지구에 아무것
도 없었답니다. 전혀요! 사람조차도 없었죠.

그에 반해 하늘에는 이미 태양, 달, 별들 등이 거주하고 있었죠…, 모두
다 거기에 있었어요. 그때는 그들 모두 아직 너무 어렸고 변덕스러웠고
미친개 같았고 때때로 거만했어요. 특히 태양이요! 태양은 갓 생겨나 눈
부시게 하는 빛줄기로 으스댔고 아주 자신감으로 넘쳤어요. 태양은 게다
가 가장 환하고 붉게 빛나고 제일 반짝였기 때문이죠! 태양은 빛줄기와
태양열과 눈부실 정도로 환한 빛으로 모두를 귀찮게 했습니다.

— 그만 좀 비출 수 없어? 너 때문에 우리 눈이 아프단 말야! 구름들이
말했습니다.

— 중단하시오! 내 머리가 아프단 말야! 눈을 감지도 못하겠어! 달이 불
평했습니다.

— 아, 이런 어린 꼬마가! 젊었을 때에는 빛이 났지만 이제 거의 반짝이
지 않는 제일 나이든 별들은 무례하게 항의했습니다.

— 결코 그만두지 않겠다는 거야? 지구는 지쳐서 한숨을 쉬었어요.

— 대낮처럼 환하단 말야! 어떻게 눈을 감을 수 있어? 어린아이들처럼
잠을 자야 하는 어린 별들이 물었습니다.

하늘에 살고 있는 모두는 지치고 기진맥진하고 몹시 피곤하고 극도로
예민해지고 슬퍼하면서 빛의 힘으로 어둠을 망가뜨렸어요. 이들은 태양

을 어두운 벽장 속에 가두자, 좀 덜 빛이나도록 청소 세제 카르세로 태양을 퇴색시키자는 몇 가지 의견을 냈습니다.

— 그런 방법을 오래 써먹을 수 없어! 다른 방법을 찾아야 해, 천둥이 고함쳤습니다.

물론 매번 그렇듯이 천둥은 특유의 번갯불을 가지고 있었죠.

— 알아냈어! 천둥은 커다란 Z를 그리며 번갯불을 내보였습니다. 내게 좋은 생각이 있어.

그러고 나서 천둥은 달의 귀에 대고 자신의 생각을 소곤거렸고 달은 그것을 별들에게 이야기했고 별들은 산들바람 등등에게 속삭였습니다.

거만한 어린 태양은 천둥 앞에 오게 되었는데 아무 걱정 없이 아직도 하늘에서 신이 났습니다.

— 어린 태양아, 말해보렴, 우리에게 좋은 생각이 있거든, 너는 우리가 살고 있는 곳에서 몇 시간 빛을 발해. 그러고 나서 8시 이후에는 지구의 다른 편에서 빛을 내도록 해. 그렇게 되면 너는 우리 동네에서 몇 시간, 8시에는 저기서 빛나는 거지, 네가 그곳에서 지내는 동안에는 거기에서 사는 이들이 즐거워할 거고 우리는 잠자게 될 거야. 왜냐하면 우리는 마치 불을 끈 것 같을 테니까. 그리고 네가 우리 동네에 있는 동안에는 그쪽 동네가 쉬게 될 거야. 그렇게 하면 넌, 결코 네 빛을 중단하지 않아도 되거든! 모두가 만족할 거야!

어린 태양은 두 동네와 특히 도처에 친구들을 갖게 된다는 생각에 기뻐서 펄쩍 뛰었답니다.

그 이후로 지구에 밤이 생기게 되었고, 하루의 절반은 쉴 수 있게 된 하늘에서 지내는 거주자들 모두가 제일 행복하게 되었답니다. 게다가 바로 그때에 사람들이 생겨났고 물론 낮에는 약간의 태양빛을, 밤에는 약간의 어두움이 생겨나게 되어 이 지구에서의 삶은 아주 유쾌하다고 생각했답니다. 사람들은 어쨌든 약간 쉴 수 있게 되었죠. 어느 누구도 태양이 하늘에서 제멋대로라고 불평하지 않았답니다. 태양이 결코 완전히 사라질 수 없다는 것을 잘 알고 있으니까요. 태양은 단지 지구의 다른 편에서, 두번째 동네에서 두번째의 생을 시작하고 있다는 거죠! 그렇기 때문에 어둠을 두려워할 필요가 없습니다. 어둠은 결코 완전히 검은색이 아니죠. 지구의 다른 편에서 계속 빛을 발하는 어린 태양이 있다는 멋지고도 간단한 이유 때문이죠. 여전히 삶이 계속되고 움직임이 있고 빛이 있답니다. 아무것도 결코 완전히 멈추어지지 않는답니다.

부모를 위한 조언
· · · · · · 어둠에 대한 두려움 · · · · · ·

왜일까?

어른들의 세계에서 쉽게 상처받고 우왕좌왕하는 아이는 어둠 속에서는 더욱 문제를 제어하지 못한다. 그래서 어둠을 두려워한다.

가장 친숙한 얼굴들이 사라지고 알고 있는 것이 낯선 것이 되어 버리면 아이는 두려운 적대적인 세계에 빠졌다고 느낀다.

어둠은 유령과 비밀스러운 것으로 가득하다. 어둠은, '금기'를 지키는 어떤 가족들의 경우에 감추고자 하는 어떤 비밀과 연결된다.

어떻게 반응할까?

물론 억지로 아주 깜깜한 방에서 자도록 강요하지 않아야 한다. 강요한다면 아이의 공포심이 가중될 것이다.

익숙한 것에서 낯선 것으로 점차적으로 이행해야 한다. 즉 함께 커튼을 치고 옷장 문을 닫고 작은 전등불을 켜 놓고 짤막한 이야기를 해준다…. 그리고 나서 방을 나오라! 만약에 이야기 하나를 하고 나서 두번째, 세번째 이야기를 하면서 아이 곁에 남아 있기 시작한다면 문제는 지속될 것이다….

좀 나중에 아이가 이해력이 생기는 나이가 되면 아이에게 낮과 밤의 기능에 대해 설명해 준다. 이야기에서처럼 태양은 항상 여기저기, 지구의 어느 한편에서 빛을 발한다고 설명한다.

해가 지고 뜨는 것을 보도록 아이를 밖으로 데리고 가라.

여섯 살부터는 전등불 대신에 커튼을 반쯤 젖혀두거나 블라인드를 반 정도만 내려 달빛이 들어오게 한다.

아이가 전등을 켜 달라고 한다면?

힘들더라도 '방을 환하게' 하는 습관을 피해야 한다. 부모들은 모두 이런 성가신 일을 겪는다. 즉 아이는 처음에는 전등을, 그리고 나서는 색깔 있는 전등을, 다음에는 책을 다 읽을 때까지 조금 더 불을 켜 달라고 한다…. 아이가 이런 각각의 단계를 극복하기 시작한다면, 가던 길을 되돌아오도록 해야 한다. 협상하지 않아야 한다. 즉 점차적으로 불을 끄는 것이다….

네다섯 살부터는 아이의 생일에 작은 손전등을 선물해 주어 머리
맡의 전등을 대체하도록 한다. 이런 방법은 아이가 어둠을 두려워하
는 것과 관련해 아이에게 '책임감을 고취하는' 현명한 방법이다. 즉
아이가 어떤 순간에 '작은 손전등'이 필요한지를 결정하도록 하기 때
문이다. 주의할 것은 둘 중 하나로 결정해야 한다는 것이다. 만일 전
등과 손전등(베개맡에 꺼둔 채 두더라도)을 둘 다 허용하는 덫에 빠진
다면 악순환이 계속되는 것이다.

키워드가 되는 문장

★ "밤은 친절하고 온화해. 밤에는 눈을 감고 쉴 수 있거든."
★ "밤은 커다랗고 아주 부드러운 이불(지붕) 같지."
★ "달은 밤새도록 우리를 지켜보는 커다란 등불이지."
★ "밤에 모든 것이 멈추지 않아. 보이지 않지만 생명이 존재해.
    심장은 계속해서 뛰고 태양은 지구의 다른 편에서 빛을 발하고
    빵가게 주인들은 빵을 반죽하지…. 삶은 계속 연장되고 결코 멈
    추지는 않아."

환한 밤에 보이는
탈리의
커다란 얼굴

탈리, 자러 가!

'오 안 돼요, 싫어요.' 탈리가 생각했어요.

밤이 되자, 곧 일곱 살이 될 머리를 묶은 작은 소녀 탈리는 심장이 두근거리는 걸 느꼈습니다. 매일 저녁 그렇듯이 걱정, 불안감이 새까만 피처럼 탈리의 마음속 깊은 곳에 자리잡았죠.

— 난 어둠이 싫어, 어둠이 싫어, 어둠이 싫다구. 탈리는 매일 저녁 투덜거리고 커다란 컵에 흰 우유를 달라고 했고 아주 노란 전등을 켜 놓고 무지 하얀 장난감 동물이 달린 아주 하얀 이불을 덮고 잠을 잤답니다. 그런데 밤새 탈리는 눈을 크게 뜨고 새까만 피로 가득한 가슴으로 마치 어둠속에서 전쟁을 하듯 아주 하얀 밤을 보냈답니다.

탈리는 생각했죠. '내가 자는 동안에 밤에 무슨 일이 일어나는 걸까? 그리고 어느 날 모든 게 멈춰 버린다면? 만일 내 심장이 뛰는 걸 멈추고, 지구가 바다 속으로 빠져들게 된다면, 모든 것이 육지보다 더 낮은 곳으로 빠져 버리기 시작한다면?' 탈리가 눈을 감자 흔들림과 어지러움이 느껴졌습니다. 그러자 탈리는 '만일 나, 탈리가 눈을 뜨고 지켜본다면 지구는 멈추지 않고 계속해서 돌아갈 거야' 라고 생각하면서 눈을 다시 떴어요.

어느 날 밤 탈리는 뭔가 흔들리는 소리를 들었죠. 속삭임 같기도 하고 떨림 같은 그건 아주 하얀 신부의 드레스 소리와 비슷했어요.

— 탈리, 아주 부드러운 소리가 났어요. 탈리야! 날 보렴. 하지만 탈리에게는 아무것도 보이지 않았죠…. 하얀 장난감 동물, 하얀 이불, 노란색 전등 말고는 어둠뿐이었죠.

— 나 여기 있어…, 나야, 밤이라구!

탈리는 눈을 크게 떴어요. 아주 부드러운 웃음소리가 탈리의 귀에 작게 울렸어요.

— 난 밤이야! 난 너랑 짧은 여행을 하려고 널 데리러 온 거야. 너 우리와 함께 밤의 세계를 구경할래?

탈리는 놀라고 두려움에 사로잡혀서 밤이 아주 따뜻한 팔로 자신을 감싸는 대로 그냥 있었고… 탈리의 몸은 둔해졌답니다. 탈리의 눈꺼풀이 내려와 눈을 감은 채 지구에서 수천 피트 위로 떠올랐답니다! 그건 정말 이상한 느낌이었죠. 왜냐하면 여전히 침대에 남아 있는 채로 밤하늘을 나는 커다란 양탄자를 타고 공중으로 올라갔거든요.

아주 높은 곳에서 보이는 지구는 너무나 아름답고 환했답니다! 지구는 크리스마스 트리에 달린 공처럼 빛나고 밝았어요. 까만 밤하늘 속에서 탈리는 사막의 작은 상인과 마주쳤는데, 그는 한 손에 옹켜진 마법의 씨앗을 던지면서 큰 소리로 외쳤어요.

— 그럼 어서! 더 자야지! 자, 어서! 귀여운 마르탱, 잠자러 가렴! 어서! 귀여운 엘렌!

탈리가 상인과 마주쳤을 때 탈리는 그를 주의깊게 관찰했답니다. 상인은 의아하다는 태도로 작은 주먹을 흔들면서 눈을 반짝이며 탈리를 바라보았어요.

— 아니에요, 고마워요. 밤이 말했어요. 우리는 오늘 밤 아주 짧은 여행을 하는 중이에요. 탈리는 오늘 밤 자지 않을 거예요.

— 좋아, 사막의 작은 상인은 이렇게 말하고는 하던 일을 계속했습니다. "그럼 어서! 오, 어서!"

그러고 나서 둘은 모두 더 깊은 어둠 속으로 들어갔어요. 하늘의 제일 안쪽에서는 커다랗고 노란 공이 하품을 하면서 밤의 긴 술을 짜고 있었어요. 그 옆에는 작은 별들이 웃으면서 깡총깡총 뛰고 높이뛰기를 했어요.

— 좀 조용히 해! 달이 중얼거렸죠. 어쨌든 지구는 지금 밤이란 말이야, 잠자는 사람들을 생각해 줘야잖아!

— 저 달은 내 할머니 같아라고 탈리는 생각했어요. 밤은 온갖 소리와 색깔들로 가득하네라고도 생각했어요.

탈리는 비행기와 기차와 별똥별과 밤의 작은 헬리콥터를 보았어요. 작은 화성인은 초록빛의 길고 고무 같은 발가락을 움직이면서 달의 욕조를 잡았어요. 어떤 소행성에서는 한 과학자가 한숨을 쉬면서 길이가 3킬로미터나 되는 흰 수염을 빗고 있었고, 양 한 마리가 미소 지으며 장미꽃을 바라보았고 어린아이들이 학교에 도착했어요.

— 네가 잠자는 동안에 무슨 일이 일어나는지 다 보았지.

다른 삶이긴 하지만 삶은 계속되는 거란다, 밤이 탈리에게 말했어요. 그러고 나서 밤과 탈리는 지구에 다가갔는데 지구는 이제 웅웅 소리를 내는 커다란 공 같았어요. 지구는 하늘에 잘 걸린 채로 잠을 자며 곤하게 숨을 쉬고 있었죠. 갑자기 수많은 자명종이 동시에 울리기 시작했어요. 탈리는 깜짝 놀랐죠.

— 오, 이 소리들은 바로 빵집 주인들을 깨우는 소리지. 아이들이 좋아하는 초코빵과 바게트빵과 과자를 만들러 가라고 말이지.

그러고 나서는 또 잠든 수천 수백만의 아이들과 잠자는 부모들에게 다가가 함박 미소를 짓는 거야. 그들은 평온하고 행복해 보이는 걸….

— 그들의 심장은 계속 뛰고 있지. 그렇기 때문에 죽었을 때 덮어 주는

시트로 덮여지지 않는 거야. 그들의 몸에서 피가 항상 흐르고 눈조차도 계속 눈꺼풀 아래서 움직이는 거야. 하지만 그들은 꿈나라에 있단다. 아무것도 멈춰지지 않지. 모든 게 계속되는 거야.

그러고는 밤은 탈리의 눈을 똑바로 쳐다보았어요.

— 너 한쪽 눈만 감고 잠잘 수 있니? 잠을 자는 동안에도 삶은 멈추지 않아. 온 세상이 계속 호흡하지.

게다가 밤은 속삭였어요. 만약 네가 침대에 누워 있을 때 귀를 잘 기울인다면 밤의 웅웅거리는 소리를 들을 수 있어. 지구의 중얼거림까지도…,

탈리는 여행에서 돌아와 졸려 하며 침대에 누웠습니다. 밤에 쉬는 사람들과 또 조용히 기쁘게 일하는 사람들이 있다고 생각하니 기분이 정말 좋았습니다. 세상이 계속해서 움직이니까요…,

곧 탈리는 밤을 아주 편안하게 받아들였고 작은 전등과 형광색 시트, 밤을 환하게 하는 데 쓰였던 모든 것들을 거부했습니다.

— 난 어둠 속에서 잠자고 싶어. 완전한 밤 속에서라고 강력하게 말했어요.

탈리의 엄마는 아주 놀라. 탈리에게 무슨 일이 있었길래 이렇게 성장을 한 것일까 생각하며 동그란 눈을 크게 뜨고 탈리를 바라보았죠.

탈리는 엄마 곁에서 밤과 함께한 그 여행이 꿈을 꾼 걸까 아니면 정말로 일어난 일일까 오랫동안 생각했답니다. 더 이상 그런 질문을 하지 않게 된 날까지요. 지금 그녀는 잠자는 걸 좋아한답니다.

붉은 로켓과
검은 로켓

매일 밤 젤리는 꿈속에서 이상한 것을 경험합니다. 젤리는 두 개의 로켓, 붉은 로켓과 검은 로켓 앞에 놓이게 되요. 검은 로켓은 얼굴을 찡그리고는 젤리에게 눈짓을 했어요.

— 안녕, 귀여운 아이야! 빨리 타렴! 괴물나라에 온 걸 환영해!

안으로 들어가니 공기의 마녀가 젤리에게 재미난 것과 놀라운 것으로 가득한 괴물의 행성을 소개해 주었어요. 젤리가 괴물들의 별에 도착했을 때 하늘에서 음흉한 비웃음소리가 사라졌고, 젤리는 거대한 뱀들과 긴 이빨이 난 개들과 서른여섯 개의 머리와 서른여섯 개의 초가 달린 용을 만났어요. 젤리는 겁에 질려서 숨을 헐떡거리며 달렸나갔고 공기의 마녀가 작고 붉은 엉덩이에 거대한 포크를 찌르며 말했어요.

— 작은 양파랑 요리하기 좋은 엉덩이야! 뭘 그렇게 봐! 하하하!

이 소리를 듣고 잠에서 깨어난 젤리는 자신의 작은 침대에 있었어요. 심장이 막 뛰고 땀이 났어요. 10분 동안에 지구는 발 아래서 흔들리기 시작했죠. 매일 밤 젤리는 검은색 로켓과 괴물로 가득한 그 행성을 찾으러 가게 되어 잠자러 가는 것을 싫어했어요. 제일 희한한 것은 그 붉은 로켓인데 웃으면서 옆에 있었어요. 왜 안 탄 거지?

그러면 왜 그녀는 검은색을 더 좋아할까? 젤리는 종종 왜 자기가 검은

색을 좋아하는지 생각했어요, "난 정말 바보야! 내일은 붉은색 로켓을 타야지!"

하지만 그렇게 되지 않았어요, 질리는 확실히 검은 로켓을 더 좋아했거든요! 질리는 검은색 로켓에 집착하고 그것만 생각하기 시작했어요, 질리는 처음에는 저녁에 그걸 생각했고 다음에는 오후부터 생각했고 그리고 하루 종일 생각하게 되었어요, 질리는 펼쳐 놓은 노트에 무시무시한 괴물들이 나타나는 것을 보고 공기의 마녀의 비웃음소리를 들었어요, 어느 날은 어떤 가게 안쪽에서 무서운 마녀의 모자를 보았다고 생각하기까지 했답니다, 이제 질리는 하루 종일 무서워 떨고 불안해했어요, 그리고 질리는 정말로 밤이 낮으로 옮아가는 것인지 아니면 그 반대일지 이제 알 수 없었어요, 만약 어느 날 질리가 자신의 작은 침대에서 깨어나지 않고 괴물들의 행성에 붙잡혀 있게 된다면 어떻게 될까? 하고 생각했어요,

이 이야기는 아주 잠깐, 걱정하고 두려워하는 잠깐 동안 지속될 거예요, 질리는 잠자러 가는 시간을 10시, 자정, 새벽 2시까지 미루었어요, 그러고 나서 어느 날 결심을 했죠, 질리는 '꺼져 버려!, 자, 밖으로!' 라고 생각했어요, "우리 집에 이제 그런 건 없어! 공기의 마녀도, 서른여섯 개 머리 달린 괴물도 없어! 끝난 거야!"

질리는 커다란 면도칼을 보면서, 자신이 이 특별한 스위스제 칼인 '절단하는 괴물'이고 마녀, 공기의 무사마귀를 떨게 할 거라고 생각했어요, 그녀는 바로 뱀을 서른여섯 조각으로 잘라 하수구에 던지고 나서 그 괴물들을 가지고 수프를 만들었죠, 질리는 거대한 슈퍼 면도칼 덕분에 가루가 되어버려 어디에도 존재하지 않는 행성이야기를 상상하고 만들고 그렸답니다,

다음 날 밤 질리는 언제나처럼 검은 로켓 앞에 있었어요.

— 귀여운 아이야, 타볼래? 질리는 자신 있게 비웃었어요.

— 아니, 안 탈 거야! 자, 밖으로 가버려! 질리는 꿈속에서 말했어요. 그녀의 커다란 괴물 칼이 어둠에서 반짝였어요. 그리고 질리는 붉은색 로켓 쪽으로 갔죠. 그 로켓에서는 작은 공기의 요정이 부드러움의 행성과 함께 그녀를 맞이했어요. 질리는 붉은 행성을 방문했어요. 미소, 웃음, 노래, 상냥하게 질리를 멀리 데려가는 배들로 가득했죠.

— 자, 여행이 끝났어라고 요정이 말했어요.

— 내일 다시 와도 될까요? 매일 밤 와도 되요? 질리가 물었어요.

— 물론이지! 넌 어디서든 날 찾을 수 있을 거야. 이제 괴물들이 낮 동안 널 귀찮게 하지 않을 거고 넌 편안함을 느끼게 될 거야.

작은 요정은 웃으면서 눈을 찡긋했어요.

— 네게 방법을 알려 줄게…. 절단 괴물 칼보다 훨씬 더 효과적이야. 낮 동안에도 웃을 일, 즐거운 일, 행복한 것만 생각하렴. 그게 붉은 로켓을 타는 데 제일 좋은 방법이야.

질리는 오랜만에 처음으로 편안한 마음으로 깨어났고 심장은 아주 따뜻하고 붉었답니다. 질리는 어서 잠자러 가게 저녁이 되었으면 하고 안달했답니다. 그건 붉은 로켓과 한 약속의 기쁨이었죠! 질리는 엄마한테 말했어요.

— 무서운 꿈은 사라졌어요. 이제, 끝이에요. 난 붉은 로켓을 선택했어요. 이상 끝!

그날 이후로 질리의 가슴은 따뜻하고 붉었고 질리는 행복했답니다. 질리가 상점에서 마녀와 마주치거나 노트에서 괴물을 보는 일은 결코 없었습니다. 그리고 질리는 밤이 낮으로 옮겨가는 건지 아니면 반대인지 알지 못했어요. 어쨌든 검은 로켓은 잔뜩 화가 났고 오늘 괴물들의 행성으로 데리고 갈 다른 아이들을 찾고 있답니다. 내 생각에는 계속 뛰어다녀야 할 것 같네요….

부모를 위한 조언
· · · · · · 나쁜 꿈과 악몽 · · · · · ·

왜 악몽을 꿀까?

악몽은 특히 두 살에서 여섯 살 사이의 아이가 청결, 자율성, 사회성 등 여러 가지를 익혀야 하는 시기의 정상적인 변화에 속한다.

아이는 악몽을 통해 하루 동안의 긴장과 두려움을 해소하고 부모에 대해 양가감정을 표현하는 것이다.

악몽과 밤의 공포

이건 동일한 것이 아니다!

밤의 공포란 밤이 될 무렵부터 잠이 들기까지의 시간 동안에 생긴다. 그 공포는 울부짖는다거나 식은땀을 흘리고 불안해하고 겁먹은 시선을 하는 등 다양하게 표현된다. 아이는 당신을 알아보지 못하고 곧 잠들 것이다. 이런 일은 비교적 자주 일어난다. 세 살에서 여섯 살 사이 아이들의 60퍼센트가 밤의 공포를 경험한다.

악몽은 모순적인 꿈의 상태로 오히려 한밤중이나 밤이 지날 무렵에 생겨난다. 아이가 꾸는 악몽에는 괴물이나 짐승들로 가득하고 이는 아이의 억압, '블랙박스'를 상징한다. 기형적인 괴물, 거인, 마녀 등…. 하지만 아주 간단하게 이웃 사람의 얼굴, '아이를 납치해 가는 사람,' 유괴자의 얼굴로 나타나기도 한다.

아이는 울면서 깨어나 부모를 알아본다.

어떻게 대처해야 할까?

"넌 바보로구나, 그건 아무것도 아냐, 그건 아무것도 아니고 그저 악몽일 뿐이야!"라고 말하지 말라. 당신이 아이를 이해한다는 것을 아이가 알게 하라.

잠깐 동안 아이와 함께 있어 주도록 하라(그래도 아이와 함께 자야 한다는 압력에 굴복하지 말아야 한다. 그것은 아이를 훨씬 더 불안하게 할 것이다).

필요한 경우에는 며칠 동안 잠자러 가는 행사를 변경하라. 괴물이 없다는 것을 아이와 함께 확인하기 위해 방을 한 바퀴 돌고 침대 밑과 커튼 뒤를 보라.

키워드가 되는 문장

★ "악몽을 꿀 때 그것은 가짜야. 머릿속에서 만들어지는 짧은 영화인데 진짜처럼 느끼는 것뿐야."

★ "악몽을 꾸는 것은 무언가를 두려워하고 그 공포를 자아의 아

주 깊숙이 묻어 놓기 때문이다. 밤이 되면 그 두려움은 다시 생긴다. 하지만 그것은 꿈일 뿐이다!"

세 살 이하의 아이에게(꿈과 현실을 아직 잘 구분하지 못하는):

★ "괴물들은 없단다. 네 방에, 침대에, 커튼 뒤에 괴물이 없어. 우리 함께 볼까?"

★ "착한 요정이 널 보호해 줄 거야. 커다란 면도칼을 가진 쥘리처럼 네 안에는 괴물들을 무찌를 수 있는 강한 힘이 있단다."

가족, 권위

엄마를
작게 만드는
버튼

꼬마 데데는 엄마한테 무례하게 굴고 크게 싸운 어느 날 뺨을 맞았어요, 뺨을 맞는 건 끔찍하죠,

뺨이 빨갛게 되고 열이 나고 창피하답니다, 뺨을 맞으면 모기가 머릿속에서 윙윙거리는 것 같고 벌레가 된 느낌이 듭니다, 어린 데데는 주먹을 쥐고 엄마에게 말했어요,

— 엄마도 알게 될 거예요, 엄마가 작아지고 내가 커지면 알게 될 거예요, 난 엄마를 파리처럼 으스러뜨릴 거예요, 아니! 비웃지 말아요! 엄마를 으스러뜨리기 전에 다리랑 눈이랑 날개를 엄마한테서 떼 버릴 테니까,

그건 물론 끔찍한 말이지만 확실한 건 데데가 뺨 맞는 걸 싫어한다는 것입니다, 게다가 데데가 잘못한 게 아니라 때때로 부모도 모르는 사이 손이 뺨으로 날아가 버리고 대부분 부모들은 그렇게 한 걸 후회하죠!

가끔 꼬마 데데는 커지는 꿈을 꾸기도 합니다, 데데는 생각했어요, '엄마가 아주 늙게 되고 사과처럼 아주 쪼그라들어 힘이 하나도 없게 되면, 그럼 난 엄마에게 따귀를 막 갈길 거야!'

하지만 데데는 그렇게 오래 기다릴 필요가 없었죠! 밤에 잠을 자는 동안 장난꾸러기 요정이 데데의 방에 왔답니다, 알다시피 장난꾸러기 요정은 분노나 슬픔을 이용해서 쉽게 아이들의 영혼 속으로 굴러 들어온답니다, 장난꾸러기 요정은 못생겼어요, 눈이 노랗고 삐뚤어진 더듬이를 지녔고 나쁜 생각을 했죠, 그 요정은 데데의 침대맡에 털이 잔뜩 난 다리를 꼬

고 않았어요.

— 오늘날 말이야, 전기와 인터넷 등등 덕분에 바라는 것들이 현실로 되었지라고 장난꾸러기 요정이 말했어요.

그리고 요정은 속삭였어요.

— 넌 엄마보다 더 커지기 위해서 엄마가 늙고 쪼그라들기를 더 이상 기다릴 필요가 없어!

그리고 나서 장난꾸러기 요정은 나쁜 분위기를 띠며 그에게 중얼거렸어요.

— 나한테 작아지게 하는 게임기가 있거든.

— 엄마를 작아지게 할 수 있어요? 데데가 숨을 헐떡거리며 물었어요.

장난꾸러기 요정은 대답하는 대신 데데에게 주머니에서 작은 게임기를 보여주었어요.

— 자, 우리가 체벌을 한 모든 엄마들을 대비해서 만든, 엄마들을 축소시키는 버튼이란다.

— 체벌이 뭐예요?

데데가 물어보았어요.

— 따귀 때리는 것, 손바닥으로 때리는 것, 볼기 때리는 것, 엉덩이 두들기는 것, 장난꾸러기 요정이 읊어댔죠.

그리고 노란 눈은 나쁜 빛으로 빛났답니다.

— 조심해야 돼! 네가 그 버튼을 누르면 네 엄마는 10 사이즈로 줄어들게 될 거야. 마치 네 티셔츠를 빨았더니 120 정도의 사이즈가 된 것처럼 말이야.

— 저런! 믿을 수 없어. 그건 불가능해. 데데는 두렵기는 했지만 탐을 내면서 눈을 반짝였습니다.

— 넌 누르기만 하면 돼…. 하지만 미리 경고해 두겠는데, 네 엄마가 작

아지게 되면 넌 엄마가 어디로 갔는지 볼 수 없을 수도 있으니까 잘 보호해야 할 거야…,

그리고 장난꾸러기 요정은 이렇게 외치면서 사라졌어요,

— 행운을 빈다, 거인 데데야!

그리고 나서 요정은 자욱한 연기 속으로 없어졌어요,

꼬마 데데는 물론 꿈을 꾸었다고 생각했어요, 하지만 다음 날 그가 자명종 밑에서 큰 버튼이 달린 축소시키는 기계를 발견하고는 이상한 기분이 들었죠, 하루 종일 데데는 커다란 버튼이 심장을 짓누르는 듯한 기분을 느꼈어요, 저녁이 되어서 꼬마 데데는 숙제할 시간에 되었는데, 아직도 텔레비전 앞에 있었고 엄마는 또 귀를 잡아당겼습니다,

— 지금 당장 그 텔레비전 끄고 프레베르의 시를 공부해! 난 '당장!' 이라고 말했다, 엄마는 거친 목소리로 말했어요,

하지만 꼬마 데데는 텔레비전에 취해 있었죠, 넌 생각이 서로 섞인다는 것이 뭔지 알아야 해, 작고 반듯한 신경단위세포 뉴런, 조금 가볍게 뛰어다니는 뇌세포들이 갑자기 수프로 가득 차서 부풀어 오르게 되지, 뇌세포는 텔레비전 라타투이로 가득 차는 거야,

그리고 나서… 다음은 네가 짐작할 수 있겠지, 데데는 자기 방으로 가서 자명종을 치우고 작은 기계를 잡아들고는 버튼을 눌렀어요, 지이이이프! 그러자마자 눈부신 녹색광선이 나왔고 엄마는 거실에서 작은 생쥐보다 작아졌습니다,

— 무슨 일이 생긴 거지? 아주 작은 소리가 들렸습니다, 왜냐하면 이제 모든 것, 목소리, 눈조차 작아져서 바늘귀보다 작았고 작은 두 손은 면봉의 작은 끝처럼 흔들렸으니까요,

— 이건 엄마들을 작게 만드는 기계예요, 데데는 소파에 다리를 뻗으면

서 말했어요. 엄마가 내 뺨을 때렸기 때문이란 걸 아시겠죠. 이제 텔레비전 연속극 끝 장면을 보게 놔두고 부엌으로 돌아가세요.

엄마는 화난 눈을 하고 다가왔어요. 엄마는 텔레비전 리모컨 높이로 당으려고 펄쩍 뛰어 보았지만 아무 소용이 없었죠. 엄마는 정말 너무 작았답니다.

— 흥 하면서 꼬마 데데는 계속해서 연속극을 보았죠.

그러는 동안 아주 작아진 엄마는 아주 작은 소리로 혼잣말을 했답니다. "이건 악몽이야. 아무 일도 없었던 거야. 그럼 난 잠에서 깨어나게 될 거야."

그러고 나서 엄마는 욕실로 가서 욕조에 물을 틀려고 했어요. 엄마는 수도꼭지 위로 기어오르다가 미끄러졌고… 수도꼭지에서 나오는 물줄기 속으로 사라졌어요.

— 사람 살려! 폭풍우야! 엄마가 외쳤어요. 바다에 풍랑이 심해!

꼬마 데데는 못된 요정의 충고를 기억했어요.

데데는 작아진 엄마를 최후의 순간에 구했고 수건으로 물을 닦아 주었어요. 그게 처음으로 일어난 일이었죠.

— 그 정도면 됐어! 작아진 엄마는 훌쩍거렸어요. 작아진 걸로 충분해! 네 아빠가 여행에서 돌아왔으면 좋겠다. 난 버려진 것 같아. 혼자인 것 같고. 작고 약해진 거 같아.

— 왜 나한테 그런 걸 얘기하죠? 꼬마 데데가 놀라서 물어보고는 처음으로 엄마가 훌쩍이는 것을 보았어요. 난 엄마 얘기를 듣지 않을 거야. 엄마도 알다시피 난 어린애예요.

작아진 엄마는 화가 나 눈을 크게 떴어요.

— 그래, 오늘 난 작아졌어. 그러니까 날 보호해야 해. 네가 날 보호하기 싫다면 날 이렇게 작아지게 하지 말았어야지.

그러고 나서 엄마는 데데에게 이따금씩 36층 아래로 혼자 내버려진 것 같은 느낌이 어떤 것인가를 이야기했어요. 꼬마 데데는 엄마를 조용히 있도록 하고 싶었어요. 데데는 엄마를 구급상자 속의 90도 알코올병과 트리코스테릴 밴드 사이에 가둘까 생각했어요. 하지만 곧바로 엄마가 어둠 속에서 질식할까 봐 두려웠어요.

그래요, 데데는 이제 작아진 엄마를 보호해야 할 사명이 있답니다.

데데는 뭔가가 어깨를 짓누르는 것 같은 느낌을 받았어요. 누가 부모일까요? 누가 아이일까요? 사실상, 데데는 엄마가 컸을 때가 더 좋았고 항상 불평하지 않았던 때가 더 좋았죠. 이제 어떻게 해야 할까요? 마법을 어떻게 깨뜨릴 수 있을까요? 엄마를 커지게 하는 기계가 있을까? 데데는 테이블 여기저기를 다 둘러보았지만, 빈정거리는 눈을 한 작아지게 하는 기계의 커다란 버튼만 눈에 띄일 뿐이었죠.

그날 저녁 엄마는 쌀 한 톨과 물 한 방울로 저녁식사를 하고 부드러운 스포츠 양말 속에서 잠이 들었어요. 꼬마 데데는 쓸쓸하게 팝콘 한 봉지를 먹었어요. 자기 방으로 돌아오면서 데데는 엄마가 저녁에 들려주는 이야기를 듣지 못했다는 생각을 했고 엄마가 다시 커지게 되기를 기도하면서 잠들었답니다.

다음 날 엄마는 원래의 키로 돌아왔습니다!

170센티미터, 55킬로그램으로요. 엄마는 정말 아름다웠어요! 그리고 데데는 속으로 생각했어요.

— 그건 악몽이었나? 그 작아지게 하는 버튼 사건이 일어나긴 했었나?

데데는 엄마가 "서둘러서 옷 입거라, 이제 네게 화내지 않을게, 다시는 네 뺨을 때리지 않을게, 이제 그렇게 하지 않을게" 라고 말하는 것을 듣고는, 엄마를 작아지게 하는 버튼 이야기가 확실히 일어났었던 일이란 걸 알게 되었죠. 꼬마 데데는 단숨에 일어나 엄마 품으로 안겼습니다.

— 난 이제 다시는, 다시는 엄마보다 더 커지고 싶지 않아요.

'그게 맞지 뭐. 엄마들은 때때로 목소리를 크게 내고 눈을 크게 뜨고, 눈살을 찌푸리기도 하는 거야. 하지만 대개 엄마들은 우리들보다 단지 키만 클 뿐이지. 그리고 그래서 정말 다행이야' 라고 데데는 생각했습니다.

부모를 위한 조언
· · · · · · 권한: 아주 현실적인 문제 · · · · · ·

부모화되는 현상

70년대의 부모의 권한이 위기를 겪은 광란의 서사시대 이후로 부모들은 오늘날 분명히 '권한의 문제'에 처해 있다. 빅 보스에 의해 법이 구현되던 '수직적' 서열(즉 엄마가 '행정부의 수반'이었고 아이들은 '하수인'이었던)의 뒤를 이어 '수평적' 민주주의가 나타났다.

그 이후로 권력은 어디에 있을까? 때로 부모측보다는 아이측에 훨씬 더 많다. 부모들은 당황하게 되고 아니라고 말할 줄 모르고 한계도 제시하지 못하게 된다. 문제는 '맞벌이' 부부의 가정에서 커진다.

하루 종일 일한 후 저녁에 집에 돌아와서 아이에게 정해 놓은 규율을 지키게 하기란 어렵기 마련이다. 반면에 하루 종일 아이들을 보지 못했던 부모들은 그들에게 사탕을 주고 뽀뽀를 하면서 저녁을 보내고 싶어하게 된다….

언제까지나 아이들과 다툴 수만은 없다. 그래서 모든 것에 예스라고 말하기가 십상일 것이다!

전문가들은 오늘날 점점 더 아이들이 '부모화되어' 가는 현상에 대해서 논의한다. 우리는 너무 자주 아이들을 속내이야기를 나눌 수 있는 친구라고 생각하고 우리의 비밀과 어른들의 근심거리를 털어놓고 싶어한다. 하지만 아이들은 이 역전된 상황을 겪으면서 몹시 불안정하게 된다. 그들은 굳건한 모델을 마주해야만 균형을 이루며 성장할 수 있는 것이다.

왜 한계를 제시해야 하는가

위대한 문화는 모두 수많은 세대를 거치면서 내재적인 금기사항 (근친상간, 살인)을 바탕으로 이루어졌다. 우리의 어린아이도 마찬가지이다. 위대한 사람들 역시 이러한 제한들을 내면화하면서 '형성' 되는 것이다. 그러한 금기사항들이 아이들에게 종종 끔찍해 보일지라도 말이다.

어린아이는 아주 엉뚱한 꿈을 꾸면서 '여러 가지가 허용되는' 패스포트를 가지고 싶어한다. 사실 그런 게 있다면 악몽 같은 일이 벌어질 것이다! 금기사항이 없다면 아이는 자신의 충동의 노예가 될 것이다. 또한 근심의 노예도 될 것이다. 아이에게 무분별한 자유가 주어진다면 그것으로 인해 아이는 매우 불행해질 것이다.

아이들이 불평하고 울지라도 아이들에게는 한계가 필요하다. 그 한계가 아이들을 지켜 주고 아이들에게 준거나 적절한 범주를 제공할 것이고 아이들은 그 틀 안에서 변화해 갈 것이다.

아이들은 어리다는 것을 느껴야 할 필요가 있고 어른들에 의해 보호되어야 한다. 아이들이 더 좋다고 느끼는 모든 것을 허용해서는 안 된다. 허용한다면 아이들은 준거가 없는 세상에서 훨씬 더 상처받기 쉽고 우왕좌왕하게 될 것이다.

만약 이러한 제한을 어긴다면? 물론 분명히 아이에게 주의하게 하고 꾸짖거나 엄하게 다스려야 한다. 중요한 것은 항상 '약속된' 벌(텔레비전 시청 제한, 겜보이 제한, 잠시 동안 방에 들어가 있기 등)을 구체화하는 것이다. 그렇지 않으면 우리는 더 이상 신뢰를 받지 못할 것이다.

그 대신 금지사항에 대해 항상 절대적으로 공정하고 공평해야 한다. 아침마다 텔레비전을 보지 않기로 한다면? '아침에는 결코 텔레비전을 보지 않아야' 하는 것이다. 심리학자 해리 이페르강이 강조하듯이 "만일 하루는 빨간 신호등에서 멈추어야 하고 다음 날에는 초록 신호등에서 멈추어야 한다면 그것은 얼마나 스트레스가 되겠는가!"

키워드가 되는 문장

- ★ "그건 다른 게 아니라 같은 거야." (가능한 만큼 반복해야 한다면.) "고집 피워 봤자 소용없어. 난 생각을 바꾸지 않을 테니까."
- ★ "난 그렇게 할 거야. 왜냐하면 널 사랑하니까."
- ★ "만일 내가 너에게 텔레비전을 보고 겜보이를 하려면, 하루 종일 조용히 있어야 해라고 한다면 넌 매우 불행할 거야. 넌 내가 널 놀린다고 생각할 테니까. 그래 그게 맞아!"
- ★ "내 말을 잘 들으면 소리 지르지 않을게."

칩이 장착된
엄마들의 행성

지금은 2175년입니다. 지구에 많은 변화가 생겼습니다. 토성과 금성을 탐사했고 달에서 스키를 타기 시작했습니다. 특히 사람이 살지 않는 수많은 작은 행성들이 발견되었죠. 그렇지만 이런 발전이 이루어졌는데도 지구상에서 어떤 것들은 많이 달라지지 않았습니다. 아이들은 여전히 투정을 부렸고 부모들은 화를 내었어요. 아이들은 늘 볼기를 맞았고 문장쓰는 벌을 받았고 온갖 종류의 위협을 받았습니다. 하지만 세상의 어떤 곳에 사는 한 학자가 볼기 때리기와 숙제를 추방시키는 방법에 대해 오랫동안 고민해 왔답니다.

그 학자의 이름은 그라마티퀴스 카르타퓌스였습니다. 그는 소행성 2024의 유일한 거주자로서 항상 같은 생활에 지루했습니다.

— 어떻게 하면 어린애들을 우리 집으로 유인할 수 있을까? 카르타퓌스는 이렇게 생각하면서 자기의 별이 웃음과 장난치는 소리로 넘쳐났으면 하고 간절히 바랐죠.

아이들을 즐겁게 하는 것이 뭔지 알기 위해 이 학자는 실험실에 '감시 스크린'을 설치했습니다.

그는 거기서 지구상의 아이들의 꿈을 분석할 수 있었어요. 그리고 그 꿈은 이런 것으로 드러났습니다. 텔레비전 보기, 사탕 먹기, 뉴텔라 초콜릿잼 먹기, 비디오 게임하기, 벌받지 않기, 숙제 없기, 녹색야채 안 먹기, 삶은 생선 안 먹기, 재롱 부리지 않기.

학자는 뺨 때리기, 모욕적인 볼기 때리기, 바보로 만드는 문장쓰는 벌, 양배추와 시금치와 선모뿌리를 없애기로 결심했어요. 뿐만 아니라 이런 위협도요, "조심해, 셋까지 셀 테다!" "아빠 돌아오면 혼날 줄 알아" 혹은 "또 빵점 받았으니 기숙사로 보낼 테다…!"

진실을 말하자면 그라마티퀴스 카르타퓌스는 아주 어렸을 때 2,356대 의 볼기를 맞았고——그는 숫자를 세었습니다——벌로 55,000번 문장 쓰기를 했고 어두운 골방에서 딱딱한 빵과 물을 먹는 벌은 35차례나 반 복해서 받았죠. 그래서 이런 상황이 벌어진 것입니다.

좀 길고 오랜 세월 동안 열렬한 작업을 한 후에 그라마티퀴스 카르타퓌 스는 마침내 미소를 지으며 실험실에서 나왔습니다. 알았다! 그는 완전히 전자공학적인 아주 새로운 인종의 엄마와 아빠에 초점을 두었습니다. 자, 이제 지구의 모든 아이들이 그의 집에 끌릴 것입니다!

칩이 장착된 엄마들은 그들의 시선이 조금 고정되고 거동이 약간 빠르 기는 하지만 판에 박은 듯이 다른 엄마들과 같았습니다. 칩이 장착된 엄 마들은 볼기 때리기도 뺨 때리기도 문장쓰는 벌도 주지 않고 고함을 치 거나 무섭게 위협하지도 않을 것입니다. 이들은 디저트를 제한하지 않을 것이고 텔레비전을 못보게 하거나 비디오 게임을 못하게 하지 않을 것이 고 식사 전이라도 사탕과 뉴텔라를 못 먹게 하지 않을 겁니다. 결국 이들 은 숙제를 검사하지 않고 음식의 칼슘이나 단백질 함유량을 계산하지 않 을 것입니다. 이들은 무슨 일이 생기든 미소 짓고 전기장치로 작동되는 애무를 하고 합성된 음성으로 이렇게 반복합니다.

— 그래 좋아, 나의 보물! 난 널 믿는다!

학자 그라마티퀴스는 손을 비볐습니다.

— 언젠가 전자 기계장치로 뽀뽀를 하는 칩이 장착된 엄마들만 남게 될 거야. 그리고 세상은 더 둥글게 잘 돌아갈 거야.

최초의 칩이 장착된 엄마들이 소행성을 거닐고 있을 때 그라마티퀴스는 지구상에다 이 학교를 홍보했어요. 전파장치를 통해서 그는 쉬는 시간에 도착해서 아이들을 향해 연설했답니다.

— 2024 행성에 와서 살렴. 내가 항상 미소 짓고 늘 한가하고 결코 혼내지 않는, 칩이 장착된 엄마한테 너희들을 데리고 갈게!

그리고 그는 아이들에게 자신과 빠르게 연락할 수 있는 신호를 알려 주었습니다.

이렇게 해서 날이 갈수록 변덕쟁이들, 머리를 맞는 아이들, 특히 볼기 맞는 아이들이 2024 행성으로 이주해 오기 시작했습니다.

어느 날 장 브뤼튀스라는 일곱 살 난 말을 안 듣는 어린 남자아이가 며칠 동안 엄마한테 신물이 났습니다. 달의 지리 숙제에 질리고 먹어도 힘이 세지지 않는 고약한 시금치에 질리고 3분 동안 양치질을 하는 데 질려 버렸죠. 그 아이가 신호를 보내자 학자 카르타퀴스가 그의 방에 즉시 나타나 이렇게 말했습니다.

— 그럼 칩이 장착된 엄마가 있는 내 행성으로 가자! 거기에는 양배추도, 브로콜리도 없단다. 8시에 자야 하는 규칙도 없고 숙제도 없단다. 네가 곧 보게 되겠지만 후회하지 않을 거야. 장 브뤼튀스는 즉시 출발했습니다. 30초간의 여행(2175년의 지구 외부로 이동하는 수단으로 걸리는 시간) 후에 기계로 만든 엄마가 미소 지으며 그에게 다가와 아이의 망토와 모자를 잡았습니다.

— 내게 네 망토를 주렴. 난 네가 자랑스럽다. 사랑스런 아이야. 넌 멋지

고 안색이 좋구나, 그래서 난 행복해.

그 엄마는 아이에게 간식을 준비해 주었어요. 온통 뉴텔라, 속이 꽉 찬 뉴텔라와 설탕을 일곱 개 넣은 맛좋은 핫초코였습니다. 장 브뤼튀스는 아주 만족했죠. 그가 깨작거리며 간식을 먹는 동안 새로운 엄마가 세 대의 텔레비전과 동시에 게임기 두 개와 노트북 컴퓨터를 켰을 때 특히 만족했습니다. 끝으로 그는 마실 것을 요청했고 새로운 엄마는 카페인이 함유된 코카콜라를 가져다주었습니다. 장 브뤼튀스는 고맙다는 말도 하지 않고 더러운 운동화를 신은 채 소파에 주저앉았습니다. 코카콜라를 마시고는 커다랗게 트림을 했어요.

— 고맙다, 내 장군. 네가 자랑스럽구나라고 칩이 장착된 엄마가 저녁을 준비하기 위해 부엌으로 달려가면서 말했습니다. 저녁은 타가다 딸기로 속이 꽉 찬 뉴텔라 그라탕이었답니다.

2024 행성에서의 생활은 매일매일 장 브뤼튀스에게 멋진 놀라움을 마련해 놓고 있었습니다. 물론 학교는 여전히 존재했지만 학교에서 사탕과 에스키모 캐러멜, 초코아이스크림을 나누어 주었고 결코 벌은 내리지 않았답니다. 장 브뤼튀스는 집에 빨리 가려고 서두르지 않았어요.

매일 그가 학교에서 돌아왔을 때, 칩이 장착된 엄마는 그에게 항상 같은 식(이마에 한 번, 양볼에 한 번)으로 뽀뽀를 하고 세 대의 텔레비전과 두 개의 게임기와 노트북 컴퓨터를 켰습니다. 그리고 즉시 부엌에 가서 뉴텔라로 속이 꽉 찬 뉴텔라 그라탕을 준비했어요. 그가 받아쓰기에서 또 나쁜 점수를 받아왔을 때, 엄마는 항상 입가에 미소를 짓고 이렇게 말했습니다.

— 모든 게 완벽하구나! 난 네가 자랑스러워, 내 사랑스런 아이야! 그럼

텔레비전 보러 가거라.

2024 행성의 아이들은 빵점만을 받았고 심지어 훨씬 더 못하기도 했습니다. 이제 선생님들은 -2점, -3점, -10점의 점수를 주었답니다. 하지만 선생님들은 칩이 장착되어 있었기 때문에 그들은 계속해서 학생들을 칭찬해 주었죠.

— 브라보, 레오폴드, 3점이다, 아주 완벽하다, 네 엄마를 만나서 네가 한 학년 진급한다는 것을 말씀드려야겠다.

그래서 장 브뤼튀스는 더 이상 어떤 노력도 하지 않았습니다. 어느 날 그는 칩이 장착된 경찰관에게 감시를 받으며 집으로 돌아왔어요(그는 어떤 상점에서 서른세 개의 디스켓과 40킬로그램의 사탕을 훔쳤죠). 장 브뤼튀스는 엄마가 자신을 지구로 되돌려 보낼 거라고 생각했습니다. 하지만 엄마는 펄쩍 뛰면서 맞아 주었습니다.

— 축하한다, 브라보, 내 보물, 난 네가 자랑스러워!

그리고 또 어떤 날, 장 브뤼튀스가 제일 큰 아이에게 갈취를 당해 찢어진 셔츠를 입고 구두도 신지 않고 눈언저리에 멍이 든 채로 학교에서 돌아왔을 때, 엄마는 자부감에 찬 커다란 눈으로 그를 바라보았습니다.

— 멋지구나! 난 정말 널 자랑스럽게 생각한다. 넌 훌륭해.

그리고 나서 그녀는 부엌으로 가서 슈크림을 만들었어요.

아이들은 모두 아무것도, 그 어떤 것도 달라지지 않는다는 것을 알게 되었죠. 학교에 더 이상 가지 않았으며 더 이상 아무것도 하지 않았습니다. 자신의 방이 어지럽혀 있을 때, 그것은 물론 아주 종종 있는 일인데, 장 브뤼튀스는 카르타퓌스의 교육을 따랐습니다. 즉 아이는 발로 칩이 장착된 엄마의 엉덩이를 걷어찼습니다. 그러면 '청소' 프로그램이 작동하는 것이었죠. 그러면 엄마가 이렇게 말했습니다.

— 고맙다, 내 사랑스런 아이야, 내가 네 방을 정리하는 동안 텔레비전을 보렴. 난 신경쓰지 말아라.

어느 날 저녁, 장 브뤼튀스가 당구를 연속해서 136번 치고 자정에 집에 돌아왔습니다.

— 늦었구나, 내 사랑스런 아이야. 하지만 난 네가 자랑스럽다. 텔레비전을 좀 더 볼래, 아니면 바로 잠잘래?라고 엄마가 말했습니다.

장 브뤼튀스가 눈썹을 찌푸렸죠. 즉 엄마는 그에 대해서 걱정조차 하지 않는 걸까?라고 생각했기 때문입니다. 자신의 진짜 엄마는 그를 혹독하게 혼냈을 것이고 그는 다시는 그러지 않겠노라 약속을 했을 것입니다. 그는 마음속 깊이 약간 불편함을 느끼면서 잠이 들었습니다.

바로 곧 불편함이 심해졌습니다. 장 브뤼튀스는 튀김, 사탕, 뉴텔라와 작은 슈크림으로 인해 소화불량에 걸린 것이죠. 아주 불편해진 어느 날 그는 신호를 보냈고 즉시 카르타튀스가 그 앞에 나타났습니다.

장 브뤼튀스는 말했어요.

— 난 질렸어요. 싫증났다구요. 난 더 이상 뉴텔라를 반 스푼도 삼킬 수가 없어요.

학자 그라마티퀴스는 머리를 긁적거렸습니다. 그는 소화불량의 경우를 전혀 예상하지 못했기 때문이죠. 그래서 칩이 장착된 엄마가 요리법을 바꾸도록 하기 위해 그 엄마를 긴급히 수술했습니다.

그날 저녁에, 장 브뤼튀스는 칩이 장착된 엄마가 부엌으로 가서 이런저런 재료를 계속해서 꺼내는 것을 보았습니다. 비스킷, 옥수수, 밀, 소시지, 모차렐라 치즈, 요구르트, 후추, 소금, 반숙된 계란을 넣는 그릇, 식기세척

용액, 수세미 등을 넣으면서 이렇게 말했어요.

— 냠냠, 우리는 맛있는 그라탕을 만드는 거야. 곧 보게 될 거야. 내 사랑스런 아이야. 넌 맛있는 것을 먹게 될 거야.

꼬마 엄마는 벽에서 벽지를 벗기고 마루판의 판자를 뽑아서 작고 네모나게 썰었습니다. 마침내 그녀는 장 브뤼튀스쪽으로 달려와 그라탕 속에 그도 넣으려고 했어요!

장 브뤼튀스는 친구 마리위스 집으로 도망쳤습니다. 그 집에서 기계 엄마가 그를 맞아 주었습니다.

— 너 피곤하니? 난 네가 자랑스러워. 세 대의 텔레비전 앞에 앉거라. 내가 뉴텔라를 만들어 줄게.

그라마티퀴스 카르타퓌스는 실험실에서 자신의 머리를 쥐어뜯으며 생각했습니다. 왜 상황들이 정해진 대로 되지 않을까? 왜 아이들은 행복하지 않을까? 왜 아이들은 그렇게 건강이 나빠진 걸까? 식이요법은 지구에서 온 아이들에게 적합한 것 같지 않았어요. 설탕만 먹인 덕분에 아이들의 얼굴은 아주 동그랗고 아주 하얗게 되었지만 근육이 없었습니다. 그리고 아이들의 치아는 모두 썩었습니다. 그것은 마치 아이들이 나른하게 하는 욕조에 빠진 것과 같은 것이었죠. 그는 감시 스크린을 관찰했습니다. 즉 아이들의 꿈은 변했습니다.

그들은 이제 강낭콩, 고기, 삶은 생선, 칼슘, 단백질을 원했어요. 그들은 일찍 자고 아침과 저녁에 '적어도 3분 동안' 이를 닦고 싶었답니다!

카르타퓌스는 특별 사이렌을 작동시켰고 모든 엄마들을 긴급히 수술하기 위해 소집했습니다. 엄마들이 깨어났을 때 그들은 모두 발치에 엎드려 한 목소리로 말했습니다.

― 우리들은 네가 자랑스러워, 카르타퓌스, 우린 너무나 자랑스럽다, 우린 이제 더 다양한 그라탕을 만들 거야.

그리고 엄마들은 그들의 손에 닿는 모든 것을 벗기고 둥글게 자르기 시작했습니다. 행성은 으물으물해져 버리고 수천 개의 조각으로 부서진 상태가 되었어요.

어느 날, 엄마들 중 한 명이 껍질 벗기는 전기 칼을 들고 실험실에 왔습니다. 몇 시간 동안 작업한 후에, 그 엄마는 행성을 통제하는 칩 카드에 걸려 넘어졌습니다. 펑! 그러자 하늘, 우주 전체에서는 인공합성된 감미로운 목소리가 들렸습니다. "정말로 멋져" "고마워, 보물아" "난 정말 기뻐!" "너 잠자기 전에 뉴텔라 더 먹을래?" 아이들은 이런 달콤한 문장들을 몇 달 동안 매우 좋아했었죠.

결국 행성은 칩 장착 기술로 진짜 불이 나 완전히 폭발했습니다.

아이들은 지구로 다시 떨어졌고 진짜 엄마들의 품에 안겼고 다른 어떤 것과도 비교할 수 없는 애무를 맛보았답니다. 억지로 이마에 한 번 양볼에 한 번씩하는 뽀뽀가 아니라 때로는 머리에도 하고 코에도 하는 뽀뽀를 받았습니다. 그러자 이런 소리가 들려왔습니다.

― 엄마, 내가 나쁜 점수를 받아 오면 날 혼내 주세요!

― 내게 강낭콩을 요리해 줘요, 샐러드도요!

― 나 이 아파요! 칫솔 주세요!

― 일찍 자고 싶어요!

2024 행성에 갔던 모든 아이들은 이제 규칙, 즉 벌과 진실한 칭찬과 너무 많지 않은 약간의 사탕을 요구했답니다. 아이들은 이제 오로지 초콜릿과 파이만 먹고, 베이비-풋 놀이를 하고, 다른 일은 하지 않고 당구를 치거나 겜보이를 하면서 하루를 보내지 않게 되었습니다. 왜냐하면 아이들

이 강낭콩이나 치즈를 먹은 후에 초콜릿을 먹는다면 초콜릿이 더 좋은 것이 되는 것 같았기 때문입니다. 그래서 기계 엄마들은 결국 사라졌고 진짜 엄마들이 다시 시중을 들게 되었습니다.

진짜 엄마들이? 당신도 잘 알다시피, 진짜 엄마들은 혼내거나 미소 짓는 눈으로 부드럽고 엄격하기도 하며 이런 말을 하는 사람들입니다. "너 나중에 보자" "만약 네가 그만두지 않으면 기숙사로 보낼 테다" "식사하기 전이 아니라 호박 그라탕을 먹은 후에야 사탕을 먹을 수 있다…." 이처럼 매일 저녁의 투정과 날카로운 외침, 말 안 듣는 아이들과 엄격한 엄마들이 아주 오랜 세월 동안 아직도 계속해서 존재하고 있는 것입니다. 그리고 결국 그런 일이 그렇게 나쁜 것은 아니랍니다….

카르타퓌스는 어떻게 됐나고요? 물론 그도 역시 지구로 다시 내려와서 비디오 게임을 만드는 일로 전환했고 꿈은 꿈으로 남게 되었습니다. 그리고 그는 인간을 만드는 기계에 이제 다시는 손대지 않기로 결심했답니다….

머리를 다쳐서 이상해진 엄마

바로 그날 아침, 레오가 잠에서 깼을 때, 태양은 이미 커튼을 통해 환하게 비추고 있었습니다. 레오는 자명종을 힐끗 보았답니다. 9시 30분! 그날은 학교 가는 날이었습니다.

— 엄마! 엄마!

아무런 대답도 없었습니다. 레오는 오렌지색 방으로 달려가 숨을 헐떡이며 외쳤습니다.

— 엄마! 늦었어요, 나 지각하겠어요!

하지만 엄마는 침대에 누워 코를 골면서 베개밑에 머리를 파묻고 있었습니다. 레오는 자기가 본 광경이 믿겨지지 않았습니다. 평상시라면 바로 엄마가 그를 침대에서 끌어냈을 테니까요.

— 배고파요, 언제 먹을 수 있는 거예요?라고 레오가 끙끙거리며 말했습니다.

— 아무거면 어떠니, 냉장고를 뒤져봐라고 엄마가 투덜거리며 말했습니다.

레오는 화가 나서 부엌으로 갔습니다. 레오는 아침식사로, 오래되어 통에 달라붙은 시리얼을 먹어 치웠습니다. 그래서 기분이 아주 나빠졌습니다. 엄마는 결국 11시에 일어나 큰 소리로 하품을 하고 텔레비전을 켰습니다. 텔레비전에서는 '홈쇼핑채널'의 〈물건 삽시다〉라는 프로를 방송했고, 브러시, 헤어 드라이기, 보석, 근육 단련기를 판매했습니다. 정말 아무것도 하지 않고 텔레비전에 나오는 전화번호로 전화만 하면 되는 것입니다. 엄마는 저건 고대-종교적인 프로그램이야, 저런 바보 같은 짓거리를 보다간 머리가 정말 이상해질 것이라고 말했었습니다. 하지만 바로 그날, 엄마는 소파에 발을 쭉 뻗고 휘둥그레진 눈으로 미소 지으며 바라보고 있었습니다. 정오에는 테이블에다가 케첩 병과 접시 두 개를 놓았습니다.

— 우리 뭘 먹을 거예요? 레오가 희망에 부풀어 물었습니다. 왜냐하면 케첩은 대개 감자튀김이랑 먹는 소스였기 때문입니다.

— 케첩파이라고 엄마가 대답했습니다.

— 무엇이랑요?

— 그게 다야, 케첩이랑 코카콜라라고 엄마가 말했습니다.

— 그럼 디저트는요?

— 해동한 고기를 튀긴 것.

— 그건 건강에 아주 좋은 것은 아닌데요라고 레오는 중얼거리면서 전채요리도 주요리도 디저트도 없이 먹는다는 게 몹시 아주 슬프게 느껴졌습니다.

— 그런데 난 학교 가지 말까요?

— 그래, 오늘은 학교가지 말자. 너 그렇게 하고 싶지, 아니니?

레오는 엄마 머리가 이상해지지 않았나 하고 생각했습니다. 레오는 "날 학교에 데려다 줘요! 나한테 옷 입고 이 닦으라고 말해요! 내 접시를 닦으라고 말해요!"라고 소리치고 싶었습니다.

하지만 레오는 더 좋은 생각이 떠올랐습니다.

— 나 텔레비전 봐도 돼요?

— 그래, 물론이지, 네가 하고 싶은 걸 다 하렴. 난 다시 잠자야겠다라고 말하면서 엄마는 텔레비전 리모컨을 레오에게 건네주었습니다. 레오는 리모컨을 잡고 제일 금지되고, 가장 폭력적이고 가장 바보스럽고 너무나

참혹하고 지나치게 소란스런 만화영화를 일부러 보았습니다. 〈니라크-
니라크 박사와 서른여섯 마리의 오만한 괴물들〉〈피에 목마른 일본 로
봇〉〈살인자 겜보이의 귀환〉과 같은 만화였습니다. 두 시간 후에, 레오는
엄마가 머리가 너무 아파서 정말 문제가 생긴 걸까 하고 생각했습니다.

'엄마가 정말 머리를 다쳐서 이상해진 거라면 어떡하지?' '의사를 불
러야 할까?' 라고 레오는 생각했습니다. 어제까지만 해도 엄마는 레오가
텔레비전을 끄지 않는다고 화를 냈습니다. 그런데 바로 오늘… 엄마가 거
꾸로 하고 있으니까요!

7시가 되었을 때, 레오는 목욕하라고 자신에게 말하는 사람이 없다는
것을 알게 되었습니다. 평상시 대로 수돗물 소리는 들리지 않았습니다.

— 엄마 나 목욕하는 것 좀 도와줄래요?라고 희망에 차서 레오가 물어
보았습니다.

— 오 아니, 난 내가 좋아하는 연속극 볼 거야. 엄마는 이렇게 말하면서
텔레비전을 다시 켰습니다.

— 그럼 저녁은요? 화를 내며 레오가 질문했습니다.

— 찬장을 뒤져 보렴. 아마도 페피토가 있을 거야. 코카콜라를 마시면
서 페피토를 뜯어 먹으렴.

레오는 그라탕이나 아니면 강낭콩 볶는 냄새가 그리웠습니다.

— 난 정말 페피토에 질렸어요. 정말 질려 버렸다구요!라고 레오가 소
리쳤습니다.

그리고 레오는 자기 방에 틀어박혀서 곰곰이 생각해 보았습니다. 무슨
일이 일어난 거지? 레오는 우왕좌왕했습니다.

이제 집에는 단 하나의 규칙도 없었습니다. 모든 것이 그에게 허용되었
습니다. 그는 튀김요리, 페피토를 좋아했습니다. 바로 전날 레오는 잘게

썬 당근과 호박 그라탕을 앞에 두고 불만스러운 얼굴을 했습니다.

그런데 왜 레오가 지금 이렇게 불행해할까요? 왜 레오는 엄마가 그에게 명령을 하고 학교에 가라고 요구하고 목욕을 하라고 하고 채소를 먹으라고 하길 바랄까요? 목욕하지 않으니까 청결하지 않다고 느끼게 되었습니다.

그날은 끔찍하고도 아주 끔찍한 하루였습니다.

9시에 레오가 이를 닦고 잠옷을 입었습니다. 엄마가 손에 책을 들고 왔습니다. 엄마는 쾌활한 목소리로 물었습니다.

— 자, 내 사랑스런 아이야, 오늘 하루를 어떻게 보냈니?

— 끔찍했어요라고 레오가 불평했습니다. 끔찍하고 악몽이었어요. 엄마는 이제 내 엄마가 아니에요. 난 더 이상 엄마를 보고 싶지 않아요. 엄마는 마녀예요.

엄마는 레오를 품에 안았습니다. 레오가 아기였을 때 처럼 작은 아이는 보랏빛 향기에 흠뻑 빠지게 되었습니다. 엄마가 다시 자신의 엄마가 된 것 같았습니다. 아마도 엄마가 다시 머리를 다쳐서 예전의 충격이 사라진 것일까요?

— 네가 이제 깨닫게 되어 난 정말 기쁘다라고 엄마가 말했습니다. 어느 누구도 규칙이나 법 없이는 살 수 없단다. 그리고 특히 아이들이 그렇단다! 때때로 아이들은 잔소리하는 부모 없이 혼자 살았으면 하지. 그리고 때때로 부모들도 "이 닦아라, 텔레비전 그만 봐, 학교 갈 시간이야, 야채 먹어라, 사탕을 좋아하다간 심장이 나빠진다"라고 이렇게 잔소리하지 않아도 되는 세상에서 살기를 꿈꾼단다라고 속삭였습니다…. 하지만 그건 불가능하단다. 행복해지려면 살아가면서 어떤 규칙들을 따라야 한다.

너도 알다시피, 만약 학교가 없다면 넌 집이 끔찍하게 지겨울 거란다.

다음 날이 되자마자 엄마는 레오를 7시 30분에 깨우고 그에게 다정한 목소리로 이렇게 말했습니다. "일어나라, 내 아기야, 일어날 시간이야!" 레오는 즉시 일어났습니다. 그리고 나서 맛있는 냄새가 나는 부엌에 갔습니다. 부엌에는 달걀, 햄, 오렌지 주스, 맛있는 우유…가 있었습니다.

"냠냠!" 레오는 맛있다고 생각했습니다. 그는 기꺼이 이를 닦고 책가방을 찾았습니다. 그리고 학교에서 돌아왔을 때 레오는 놀랍게도 강낭콩과 정말로 맛있는 양고기를 먹었습니다. 레오는 케첩은 달라고 하지도 않았습니다.

독재적인
어린 왕자

여기서 아주 먼 왕국에 사는 한 왕비가 아기를 갖지 못해 절망에 빠졌습니다.

— 우리에게 한 아기만 주세요! 우린 꼭 아기가 있어야 합니다 하고 왕은 한탄을 했습니다. 내 아버지는 아버지의 아버지로부터 왕국을 받으셨고 그런 식으로 해서 지구상의 최초의 아버지의 태초로까지 거슬러 가게 되는 내 아버지께서 내게 물려주신 이 멋진 왕국을 누구에게 준단 말입니까? 내 뼈들이 늙어 부서지고 백발이 되어 류머티즘으로 몸을 제대로 가누지 못하게 될 때 난 내 왕관을 누구에게 주어야 할까?

— 늙었을 때의 우리의 모습은 얼마나 끔찍할까요, 친구여!라고 왕비는 소리쳤습니다. 왕비는 아기를 갖지 못하고 늙어가는 게 싫었습니다. 어쨌든 당신이 옳아요, 우리에게 아기가 필요해요.

왕비는 모든 책과 가장 유능하고 빈틈없는 의사들에게 자문을 구했습니다. 드디어 그들 중 한 사람의 덕택으로 아기가 왕비의 배에서 움직이기 시작했고, 그리고 나서 평온하게 아름다운 천 속에서 태어났습니다.

— 조심하세요! 의사는 경고했습니다. 이 어린 왕자는 여러분의 보물입니다. 하지만 그에게 너무 많은 것을 가르치지 마세요. 아기를 너무 빨리 어린 왕으로 만들지 마십시오!

그렇지만 의사가 왕국에서 발꿈치를 돌리자마자 벌써 왕비는 어린 왕자를 붙잡고 속삭였습니다.

― 넌 나의 어린 왕이다. 하나뿐인 왕이지. 네 바람은 명령이 될 것이다!

이 문장은 귀머거리가 아니라면 다 들을 수 있었습니다….

이 너무나 귀중한 어린아기는 위험으로부터 보호받았고 매일 아침 자격증을 소지한 하인이 당나귀 우유가 담긴 우유병과 정말로 희귀한 벌꿀을 가져다주었습니다. 아기는 아비시니아에서 새벽 5시에 딴 장미꽃잎으로 만든 매트리스에다 금실로 바느질한 시트에서 잠을 잤습니다. 그리고 아기를 시중들기 위해 여섯 명의 하인들이 왕궁의 저 장소에서 이 장소로 달려왔고 아기의 발 아래에서 잠을 잤습니다.

아기는 모든 것으로부터 보호받았습니다. 아주 작은 산들바람, 작은 호흡, 게다가 하늘에 낀 약간의 구름으로부터도…. 아기를 따뜻하게 해주기 위해 인공의 태양을 만들어 피부를 그을리지 않게 하면서 비타민 D를 공급해 주었습니다. 이런 식으로 어린 왕자는 조용하게 평온히 성장했고 전제적으로 자랐습니다. 왜냐하면 그의 바람들은 명령이 되었고 그것은 귀머거리가 아니라면 다 들어야 했기 때문입니다.

어린 왕자가 일곱 살 되던 날, 이 사랑스런 아이를 보호한 채로 외출하는 것이 좋을듯해 보였습니다.

― 귀여운 내 새끼, 넌 이제 어른이다!

― 난 새끼가 아니에요라고 어린 왕자는 거만하게 말했습니다. 그리고 만약 당신이 내게 입 맞추고 싶다면 난 내 발에 입 맞추는 것을 허락해요. 한 번만요.

그리고 나서 어린 왕자는 왕이자 자신의 아빠에게 이렇게 연설하였습니다.

— 어이, 백발의 늙은 왕, 내게 그 왕관을 줘요!

늙은 왕은 어린 왕자에게 아무 말 없이 자신의 왕관을 주었습니다. 왜냐하면 그는 결코 어린 왕자에게 "노"라고 단 하루, 단 한 번도 말한 적이 없기 때문입니다. 그러면 일곱 살 난 아이에게 어떤 것을 어떻게 금지할 수 있을까요? 그렇게 해서 어린 왕자는 왕으로 변해 갔습니다. 일곱 살 난 전제적인 왕에게는 모든 것이 하찮았습니다.

어린 왕은 모든 나무들을 베게했습니다. 왜냐하면 자두가 그의 머리에 떨어졌기 때문입니다. 그는 방울새를 하나씩 목을 자르게 했습니다. 왜냐하면 방울새가 아침마다 너무 일찍 지저귀었기 때문입니다. 그는 왕비이자 자신의 엄마를 궁전의 탑에서 가장 높은 749번째 층에 가두게 했습니다. 왜냐하면 엄마가 감히 자신에게 왕의 의무를 할 것을 요구했기 때문입니다.

사람이 과잉보호를 받게 되면 때때로 이런 일이 일어나는 것입니다.

가장 나쁜 것은, 그의 온갖 투정에도 불구하고 어린 왕자가 이렇게 외치면서 불행한 얼굴을 보이는 것입니다.

— 난 혼자야! 쓸쓸해! 아무도 날 좋아하지 않아!!

어린 왕자가 이렇게 못된 짓을 하며 살자 왕관을 줘버린 초라한 늙은 왕은 아주 화가 나게 되었습니다. 왕의 분노는 풍랑이 심한 바다 같았습니다.

— 너 여기로 와 못된 녀석! 늙은 왕은 큰 소리로 고함을 쳤습니다. 어쩌다 이 녀석을 이렇게 잘못 키운 걸까!

그건 그렇게 교육을 잘 받은 늙은이가 왕에게 하는 진짜 거친 말이었습니다. 그 왕은 또 말했습니다.

— 자 여기로 와, 네 뺨과 볼기를 때려 줄 테니! 넌 이제껏 두들겨 맞아 본 적이 없었지!

왕비는 749번째 계단에 갇혀 이 터질 듯한 소리를 듣고 탑에서 실신했습니다.

'우린 죽게 될 거야.' 왕비는 생각했습니다. '우린 탑 꼭대기에서 던져질 거야.'

그런 일은 전혀 일어나지 않았습니다. 어린 왕은 아주 얌전하게 왕관을 아빠한테 주면서 이렇게 속삭였습니다.

— 미안해요, 아빠.

늙은 왕은 왕관과 왕자와 권력을 돌려받았습니다.

그는 아내를 풀어 주고 말했습니다.

— 우리가 너무 일찍 왕관을 어린 왕자에게 주었기 때문에 아이가 못된 폭군이 되었던 거요. 의사가 우리에게 그걸 경고했었잖소, 내 사랑!

그리고 왕자의 생활은 예전으로 돌아갔습니다. 그렇지만 아주아주 약간의 명령을 하며 아주 예의 바르게 말이죠. 가장 행복한 사람은?

그건 바로 어린 왕자였습니다. 아빠와 함께 구슬치기를 배우고 초코바를 가지고 장난을 하며 웃게 되었으니까요.

'아, 어린아이가 되는 게 좋구나. 너무 심각한 건 전혀 생각하지 않아도 되고 놀면서 시간을 보낼 수 있으니까 좋구나' 라고 어린 왕자는 생각했습니다.

쉿, 왕이 바빠!

아주 위대하고 강력한 왕국에 매우 바쁜 왕이 살았습니다. 왕은 항상 서류에 코를 처박고 있었고 어느 누구도 그를 나무라지 않았습니다.

"왕국의 일이야"라고 왕은 중얼거렸습니다.

매우 바쁜 왕에게 아들이 하나 있었는데 매일 아침과 저녁마다 5분간 그의 무릎에 오를 권리가 있었습니다. 그 후에 매우 바쁜 왕은 '조랑말 타기' 놀이를 단호히 멈추게 하고 심각한 모습으로 중얼거렸습니다. "왕국의 일을 살펴봐야 한다, 내 아들아."

어느 날 어린 왕자는 목탄으로 예쁜 비행기를 그렸습니다. 그리고 아빠에게 자신의 그림을 보라고 말했습니다.

— 쉿 하고 왕비가 말합니다. 아주 바쁜 왕은 옆 서쪽 사무실에 계셔서, 왕은 왕국의 일에 전념하셔야 해.

또 어떤 날, 어린 왕자는 정원의 나이든 정원사와 함께 장미나무를 다듬는 것을 배웠습니다. 그것은 성스러운 일이었습니다. 가시에 긁힌 것과 모든 것, 자신이 하는 것을 아빠한테 보여주고 싶었습니다.

— 내게 보여주렴, 항상 미소 짓고 기뻐하는 왕비가 말했습니다. 난 장미를 정말 좋아한단다. 가시까지도 말이야.

— 아뇨, 난 왕에게 보여주고 싶어요라고 어린 왕자는 말했습니다. 어린 왕자는 물론 엄마는 자신이 한 것을 좋아할 것이라고 생각했고 그건 매우 당연하다고 생각했습니다.

— 매우 바쁜 왕은 서쪽 사무실에 계시다. 왕국의 일이야라고 어린 왕자에게 왕비는 슬프게 대답했습니다.

이런 식으로 어린 왕자는 성장했고 하루에 10분을 아버지와 함께 보낼 수 있었습니다. 종종 어린 왕자는 왕국의 서쪽에서 일어나는 일이 그렇게 중요할까라고 궁금해하며 생각해 보았습니다. 그는 거대한 서류더미를 마주 대하고 8자리 숫자의 더하기와 엄청난 곱셈을 하는 아버지를 상상했습니다. 그는 또한 전화벨이 울리고 전화를 받는 아빠도 상상했습니다.

— 여보세요 모스크바입니까? 여기는 북경입니다. (혹은 그 반대의 경우) 300만이요? 네, 사겠습니다.

그리고 그렇게 생각해 보니 그건 정말 감동적인 일입니다. 그는 감히 하루에 10분 이상을 아버지와 놀 수가 없었습니다.

어린 왕자는 학교에서 매우 좋은 성적을 받았습니다. 하지만 이따금 매우 불손했습니다. 그래서 선생님은 불만스러웠습니다. 선생님이 왕에게 알리자 왕이 왕자에게 편지를 보냈습니다.

"친애하는 왕자, 앞으로 선생에게 복종하지 않는다면, 불손하기 때문에 대단히 큰벌을 받게 될 겁니다. 만약 법을 지키지 않는다면, 난 왕국의 일에 전념할 수 없을 것입니다. 우정과 친애하는 마음으로, 당신의 아버지 왕으로부터."

어린 왕자는 그 편지가 정말 맘에 들었고 자신의 책상 앞에 그 편지를 핀으로 꽂고 자주 읽었습니다. 왜냐하면 그 편지는 아주 바쁜 왕이 편지를 작성하는 데 적어도 5분을 할애했다는 것을 의미하기 때문입니다. 하지만 이상하게도 그 단어들은 그의 마음에 와 닿지 않았습니다. 그리고 역시 학교에서 여전히 불손하게 굴었습니다.

어떤 날, 어린 왕자는 왕국의 서쪽으로 왕을 보러 가기로 마음먹었습니다. 왕자는 엄청나게 요란한 소리를 내는 레이저 메가급 권총을 가지고 가서 문 뒤를 살피고 '삑, 삑, 삑, 두두두두, 탕탕!' 했습니다. 문 뒤에서 굉장한 소란이 벌어지고 있었습니다.

— 무슨 일이지? 아리아인들의 공격인가? 테러리스트들이다! 적색 경보!

그리고 사람들이 문을 부쉈을 때 발견한 것은 총을 들고 있는 어린 왕자였습니다.

— 바로 테러리스트군! 매우 바쁜 왕이 고함쳤습니다. 그를 체포하시오! 그를 제압하시오.

— 아무것도 아니에요. 난 여섯 살 난 당신의 아들이에요라고 왕자가 말했습니다. 난 가장 중요한 사건 때문에 아빠를 보러 온 거예요. 난 아빠랑 당구를 치고 싶어요.

왕은 매우 바빴지만 그럼에도 불구하고 현명했기 때문에 그가 인생을 온통 왕국의 서쪽 궁에서 보냈고 아들이 여섯 살이 되기까지 하루에 단 10분만을 보냈고, 게다가 동이 트지 않은 새벽의 어스름 속에서와 해가 이미 진 저녁에만 아들을 보았다는 것까지 생각했습니다.

그래서 왕은 아들을 테러리스트로 혼동하게 되었던 것입니다!

왕은 일어나서 장관들에게 말했습니다.

— 회의를 폐회하겠소. 내 아들에게 아주 긴급한 일이 발생해서 실례해야겠소.

그리고 왕은 정면에 있는 카페에서 격렬한 당구를 치기 위해 출발했습니다.

이렇게 가짜 테러리스트의 공격 덕택으로 아버지와 아들은 당구치기, 산책하기, 토론하기를 정기적으로 하게 되었습니다.

왕국의 일은 더 나빠지지 않았습니다.

어느 날, 아들이 스무 살이 되었고 늙고 아주 백발이 되고 이가 빠진 왕은 서쪽 궁에서 떠나 동쪽 궁으로 이동하게 되었습니다. 휴식을 위한 것이었습니다.

어린 왕자는 서쪽 공간을 차지하게 되었고 아주 쾌활하고 아주 바쁜 주니어 왕이 되었습니다.

늙은 왕은 자신의 방에서 향수에 젖은 눈으로 왕국의 서류와 자료를 바라보았습니다. 그리고 종종 자신이 젊고 유능했던 때를 아쉬워하며 그것들을 뒤적였습니다.

늙은 왕은 자주 서쪽 공간에 갔고 거기서 매우 바쁜 어린 왕은 왕국의 일을 하고 있었습니다.

하지만 늙은 왕은 말했습니다.

— 쉬잇! 바쁜 주니어 왕이 일하신다!

그러고는 그는 자신의 귀를 문에 대고 종이의 부스럭거리는 소리와 전화벨 울리는 소리와 멀리 있는, 전화기의 어떤 목소리를 들었습니다. 그리고 이렇게 말하는 소리도 들립니다. "여보세요, 모스크바입니까? 여기는 파리입니다." 혹은 반대일 수도 있죠.

그러면, 뼈가 약해지고 백발이 된 늙은 왕은 복도의 작은 흰 의자에 앉아 기다렸습니다.

매우 바쁜 젊은 왕은, 하루에 한 번 서쪽 공간에서 나와 자신의 나이든 아버지와 당구를 치기 위해 외출했습니다.

당구라고 하는 건… 그건 아마도 아주 간단히 서양 장기, 사소한 대화, 장미나무를 다듬기 위한 정원 산책과 함께 아주 정말 중요한 어떤 것이랍니다.

산책하는 동안 늙은 왕은 머리를 가볍게 흔들면서, 11월 아침나절의 그 유명한 테러리스트의 공격 일화를 항상 떠올립니다. 그리고 항상 이렇게 반복했습니다(왜냐하면 그는 정말로 늙었으니까요).

— 아, 넌 정말 옳았어! 그리고 우린 정말 바보였어, 우리같이 늙고 아주 바쁜 왕들은 하루에 24시간 일하지 않으면, 게다가 왕국의 일이니까, 그러면 왕국이 사라질 거라고 생각했단다. 우리도 함께!

그리고 왕은 자주 감탄스럽게 아들의 머리털을 바라보았습니다.

— 넌 정말 멋진 검은 머리털을 하고 있구나! 네 눈은 정말 빛이 난다! 넌 정말 좋은 왕이야!

백발이 되고 뼈가 약해진 늙은 왕은 자신의 과거의 능력에 대해서 생각하며 한숨을 지었습니다. 하지만 그건 아주 슬픈 한숨이 아니었습니다. 그건 자신의 곁에서 계속 왕권을 수행할 아들을 매우 자랑스러워하는 것이었습니다. 그리고 둘은 모두 왕국으로 저무는 태양을 바라보며 조용히 미소 지었습니다.

부모를 위한 조언
· · · · · · 아버지와 아이들 · · · · · ·

무엇이 그들로 하여금 아기를 '애지중지하며 기르지' 못하게 하는가?

이야기의 무게: 비록 우리가 2002년에 살고 있다 하더라도 아버지라는 존재는 여전히 '빵을 구해 오는 사람,' 집에 사냥한 매머드의 넓적다리를 다시 가져오는 사람, 비난과 칭찬을 하는 이라는 느낌을 준다. 아이가 '거리가 있는' 아버지로부터 양육되었다면 상황은 복잡해진다. 아버지의 역할은 사무실에서 돌아오면서 저녁마다 아이에게 뽀뽀를 하는 것으로 그친다. 이 경우, 아이는 모델없이 아빠의 애정이 정확히 어떤 것인지 알지 못한 채 암중모색하게 된다. 정신분석학자 베르나르 티스의 말에 따르면 "우리가 아들이었을 때에만 아빠가 될 수 있다"라고 말한다. 즉 애지중지하는 아빠에 의해 양육된 아들을 의미한다.

남성다움의 상실에 대한 두려움: 문화적인 문제이다. 아버지는 아버지가 되면서 남성다움을 상실하지 않을까 하는 두려움을 항상 갖게 된다. 교육학자 T. 베리 브라젤통에 의하면 이러한 두려움은 "자신에게서 여성성이 재탄생하는 것을 보는 공황"에 속한다.

탄생의 경험: 심리학자 마리스 베이앙이 분석한 것처럼, 출산 후에 아버지는 극대화된 남근숭배의 콤플렉스로 고통받을 수 있다. 아버지는 생명을 잉태하는 여성과 마주하기 위해 돈을 버는 데만 열중하고 수퍼 시간을 증가시키려 한다.

어떻게 해야 할까?

지나친 공격은 금지다. 아주 천천히 하도록 한다. 출산 후에 그에게 기저귀를 갈게 해봤자 소용없다. 그에게 '좋은 일'을 하도록 한다.

그가 무엇을 좋아하는지 주목한다: 목욕, 저녁에 이야기 들려주기?

마치 의식을 하듯이 그가 제일 좋아하는 행동을 하도록 맡긴다. 또한 CD-Rom을 이용하는 것도 생각해 보라. 그로 하여금 그런 행위를 하도록 부추기는 방법이 될 수 있다.

그에게 자리를 주도록 하라: 엄마들은 종종 남편이 없음을 불평하지만 무의식적으로 종종 '감시'를 한다. 그러므로 그를 감시하는 것을 피하도록 하라….

키워드가 되는 문장

★ 이런 스타일로 비난하며 퍼붓지 않도록 한다. "당신은 전혀 그렇게 될 수 없어" "물론 당신은 할 수 없어…." 이 외에 또 사소한 말로 상처 주는 가시 돋친 말들.

★ 유익한 말하기: 아이와 아빠 사이에 관계를 형성해 주는 말들.

"넌 아빠 품에서 잘 지내지" "당신들은 서로 닮았어" "당신 아들이 당신을 필요로 해, 당신도 알다시피….."

디디에 관한
짧은 이야기

며칠 후면 카롤린은 일곱 살이 됩니다, 일곱 살은 중요한 나이이죠, 성장하는 시기이며 분별력이 생기는 시기이기도 합니다, 카롤린은 자기 방에서 한숨을 짓고 있었습니다,

카롤린은 자신의 생일에 엄청난 축하 파티를 하고 싶었습니다…, 네, 하지만 바로… 디디가 있다는 것입니다,

디디는 카롤린의 언니이고 이자라고 합니다, 하지만 언니는 아홉 살인데도 자기 이름을 말할 줄 모릅니다, 언니는 "디디"라는 말만 할 줄 압니다, 디디는 '다른' 이란 뜻입니다, 디디는 다른 사람들과 같은 여자아이입니다, 디디는 몇 시간 동안 머리를 설레설레 흔들고 짐승처럼 소리를 지릅니다, 때때로 비가 올 때, 디디가 밖에 있을 경우, 빗방울을 받아먹기 위해 혀를 쭉 내밉니다,

— 혀 집어넣어! 카롤린이 디디에게 종종 이렇게 말합니다, 그렇게 하고 있으면 네가 바보처럼 보인단 말야,

카롤린은 언니를 아주 좋아하면서도 싫어합니다, 어떤 때 카롤린은 품에 디디를 아주 꼬옥 안아 주고 싶습니다, 그리고 또 어떤 때에는 맘속에 있는 분노가 폭발할 것 같습니다, 특히 다른 사람들이 함께 있을 때 그렇습니다, 한 친구가 집에 왔을 때였습니다, 디디는 방에 있었는데 입을 헤 벌리고 침대에 앉아 있었습니다, 카롤린은 "꺼져 버려, 디디! 넌 여기서

쓸모없어"라고 말하고 싶었습니다.

카롤린은 때로 디디에게 발길질까지 하고 싶었습니다.

하지만 이자가 훌쩍거리면서 엄마한테 달려갈 것이라는 것을 잘 알고 있죠.

카롤린이 아주 어렸을 때는 디디가 좀 다르다는 것을 알지 못했습니다. 하지만 사람들이 이상하게 쳐다보고 수군거리는 것을 보았기 때문에 조바심이 나서 이렇게 질문을 하게 되었습니다.

— 왜 디디는 그런 거야? 디디가 아파?

— 사고를 당해서 그래, 엄마가 대답했습니다.

— 비행기 사고? 기차 사고? 자동차 사고?

— 아니, 그런 것이랑 비슷한 사고지, 태어나면서 사고를 입은 거야라고 엄마가 말했습니다. 디디는 그렇게 태어난 거야, 어떤 아기들은 필요한 모든 것을 갖고 태어나고 또 어떤 아기들은 어떤 게 좀 모자란 채로 태어나는 거란다….

그리고 엄마는 약간 느닷없이 이렇게 덧붙였습니다.

— 모든 사람들은 살아가고 행복할 권리가 있단다, 카롤린.

그리고 엄마는 카롤린을 바라보았습니다.

— 너는 운이 좋은 거란다, 너도 알겠지만….

인생은 때로 불공평하죠.

카롤린은 자기 방에서 나무로 만든 인형의 집에 발길질을 했습니다. 운이 좋은 거라고? 말해보라.

아니, 카롤린은 운이 없는 겁니다. 카롤린은 자신의 생일 파티를 할 수 없습니다. 그 모든 게 다 디디 때문입니다. 카롤린도 역시 살고 싶고 친구들과 어울리고 싶고 즐겁고 싶습니다! 카롤린은 때때로 이렇게 엄마한테 말하고 싶지만 엄마는 디디를 위해 있을 뿐입니다. 카롤린이 나쁜 점수를 받아 올 때 친구 쥐스틴과 다투었을 때 정말로 엄마한테 가서 아주 간단하게 말하고 싶었습니다.

"쥐스틴은 이제 내 친구가 아닌 거지?" 엄마가 대답했습니다.

"넌 운이 좋게도 학교에 갈 수 있잖아" "디디가 다닐 수 있는 학교는 없으니까 말이야"라고 말하며 한숨을 지었습니다.

어느 날 저녁 카롤린은 이번 일곱 살 생일 파티에 대해 부모와 함께 이야기하려고 일어났습니다. 하지만 잠옷을 입은 채로 복도에 서서 부모가 디디에 대해 말하는 것을 들었습니다. 디디, 디디, 디디, 디디만을 바라보면서 말이죠.

— 카롤린, 잠자러 가라, 우리 내일 네 생일에 대해 다시 이야기하자라고 엄마가 말했습니다.

그래서 카롤린은 가슴 가득히 하고 싶은 말과 슬픔을 담은 채로 다시 돌아왔습니다. 그건 아주 간단한 것이었습니다. 카롤린은 디디의 슬픔 때문에 자신의 슬픔을 항상 맞바꾸었습니다. 자신의 슬픔, 분노, 나쁜 점수를…, 모든 것은 디디의 문제로 귀결되었습니다. 카롤린은 결국 디디가 자신보다 더 운이 나쁘지 않은 게 아닐까라고 생각하게 되었습니다.

그렇지만 카롤린은 디디가 힘든 삶을 살고 있다는 것을 잘 알고 있습니다.

바로 전날, 슈퍼마켓 냉동식품 진열대 앞에서 한 소년이 디디를 바라보기 시작했습니다. 디디가 그 소년에게 혀를 내밀었을 때 그 어린 소년의 엄마가 그의 팔을 끌어당겼습니다. 그의 귀에 대고 이렇게 속삭였습니다.

— 신경쓰지 말아라, 저 애는 정상이 아니야.

갑자기 냉동식품 진열대 앞이 추웠습니다. 너무 추웠습니다. 그래서 카롤린은 엄마한테 물어보았습니다.

— 디디는 내 생일날 저렇게 꼭 있어야 돼요?

엄마는 카롤린을 눈언저리가 붉어진 채로 슬프고 차가운 눈으로 바라보았습니다. 엄마는 이유를 잘 알고 있었습니다. 엄마가 카롤린에게 말했습니다.

— 그게 네가 바라는 거지, 카롤린.

그러고 나서 덧붙였습니다.

— 난 네가 디디의 입장이 되어 보길 바랄 뿐이다. 아주 잠시라도 말이야.

생일날이 되었을 때 문을 연 건 바로 카롤린이었습니다. 디디는 거기에 없었습니다.

— 디디가 오랫동안 잠자게 하기 위해서야, 하루 종일 비가 오더라도 말이야 하고 카롤린은 생각했습니다.

하지만 오후가 지나는 동안에도 카롤린은 가슴이 두근거렸습니다. 자신의 친구들이 와 있고 친구들이 춤을 추고 웃고 있습니다. 하지만 카롤린은 한 명이 보고 싶었습니다. 디디와 디디의 묘한 눈, 디디와 그 아이가 하는 질문, 디디와 아주 너무나 조심성 없는 모습. 그러나 생일 케이크를 자르려는 순간 갑자기 누군가가 문을 두드렸습니다. 금빛 별들이 수놓아진 분홍색의 멋진 드레스를 입고 베니스 왕비의 하얀 마스크를 쓴 공주가 와서 머뭇거렸습니다.

— 와! 어린 소녀들이 소리를 질렀습니다. 저 애는 정말 예쁘다!

만약 디디가 마스크를 쓰고 공주로 변장한 거라면 그건 모습을 감추기 위해서일 거야. 카롤린은 잘 알고 있습니다. 디디는 카롤린에게 선물을 주었습니다. 디디가 스스로 만든 커다란 로토 장난감이었습니다. 마스크를 쓴 채로 디디는 카롤린을 안고 말했습니다.

— 온 생카로, 난 갈.

그 말은 이런 의미였습니다: 오늘 생일 축하해, 카롤린, 나 갈게(하지만 여러분은 무슨 뜻인지 알 것입니다).

카롤린은 마음속 깊은 곳에서 거대한 사랑이 용솟음치는 것을 느꼈습니다. 카롤린은 디디가 오후 내내 숨어 있기 위해, 쭉 늘어진 혀를 감추기 위해 자기 방으로 돌아갈 것이라는 것을 알고 있었습니다. 그러자 카롤린은 자기 언니의 마스크를 부드럽게 다시 떼어내고 볼에 뽀뽀를 해주었습니다. 그리고 자랑스럽게 말했습니다.

— 이 사람은 내 언니야. 이자라고 해. 잘 기억해. 이자야. 내가 어렸을 때 언니를 '디디'라고 불렀지만 이제 그러지 않을래. 난 이제 일곱 살이야. 언니를 이자라고 부를 거야. 왜냐하면 언니는 우리랑 조금 다른 거니까…. 하지만 그렇다고 해서 완전히 다른 건 아냐. 이자는 장난치고 노는 것을 정말 좋아하거든. 이자, 로토 바퀴 굴려 볼래? 난 언니가 큰 상금을 받길 바랄게!

부모를 위한 조언
· · · · · · 장애가 있는 형제자매 · · · · · ·

"그런데 부인은 왜 그렇게 뚱뚱해요?" "그런데 선생님은 왜 피부가 검은가요?" "그런데 그 사람은 왜 아기처럼 유모차에 있어요?"

장애는 다름이라는 말로서 아이들을 당황하게 한다. 그래서 장애에 대해 아이들에게 설명할 필요가 있는 것이다. 한 가족의 형제나 자매가 장애가 있는 경우 설명은 더욱더 필요하다. 한편으로는 장애아가 부모를 두 배로 독점할 것이기 때문이다(그리고 형제나 자매가 독점하는 것으로 인해 고통스러워하지 않도록 아이에게 그런 사실을 이해시켜야 한다). 다른 한편으로는 타인들의 시선을 감내할 수 있도록 하기 위해서이다.

"부모가 장애가 있는 형제와 자매에게 어떤 감정을 느끼는지를 아주 정확하게 설명해야 한다." 에드위즈 앙티에 박사는 '학술적인 용어'를 사용하면서 설명하는 것이 중요하다고 권장한다. 3염색체성의 경우 염색체에 대해 말하라는 것이다. 아이에게 학술적인 설명을 하면 왜 남동생 혹은 여동생이 훨씬 더 관심을 받아야 하는지 정말로 학문적으로 이해할 수 있기 때문이다.

또한 우리가 왜 형제나 자매의 미래에 대해 염려하는지 설명해야 한다. 그리고 왜 그에게 많은 시간을 할애하고 함께해야 하는지 설명해야 한다. 아이에게 죄의식을 느끼게 해서는 결코 안 된다("너는 정말 운이 좋아. 넌 불평하지 않아야 한다" 등등).

키워드가 되는 문장

★ "모든 사람이 같은 식으로 자라는 건 아니야."

★ "넌 우리가 왜 네 언니에게 훨씬 더 많은 시간을 할애해야 하는
지 이해해야 한다. 언니는 너보다 훨씬 더 많이 도움을 필요로
한단다. 네 언니가 두 살 많다는 사실은 소용이 없어. 언니는 훨
씬 더 성장이 느리거든. 언니는 게다가 너보다 할 줄 아는 게 더
적단다."

귀찮은 괴짜들

엘리엇과 제임스는 영국의 두 괴짜들로서 아주 예쁘고 둥근 그래니 스미스라는 멋진 사과 속에 살고 있었습니다. 이 사과는 사과나무 꼭대기에 매달려 있었고 아무도 오지 않는 과수원에 있었습니다. 이들의 엄마 애스콧 부인은 귀찮은 괴짜들을 찾아다니면서 과일의 반쪽에 경계선을 긋는 수고를 했답니다. 그러니까 반쪽은 엘리엇 것이고 다른 반쪽은 제임스의 것이죠. 그리고 둘을 위해 씨도 나누어 주었답니다. 매트리스는 너무 물렁하지도 너무 딱딱하지도 않았습니다. 약간의 당과 설탕과 물 그리고 사랑이 듬뿍 있었습니다. 두 사랑스러운 괴짜들이 자라나는 데 필요한 모든 것이 다 있었죠! 아, 그럼에도 불구하고 영국의 냉정한 두 괴짜들은 귀찮게 하는 데 시간을 보냈답니다.

― 내 반쪽으로 들어가지마!

― 뒤로 가! 넌 내 침대에 발을 올렸어!

― 넌 내 씨까지 훔쳐갔잖아!

요컨대 각자는 엄마의 사랑을 독차지하기 위해 다른 한 명을 비난했습니다. '그럼 어떻게 해야 할까?' 라고 애스콧 부인은 짜증스런 소란을 겪으며 생각했습니다. '하지만 난 내 괴짜들을 똑같이 사랑하고 똑같은 사랑을 주고 있는데!'

제임스와 엘리엇이 자라나 괴짜가 되어 감에 따라, 그들은 훨씬 더 귀찮은 짓을 했습니다.

— 네가 설탕을 모두 빨아먹었어, 그건 불공평해.

— 시끄럽게 하지마, 못 참겠어.

그리고 그들은 때로 주먹을 휘두르기까지 했어요.

— 그만두지 못하겠느냐고 애스콧 부인은 순수한 영국식 억양으로 말했어요. 너희들이 컸으니 너희들 각자가 집을 갖게 될 거야. 각자가 사과한 개씩을 말이야! 너, 제임스는 로열 갈라사과로 가거라. 그리고 너, 엘리엇은 골든사과로 가거라.

물론 그들은 그들 각자의 사과를 여러 각도에서 매우 주의 깊게 조사했습니다. 아주 상세한 부분까지 살펴보았고 다른 것이 '엄마의 맘에 드는 것'이었다는 것을 증명할 수 있었죠.

— 네 것이 더 빨갛군. 엘리엇은 뾰로통해져서 반박했어요. 반면에 제임스는 눈살을 찌푸렸습니다.

내 것은 덜 익었어, 그것은 씨가 가득하단 말야!

난 제임스가 더 좋은 집에 있다고 확신해!

— 난 또 속았어. 제임스가 한숨을 지었습니다.

애스콧 부인은 영국의 고귀한 침착함을 잃고 말았습니다. 그녀는 얼굴이 붉어지고 눈에는 분노의 불꽃이 이글거렸습니다.

— 잘한다, 내 아이들아. 너희들은 사과를 바꾸면 되겠구나. 엘리엇은 로열 갈라에서 자고 제임스는 골든에서 자거라. 실시! 애스콧 부인은 소리쳤습니다.

말이 떨어지자마자 즉시 그렇게 이루어졌습니다. 두 괴짜들은 엄마가 말한 대로 다른 사과의 침대에서 밤을 보냈습니다. 엘리엇은 로열 갈라에 가서, 달갑지 않은 작은 바람이 사과를 나무에서 떨어지게 한다는 것을 알아챘습니다. 제임스는 이 고약한 골든에 씨앗이 많다는 것을 알았습니다.

— 쳇, 그의 호텔이 내 호텔보다 더 별이 많은 건 아니야라고 그들은 생각했습니다.

— 쳇, 그가 반드시 엄마의 맘에 드는 것은 아니야라고 그들은 또 생각했습니다.

그리고 그들은 이렇게 확신에 찬 생각을 하면서 잠이 들었습니다.

그 다음 날, 애스콧 부인은 새벽에 아이들을 깨웠습니다.

— 자, 내 보물들아?

— 쳇.

— 그냥 그래.

— 비슷하고 마찬가지에요.

— 모두 비슷하고… 불편해요라고 괴짜들은 아주 조금 투덜거렸습니다.

애스콧 부인은 잔기침을 하고는 말했습니다.

— 자, 내 아기들아, 멀리서 보면 사과는 항상 이웃집의 사과나무에 있는 게 더 아름답단다. 그런데 가까이에서 보면, 사과에는 항상 몇 개의 씨가 들어 있고 반대쪽에서 달갑지 않은 바람이 불지, 그게 바로 인생이지! 너희도 알다시피 난 너희들 각자에게 무한한 사랑을 똑같이 주었단다. 똑같은 설탕, 똑같은 씨, 그리고 하얀 모자, 흰색 모자를!

애스콧 부인은 마음이 가벼워진 채로 아이들의 사과보다 더 좋지도 더 나쁘지도 않은 사과 속으로 의연하게 들어갔습니다.

이날부터 더 이상 어느 누구도 귀찮게 하지 않았답니다. 종종 제임스는 엘리엇을 자기의 사과에 초대하고 엘리엇이 제임스를 자기 사과에 초대했답니다. 그들은 함께 과육을 맛보았고 사과가 탐스러워지기를 바랐습

니다, 그들은 뉴욕이나 그 어디서나 함께 살게 될 것입니다, 서로를 사랑하는 괴짜들이니까요,

부모를 위한 조언
· · · · · · 왜 아이들은 서로 싸울까? · · · · · ·

형제들과 자매들 간의 사소한 다툼은 가족의 생활에서 불가피한 현실이다. 아이들은 동일한 아빠와 엄마를 공유하기 때문이다. 그러므로 같은 장소에서 사는 것이다. 그리고 각자는 다른 쪽이 부모의 마음에 드는 이라고 생각한다! "그는 항상 모든 것을 갖지, 그리고 난 항상 혼나" 등등.

아이들은 우리가 아무리 조화롭고 평등하게 대하려고 노력해도 아마도 다른 쪽을 '편애' 한다고 느낄 것이다. 이것은 우리를 닮은 아이에 대한 경향일 수도 있을 것이다. 교육학자 알도 나우리에 의하면, 엄마는 자신과 같은 서열의 딸에게 특별한 애정을 느낀다고 한다(엄마가 언니였다면? 엄마는 '큰딸' 에게 더 자발적으로 자신을 동화하게 될 것이다. 막내였던 경우라면 또한 마찬가지가 될 것이다 등등).

어떻게 행동할 것인가?

아이들의 다른 점을 강조하는 것이다. 만약 우리가 아이들을 진짜

'가짜 쌍둥이'로 만든다면, 우리가 아이들을 항상 같은 스타일의 같은 가방에 데리고 다닌다면 질투를 할 위험이 분명히 있다.

반대로 그들을 특권적인 시간에 맡긴다면——그것은 가족생활의 기본적인 규칙이다. 클라라를 테니스부에 참가하게 데리고 가고 장 샤를에게는 그 혼자만의 독특한 시간을 갖게 하는 것이다.

'심각한 활동'은 피하도록 한다. 세 명의 아이들을 '연달아' 병원에 데리고 가는 것 등.

아이들 각자의 장점을 강조한다. "너, 쥘리앵은 요리에 재능이 있어" "그리고 너, 다프네는 음악에 뛰어나다…."

항상 간섭하지는 않아야 한다. 간섭하면 할수록 싸움을 불러일으킬 위험이 있다. 그들에게 '합의점'을 모색하도록 나둬야 한다…. 물론 어떤 점까지.

상황을 100퍼센트 '공정하게' 하려고 애쓰지 말라. 만약 클라라의 생일이라면 장 샤를에게는 선물을 사주지 않아야 한다. 그렇지 않으면 '계산의 논리'에 빠지게 되고 모든 이를 불행하게 하는 궤변에 빠지고 만다.

한 가족의 형제나 자매 속에서의 위치

수만의 무수한 자료들을 자세히 조사한 미국의 심리학자 프랭크 J. 설로웨이에 의하면, 맏이와 막내의 '적성(프로파일)'은 분명히 구별된다.

맏이: 그의 위상은 항상 '외동아이'에 훨씬 더 가깝다(사실상, 맏이는 몇 달 혹은 몇 년 동안 외동이었다!). 외동아이들처럼 맏이는 학업에서 훨씬 더 잘하는 경향이 있고 더 완벽주의적이고 더 독선적인 경

향이 있다.

막내: 두번째이기 때문에 경쟁심이 단번에 생기고, 특권을 받고 있는 첫째를 대면해서 끊임없이 '공격 전략'을 발전시키려고 시도한다. 둘째는 더 활발하고 과감하며 '혁명적이고' 유머와 독창성과 비판적인 정신을 발전시킨다.

키워드가 되는 문장

★ "엄마의 마음은 탄력성이 있다. 다시 말해 엄마는 모든 아이들을 똑같이 사랑한다. 비록 내가 열 명의 아이가 있더라도 난 아이들 모두를 똑같이 사랑할 것이다."

★ "외동아이들은 함께 서로 사랑하는 형제나 자매를 갖고 싶어한다. 당신도 당신의 수중에 친구가 있다. 그 친구를 활용하라!"

열 명의
어린 왕자들

옛날에 임금님과 왕비가 오랫동안 행복하게 많은 자식들과 함께 살았습니다.

자식이 많다고 하는 것은… 정말 많았기 때문이랍니다! 그들은 앞에 앉은 1번 왕자, 그리고 2번 왕자와 3번 왕자, 그 다음에 4번, 그리고 5번… 이런 식으로 연이어 열번째 왕자까지 있었습니다. 왕비가 뺨이 아주 발그레하고 포동포동한 귀여운 공주를 희망할 때마다, 왕비가 아이들에게 더욱 화려한 이름을 지어 줄 때마다 항상 아들이 태어났답니다! 열 명의 왕자가 태어났습니다. 그래서 그들을 왕궁의 '대가족'이라고 부른답니다. 10이라는 숫자에 이르자 왕비는 탄성을 발했습니다.

— 됐어! 그 숫자는 좋아! 안타깝게도 공주는 못 낳았지만, 자 물론 아름다운 가족이지!

왕비는 무수한 자신의 가족을 아주 자랑스러워했습니다. 왕비는 "10년 동안 아이를 임신했다" 혹은 "줄줄이 예쁘게 늘어선 아들들이 있다"고 여기저기서 큰 소리로 말했습니다. 왕가의 산책은 늘 백성들이 보기에 아주 멋진 광경이었습니다. 부모들이 앞장서고 그 다음에 모든 아들들이 줄로 엮은 양파처럼 하나씩 차례로 갑니다. 왜냐하면 왕가에서 무질서하게 걸어가는 건 생각할 수 없는 일이니까요.

다른 많은 가족들처럼 이들은 어떤 이점을 누릴 권리가 있습니다. 기차 탑승, 승마장, 구내식당, 왕궁의 정원 이용시 할인카드의 혜택이 있습니다. 커다란 왕홀, 왕관, 왕좌, 기타 등등을 구매할 때도 그렇습니다.

왜냐하면 아이들이 열 명이 되면 아무리 왕과 왕비래도 소용이 없습니다. 공주를 얻으려던 대가를 치르는 것이죠. 왕자들 간에 왕관과 은수저와 왕가의 장난감, 금으로 만든 책가방, 모든 소지품을 잘 분배해야 합니다!

왕자들 각자는 정해진 역할을 맡습니다. 1번 왕자는 종종 왕비가 갈라 야외쇼에 초대받게 될 때 자신의 동생들을 보호합니다. 2번 왕자는 아홉 명의 형제들에게 줄 초코 크레이프빵을 만듭니다. 3번 왕자는 정리하는 사무총장입니다. 4번 왕자는 그 나이에 비해 이상하게 꾀발라서 형제들이 숙제하는 것을 도와야 합니다. 5번 왕자는 완료한 일의 검사관으로서 외출하기 전에 옷치장을 검사해야 합니다. 각자의 스카프를 매고 장갑을 끼고 망토를 입었는지 말입니다….

열 명의 어린 왕자들은 각각 모두가 가족 중에서 고약한 역할을 맡았다고 생각합니다.

— 난 말야, 아무도 날 보지 못할 거야! 난 투명하거든. 아무도 나에게 아무것도 주지 않는단 말야라고 5번 왕자가 투덜거렸습니다.

— 다행이네! 매일 아침저녁으로 너무나 작은 치아를 닦아야 하는 임무를 맡은 8번 왕자가 응수했습니다. 내가 하는 일을 세어 보면 160개의 젖니와 48개의 어금니와 48개의 앞니와 32개의 송곳니를 닦는다구.

10번 왕자는 안전대가 달린 작은 침대에서 낮잠을 자고 옷을 입고 낡은 책가방과 낡은 상자를 가지고 다닐 뿐입니다. 그것들은 이가 빠지고 유행에 뒤떨어지고 여러 번 수선하고 꿰매진 것들입니다. 왜냐하면 그것들은 아홉 명의 사람을 거쳐 아홉 명의 사람이 사용한 것이었기 때문입니다.

각각의 왕자는 자신이 나쁜 번호를 뽑았다고 생각했습니다. 어느 누구
도 자신의 운명에 만족하지 않았습니다. 모두가 모였고 자신보다 더 낫다
고 생각되는 이에게 불평했습니다.

— 그건 공정하지 않아. 난 놀고 싶고 장난도 치고 싶지만 사람들은 내
가 맏이니까 모범을 보여야 한다고 나한테 말한단 말야. 1번 왕자가 투덜
거렸어요.

— 그래, 하지만 형은 늘 아주 새 옷을 입잖아. 제일 좋은 책가방과 제일
멋진 펜과 아직도 빳빳하고 아직 낙서가 휘갈겨지지 않은 학교 책을 갖
고 있잖아라고 9번 왕자가 말했습니다.

— 그런데 난 말야! 열번째 왕자, 나폴레옹이 푸념했습니다. 난 이제 더
이상은 꼴지가 되기 싫어! 난 대장이 되고 싶단 말야!

— 나 말야? 5번 왕자가 말했습니다. 사람들은 나한테 아무것도 말하지
않아. 나한테는. 난 대장이 되기에 너무 작고 낮잠을 자기에 너무 크고 그
래서 난 옷치장을 살펴보라고만 하는 거지.

7번과 8번 왕자들도 항의했습니다. 그들은 형제들의 머리를 빗겨 주었
고 구두끈을 묶어 주었고 이를 닦아 주었다고 말하면서 말입니다. 4번 왕
자가 끝으로 목소리를 높였습니다.

— 난 지독하게 착취당했다구! 난 받아쓰기, 10자릿수의 덧셈, 뺄셈과
온갖 종류의 숙제에 질려 버렸어. 저속한 노예 상태라고!

아스트리드 왕비는 깜짝 놀랐습니다. 그녀는 밤새도록 오랫동안 곰곰
이 생각해 보았습니다. 그녀의 잠옷 모자는 왕관을 쓴 뇌를 따뜻하게 해
주었습니다. 그러고 나서 그녀에게 아이디어가 떠올랐습니다(그것은 우

리가 오랫동안 생각할 때 얻게 되는 것입니다), 왕비는 남편인 왕과 함께 오랫동안 의논했습니다.

그 다음 날 왕비는 음모자의 분위기를 띠며 나타났습니다. 그리고 열 명의 어린 왕자들에게 자신의 왕관 속에 있는 작은 하얀 종이 열 장을 가리켰습니다.

— 매달마다 너희들 각자가 번호를 뽑고 역할을 맡게 될 것이다. 로토를 하듯이 말이야! 그리고 각자는 뽑은 규칙에 따라 아주 정확하게 살아가게 될 것이다. 이상 끝!

이렇게 해서 왕국의 생활에 변화가 생겼습니다. 매달 첫번째 토요일마다 각자는 왕비의 왕관에서 아주 작은 종잇조각을 꺼냈습니다. 어느 날 10번 왕자가 1번을 뽑고 껑충껑충 뛰었습니다. 마침내 그가 대장이 된 것입니다! 그 왕자는 우스꽝스러운 명령을 내리는 데 그것을 이용했습니다.

— 장 외드! 그럼 고양이 꼬리를 잡아당겨! 세자르! 넌 내게 열네 개의 크레이프빵을 만들어 맛보게 해! 에두아르! 암탉의 이빨을 닦아!

1번 왕자는 10번 종잇조각을 뽑았고 침대에 누워 낮잠을 자고 긴 다리를 안전대가 달린 작은 침대에 구겨넣었습니다. 학교에서 아주 재능을 보였던 4번 왕자는 크레이프를 만드는 임무의 2번을 뽑았습니다. 그 왕자는 아주 끈끈하고 아주 짜고 너무 끔찍한 크레이프빵을 만들었고 모두를 소화불량에 걸리게 했습니다.

하루가 저물 무렵 막내는 자신이 명령을 내리는 데 시간을 소비했다고 생각했습니다. 1번 왕자는 졸리지 않는데도 휴식을 해야만 한다는 것에 아주 기진맥진하게 되었습니다.

열 명의 어린 왕자들은 배가 너무 아파서 고통스러웠고 수업 시간에 모두가 빵점을 받았습니다. 왜냐하면 5번 왕자, 그 얼간이가 모두의 숙제를 대강 해치우고 모두들 머리채를 잡고 싸웠기 때문입니다.

여러분이 예상했겠지만 결론적으로 맏이의 위치에 이점과 불편한 점이 있고 손아래 동생, 막내의 위치에도 그렇다는 것입니다. 결론적으로 아무도 '좋은' 혹은 '나쁜' 번호를 갖고 있지 않은 것이죠.

때때로 열 명의 어린 왕자들은 로토의 이 놀이를 재미있어했습니다. 어떤 왕자가 다른 왕자보다 더 응석받이이거나 더 사랑받거나 더 감탄받거나 하지 않는다는 것을 알게 되었을 뿐이지만 말입니다. 그리고 그건 결코 절호의 기회가 아니었죠!

왕비는 아이들이 행복하게 되어 정말 행복했습니다. 왕비는 남편인 왕과 함께 아주 오랫동안 살았고 한 명 더 낳기로 결심했습니다. 열 명의 아이들도요. 그래서 어린 공주가 태어났습니다. 로즈라고 이름 불렀고 아주 잘 어울리는 이름이었죠. 하지만 공주는 10번 왕자처럼 불평하지 않았습니다. 왜냐하면 옷이 모두 새 것이고 치마도 모두 새로 만들어야 했으니까요. 공주에게 아주 발그레한 책가방을 주었답니다. 10번 왕자는 기뻐했습니다. 이제 그는 자신의 어린 여동생을 돌보는 임무를 맡았답니다!

싸움, 이혼

싸움을 좋아하지 않는 세이렌들

아이들은 모두 간지럼과 싸움을 두려워합니다. 요정 아이들과 마법사 아이들, 어린 공주들 특히 어린 세이렌들도 그렇답니다.

만약 세이렌들이 부모들이 서로 말다툼하는 것을 너무 듣기 싫어한다면 그것은 물이 공기보다 다섯 배나 더 빠르고 더 강하게 소리를 전달하기 때문이랍니다. 바로 그렇기 때문에 일반 가정에서 벌어지는 아주 단순한 싸움도 세이렌들에게서는 수상의 악몽으로 변한답니다.

세이렌 엠마의 가정에서, 말다툼은 항상 이런 식으로 시작한답니다.

— 방금 말한 거 다시 말해봐!

— 정말 넌 누구를 위해 행동하는 거야?

— 그런데 다시 시작하지 않을 거야?

— 정신이 있는 거야?

이런 몇 개의 기포가 터지더니 물이 부글거리기 시작합니다. 끓기 시작하고 폭풍우가 칩니다!

바다가 이렇게 부글거리자 엠마는 갑자기 아주 뿌연 것을 봅니다. 움직이는 물 때문에 엠마에게 그의 부모가 일그러져 보이고, 찡그려져 보이고 끔찍해 보입니다. 그것은 흉하고 아주 흉측했습니다.

그런데 엠마의 심장이 얼음조각으로 변했습니다. 엠마는 자신의 손으로 두 귀를 막고 자신에게 두 개의 지느러미가 아니라 두 손을 주신 하나님께 감사했습니다. 하지만 엠마가 귀를 막았는데도 아직도 싸우는 소리가 들렸습니다.

"난 네가 싫어, 네가 싫다구, 더 이상 널 보고 싶지 않아."

이런 말다툼은 정말 생태학적인 재앙이었습니다. 이 다툼이 시작되었을 때부터 여러 가지 색깔의 작은 물고기들이 다른 편 바다로 도망치기 시작했습니다. 마치 상어들에게 추격을 받기라도 하듯이 말입니다. 성게들은 움직이지 않았고, 말미잘들은 그들의 독을 조용히 방출했으며 문어들은 검은색 잉크를 길게 뿜어냈습니다.

'어떻게 두 팔과 세이렌의 꼬리와 세이렌의 뇌를 가진 큰 어른들이 물속에서 마치 아기처럼 울부짖을 수 있을까?'라고 엠마는 생각했습니다. 그리고 그녀는 이혼을 하고 떠나는 세이렌의 부모들이 서로 멀리 떨어져, 한쪽은 아드리아 해로 다른 한쪽은 대서양에서 산다고 생각했습니다.

엠마는 속으로 '우리 엄마는 날 배 속에서 만들었어. 왜냐하면 아빠를 사랑했으니까, 비록 내가 그들의 사랑으로 태어났다 하더라도 난 사라질 수 있어!'라고 생각했습니다.

그런 생각은 물론 좀 지나치기는 했지만 작은 세이렌이 생각하기에 꽤 논리적이었습니다. 게다가, 그녀가 부모들이 싸우는 소리를 들었을 때 마치 깨진 얼음조각처럼 자신의 심장이 찢어지는 소리를 듣는 듯했습니다. 왜냐하면 어린 세이렌들은 물고기와 다르기 때문입니다. 상상력이 풍부하고 심장을 가진 나약한 진짜 소녀들이기 때문입니다.

그럼 엠마는 무엇을 할 수 있을까요? 그녀는 꼬리를 다리와 바꾼 다른 세이렌의 이야기를 듣고 싶었습니다. '내게는 다리가 아주 필요해, 어른들의 싸움에서 멀리 벗어나 육지로 도망치기 위해서 말야' 라고 엠마는 생각했습니다.

그런 소리를 듣지 않기 위해서 엠마는 으르렁거리는 물소리로부터 멀리, 성난 그런 얼굴의 이런 폭풍우에서 벗어나기 위해 미로 같은 해초숲으로 출발했습니다. 그녀는 가능한 한 멀리 심해까지 갔고 거기서 심해의 고요함은 세상의 그 어떤 외침보다 더 강했습니다.

엠마는 아주 작은 물방울 소리도, 물고기 지느러미의 작고 빠른 움직임 소리도, 그 어떤 것도 더 이상 들리지 않을 때까지 거대한 조개 속에 틀어박혀 있었습니다. 그녀의 심장박동 소리밖에는 어떤 소리도 들리지 않았습니다.

그리고 그날 저녁, 엠마가 사라졌다는 것을 알았을 때, 엠마의 엄마와 아빠와 세이렌 자매들은 모두 엠마를 멀리, 아주 멀리 부드러운 물, 따뜻한 물 속까지 찾아보았습니다. 그들의 두 손으로 해초들을 헤쳐 보고, 말미잘을 하나씩 뒤져 보며 조개껍질의 문을 부드럽게 두드리며 말했습니다. "엠마, 너 거기 있니?"

엠마의 가족들은 엠마가 아주 사라져 버렸다고 생각하고 얼이 빠졌습니다. 왜냐하면 엠마에게 위험이 닥칠 수 있기 때문입니다. 가장 깊은 바다의 가장 깊은 곳, 심해에서 아무런 경험도 없는 어린 세이렌은 정말 방향을 잃어버릴 수 있습니다.

그리고 엠마의 부모들은 아마도 엠마가 육지에 이른 게 아닐까? 아니면 상어의 입 속에 빠진 게 아닐까?라고 생각했습니다, 마침내 그들이 손으로 귀를 막고 소라고동에 몸을 구부리고 있는 엠마를 발견하고는 집으로 데려가기 위해 그녀를 아주 부드럽게 품에 안았습니다, 예상하겠지만 그들은 부끄러웠습니다, 그래서 그들은 엠마에게 이렇게 말했습니다,

— 우리를 용서해라, 우린 정말 바보 어른들이야, 하지만 우리 화해했단다, 맹세할게!

그래서 엠마는 활기를 되찾은 꼬리짓을 하며 집으로 다시 돌아왔습니다, 그녀는 "세상이 무너질 뻔했어요, 난 엄마 아빠가 끔찍하게 소리를 질러서 어린 물고기들이 모두 다 죽게 될 거라고 생각했어요"라고 말했습니다,

엠마가 크면 클수록 점점 더 그녀는 인생, 피곤함, 신경질, 매일의 사소한 일들, 바위로 계속해서 떨어지는 작은 물방울이 결국은 큰 소리를 일으킬 수 있다는 것을 알게 되었습니다,

엠마가 완전히 성장했을 때, 그녀는 그것을 들으면서 미소 짓게 되었습니다, 왜냐하면 더 이상 두려워할 것이 아무것도 없다는 것을 알게 되었기 때문입니다, 그녀의 심장이 얼어붙지도, 얼음조각으로 변하지도 않게 되었답니다,

그리고 엠마는 생각했습니다, '조금 있다가 부모님은 더 이상 결코 싸우지 않을 것이라고 나한테 얘기하겠죠, 그리고 난 엄마 아빠를 믿는 척 할 거고요! 왜냐하면 난 당신들이 또 소리 지를 거란 걸 아니까요, 싸우지 않으면서 같은 물속에 살기는 어려우니까요, 하지만 나 또한 세상이 그렇

게 해서 무너져내리지 않는다는 것을 안답니다.'

부모를 위한 조언
· · · · · · 말다툼하는 부모 · · · · · ·

아이들은 자신이 '사랑받는 아이들'이었다는 것을 완전히 기억하고 있다. 아이들의 존재는 부모의 사랑, 두 부모 간의 융합적인 화목에 달려 있다. 이런 조화로운 관계가 깨질 때 아이들이 어떻게 약간이라도 겁이 나지 않겠는가? 그래서 아이들의 걱정이 생겨나는 것이다.

물론 말다툼을 할 때 그것이 모두 가치가 같은 것은 아니다…. 심각한 말다툼이 있고 '대수롭지 않은' 말다툼이 있다. 하지만 외치는 소리나 고함을 들었을 때 아이들이 이런 것들을 어떻게 구분할 수 있겠는가?

특히 쉽게 성내는 부부들은 사소한 일로 다툴 것이다. 하지만 때때로 말다툼은 더 난폭하고 보다 드물게 일어난다. 만약 당신 부부가 갈라지게 된다면 당신의 아이에게 차분하게 그것에 대해 말하는 것이 더 낫다. 그리고 아이에게 무슨 일이 생긴 것인지 설명하고 아이에 대한 당신들의 사랑은 결코 아무런 것도 달라지지 않을 것이라는 등등 상세하게 설명하는 것이 좋다.

그 반면에 억지로 상세하게 말할 필요는 없다. 돌토[역주: 프랑스의 저명한 유아 심리학자)의 학설 이후로 부모들은 아이들에게 상세하게 모든 것을 설명하고자 한다. 부모들은 종종 아이들을 마음의 고통을 나누는 속내 친구로까지 변형시키고 있다. 이러한 행동은 점점 더 빈번해지고 있고, 아동심리학자들에 따르면 이러한 행위는 어른처럼 행동하려는 경향 혹은 아이들을 '어른으로 고려하는 경향'이라고 불린다. 그런데 아이는 부모의 속내이야기를 감당하고 견디지 못한다. 그리고 불화의 메커니즘에서 정말 잘 지내지 못한다.

키워드가 되는 문장

★ "함께 산다는 것은 쉬운 일이 아니다. 때때로 소리치고 말다툼하는 일이 일어난다. 하지만 그럼에도 여전히 서로 사랑하는 것이다."

★ "부모들은 아이들 앞에서 다투지 않아야 해. 하지만 때때로 자제력을 잃고 소리를 지르지. 너도 알다시피 아빠와 엄마 역시 어리석은 짓을 한단다. 부모도 완벽한 존재가 아니기 때문이다…."

신비로운 돌담

옛날 옛적에 왕과 왕비가 살았습니다. 그들은 젊고 아름다웠습니다. 게다가 아이들이 많았는데 그 나라에서는 문제가 되지 않았습니다. 하지만 더 많은 시간이 흐르자 그들은 별로 행복하지 않게 되었습니다. 왜 그런지 말해보겠습니다.

그건 그들 사이에 높이 쌓인 돌담 때문이었습니다.

— 이 벽을 쌓은 망나니를 찾아내자, 그를 매달고 고문하고 다리를 부러뜨리자라고 국민들이 외쳤습니다.

왜냐하면 당신도 알다시피 지나가는 마차 속에서 서로 사랑하는 왕과 왕비를 보는 것보다 더 유쾌한 일은 없기 때문입니다. 왕비를 어루만지는 왕, 사랑스런 왕에게 뽀뽀를 하는 왕비보다 더 아름다운 것은 아무것도 없기 때문입니다. 그리고 내가 당신을 만지고 품에 꼭 안고 사랑스러운 장난을 귀에 대고 속삭인다고 생각해 보세요. 그건 우리, 특히 어린아이들을 활기차게 하는 광경입니다. 하지만 벽이 있다면 그건 불가능해지는 것입니다. 처음에 벽은 아직 허리 정도에 머물렀고 다음에는 어깨 높이, 다음에는 목이었지만 벽은 이제 너무 높아지고 높아져서 서로 어루만지고 뽀뽀할 수 없게 되었습니다.

어느 날 그들은 전혀 아무것도 할 수 없었습니다. 손짓을 하거나 눈빛을 바라볼 수조차 없게 되었습니다. 전혀 아무것도 할 수 없었습니다. 그래서 왕과 왕비는 팔을 건들거리며 있었고 마차는 차고에 있었습니다.

사람들은 그 벽을 부수기 위해서 아주 노력을 했습니다. 불을 뿜는 용, 다이너마이트 막대기, 5천 명의 노예 집단, 탱크, 투석기, 시속 73만 킬로미터의 포탄, 하지만 벽은 여전히 있었습니다. 아마도 벽이 좀 신비롭기 때문일까요?

문제는 이러는 동안 왕과 왕비가 그 벽에 익숙해졌다는 것입니다. 한 사람이 말할 때 다른 한 사람은 듣지 않았습니다. 그리고 한쪽이 듣고 있을 때, 다른 한쪽은 버찌를 따러 가거나 진주를 끼우고 있었습니다.

어느 날, 왕이 왕비에게 아주아주 작고 달콤하고 부드러운 뽀뽀를 보냈습니다. 작지만 상황을 구할 수 있었을 것이었습니다. 왕비는 그것이 작은 틈에서 나는 소리라고 생각했습니다.

또 어떤 날, 왕비는 벽의 작은 구멍 속으로 아주 사랑스런 작은 쪽지를 슬그머니 밀어 넣었습니다. 하지만 왕은 그것이 지렁이라고 생각했습니다. 그리고 사랑의 말이 적힌 종이는 비에 젖었습니다.

어느 날, 왕과 왕비는 뽀뽀 대신에 이편과 저편으로부터 서로에게 고약한 말을 보냈습니다. "늙은 수다쟁이 같으니라구!" "늙은 피클 같은 멍청이 왕!" "늙은 심술쟁이!" "늙어서 역겨운 내가 나는 고양이…," 그리고 그 다음은 예상할 수 있겠죠. 펄펄 끓는 물 함지와 양쪽이 똑같이 고약한 말, 한 움큼의 독거미, 노란 눈의 전갈. 이 새로운 놀이는 '서로에게 욕하는 놀이, 서로에게 가장 고약하게 굴기'라고 불렸습니다. 이 일은 3년하고도 석달 3일 아마도 그 이상 지속되었습니다.

놀이는 이런 이야기에서는 희극적이지만 인생은 이야기가 아니죠. 게

다가 사실상 진짜 삶이란 우스갯소리와는 거리가 있습니다. 오화로운 마차와 이 세상에서 가장 행복한 부부의 손짓과 사랑스러운 인사를 전혀 보지 못한 아이들에게는 특히 그렇습니다.

어느 화창한 날 왕은 머릿속으로 짓궂은 장난을 생각하며 일어났습니다. 이런 일은 때때로 일어나는 것이었고 왕은 혼자 웃어댔습니다(버스나 지하철에서 혼자서 히죽거리며 웃는 사람들을 볼 수 있을 것입니다). 왕은 잠옷 모자를 벗고 무엇이 자신을 간질이는지 보기 위해 안을 들여다보았습니다. 하지만 아무것도 없었습니다!

그것은 일종의 아주 사소하고 우스운 농담 때문이었어요. "빵장수는 뭘 가득 채울까? 선반에다 빵을 채우는 거지!"라는 것과 같은 것이었습니다. 아! 이 우스갯소리, 그거 정말 좋네라고 왕은 생각하고 즉시 왕비에게 그 농담을 던졌습니다. 왕비는 경멸하는 조로 웃었지만 무언가가 그녀를 속에서 간질였습니다. 그녀는 웃음을 터뜨렸고 헛기침을 하고 작은 소리로 웃음을 흘렸고 작은 웃음과 한숨을 흘렸습니다. 벽 뒤에서 그녀는 왕에게 말했습니다.

— 전기 기사한테 가득 들어 있는 생각은 뭘까?

— 빛을 밝히는 생각!

그날 이후로 왕과 왕비는 우스운 이야기의 장난, 바보 같은 개그, 바보스럽지만 익살스러운 말놀이를 벽의 이편과 저편에서 주고 받았습니다. 이 이야기에서 이런 약간 바보스러운 농담이 정말 재미있는 건 아니라고 말해야겠어요. 하지만 벽이 아주 갑자기 줄어들기 시작했답니다! 왕은 다시 여왕의 얼굴, 웃음으로 가득한 빛나는 눈, 길고 가늘고 섬세한 목, 어깨, 허리를 보았습니다. 그리고 그는 그녀의 귀에 대고 아주 사랑스러운 뽀뽀를 너무나 하고 싶었습니다, 그런데 바로… 벽이 사라졌습니다!

그날부터 사람들은 창고에 투석기, 불을 뿜는 용, 시속 73만 킬로미터로 발사되는 포탄을 갖다 놓았습니다. 하인들은 직종을 바꾸게 되었습니다. 그들은 밤낮으로 우스꽝스러운 이야기, 익살스러운 이야기와 사랑스런 단어들을 찾으려고 애썼습니다. 왜냐하면 모든 사람들은 단지 뽀뽀와 약간의 애무가 모자랐기 때문에 왕과 왕비의 나쁜 습관과 나쁜 생각과 나쁜 말놀이, 거미, 전갈 등이 벽을 만들었다는 것을 깨달았기 때문입니다.

이렇게 벽들은 백 개, 십만 개, 백만 개가 존재합니다. 우리가 보지 못하는 아주 많은 벽들이 있습니다. 아빠들과 엄마들 사이에, 조부모 사이에, 친구들 사이에도….

첫번째 돌이 놓이는 날, 작은 미소와 작은 애정을 보내려고 시도하세요. 그러면 그것이 돌들을 깨뜨릴 것 입니다! 왜냐하면 벽이 거기 놓이게 될 때 그 후에는 힘과 에너지와 엄청나고 우레와 같은 소리의 웃음이 있어야 그 벽을 깨뜨릴 수 있기 때문입니다.

두 집 혹은 색깔에 대한 이야기

어느 봄날, 루이의 부모님들이 대청소를 하기로 했습니다.

— 우리는 이 녹색 집을 떠나서 이사할 것이다. 곧 보게 되겠지만 그건 멋질 거란다.

루이의 눈이 빛났습니다.

— 그러면 내가 큰 방을 갖게 되는 건가요? 그리고 아빠의 새로운 책상도요?

루이의 엄마는 멋진 미소를 지었습니다.

— 그것보다 훨씬 더 좋은 일이지! 우린 집을 두 채 갖게 되는 거야. 한 채는 우리 것이고 다른 한 채는 아빠 것이지. 그건 멋지지 않니?

루이는 이렇게 생각하면서 고개를 설레설레 흔들었습니다. '엄마들은 강박적으로 사물을 정돈하기 때문에 정말 믿을 수가 없어.'

— 그건 멋지고도 환상적일 거란다라고 엄마가 어릿광대처럼 지나치게 과장된 웃음을 웃으며 계속 말했습니다. 넌 좀 더 큰 방을 원했잖아. 넌 방 두 개를 갖게 되는 거야. 아빠 집에 하나 내 집에 하나씩 말야. 넌 한 주는 아빠 집에서 보내고 또 한 주는 내 집에서 보내게 될 거란다. 넌 주말 동안에 우리의 작은 왕이 되는 거고 우리는 너만을 위할 거란다!

루이는 어깨에 납덩어리가 떨어지는 느낌이었습니다.

왕이라고? 하지만 그는 왕이 되고 싶어한 적이 결코 없었습니다.

그렇지만 루이는 아무 말도 하지 않고 얼굴에 함박웃음을 지었습니다.

— 넌 착한 아이야! 넌 놀랍게도 상황을 잘 받아들이지!라고 엄마가 말했습니다. 엄마는 며칠 전부터 아무 때나 감탄사를 남발하고 모든 문장에 '멋진' '놀라운'이라는 표현을 붙여댔습니다.

이런 기쁨에 찬 흥분의 도가니 속에서, 허위웃음과 위선의 최고조 속에서 각자는 자신의 짐가방을 준비했습니다.

루이의 아빠는 아들에게 윙크를 연달아 하면서 자신의 소지품을 쌌습니다.

— 아빠는 기쁜가 보네요라고 루이가 말했습니다.

— 그래, 너도 그게 멋지다는 걸 알게 될 거야라고 아빠는 몹시 피로한 목소리로 말했습니다.

우연히 우리는 작은 두 채의 집을 발견했습니다. 두 집은 아주 멀리 떨어져 있지 않았고 한 채는 노란색, 또 한 채는 파란색이었는데 녹색 집의 색깔을 바꾼 것이었습니다. 루이가 아빠를 만나기 위해 파란 집으로 떠나던 날, 엄마는 그에게 작은 가방과 함께 주말에 필요한 파란색 소지품을 건네주었습니다. 그리고 루이가 언제, 그래요, 언제 모두 녹색 집으로 돌아가느냐고 물었을 때, 엄마는 시선을 돌렸지만 미소는 짓지 않았습니다.

— 아, 곧! 곧이지!라고 엄마는 유쾌하게 말했습니다. 걱정하지 말아, 사랑스런 아이야.

왜냐하면 때때로 어른들은 아이들을 보호하고 싶어하기 때문에 그들에게 요정이야기를 합니다.

엄마는 감히 예전의 생활이 아름다웠지만 이제 끝나 버렸으며 녹색 집은 영원히 닫혀 버렸다는 것을 말하지 못했습니다.

생활은 두 집과 두 집 사이에서 이루어졌습니다. 루이는 자신의 작은 파란색 칫솔과 노란색 칫솔을 갖고 있었습니다. 그는 한편에는 파란색 양말을, 다른 한편에는 노란색 양말, 한편에는 파란색 책을 다른 한편에는 노란색 책을 갖고 있었습니다. 모든 것이 잘 분리되었습니다. 색깔들과 추억들과 부모님이 말이죠. 전에는 단지 한 가지 색깔만 있었고 이제 두 가지 색깔이 있습니다. 처음으로 루이는 시간의 순환, 과거, 현재, 미래를 이해했습니다. 예전이 있었고 이후가 있었습니다. 아무것도 지속되지 않았고 아무것도 혼합되지 않았습니다.

엄마가 루이와 함께 동행할 때, 엄마는 루이를 파란 집 문 앞에 두고 아주 세게 포옹했습니다. 아빠 역시 노란 집에 결코 들어오지 않았습니다. 그는 루이를 자동차에서 내리게 하면서 이렇게 말했습니다. "난 바쁘단다, 가야 한단다."

그렇지만 각자는 상대에 대해 물어보곤 했습니다.
— 네 엄마는 어떻게 지내니?라고 아빠가 물었습니다.
— 네 아빠는 너무 마르지 않았니?라고 엄마가 물었습니다.
그러면 루이는 현명하게 대답했습니다.
— 오, 엄마는 놀랍게도 잘 지내요.
— 아빠는 환상적인 체격을 유지해요.

겉으로는 '현명한' 아이인 듯해도 속으로는 아주 혼란스러울 수 있습니다. 속으로 아이는 울부짖고, 고래고래 소리 지르고 삶이 무의미하다고 외치고 부모들이 지나치다고 소리칠 수 있습니다!

루이는 점차적으로 색깔 속에서 헷갈리게 되었습니다. 파란 집에서 자신의 노란 방을 찾고 노란 집에서 한밤중에 일어났을 때 화장실로 가는 대신에 부엌 쪽으로 갔습니다. 루이는 정육점에 가서 바게트빵을 찾고 장난감 상인에게 요구르트를 달라고 했습니다. 어느 날, 학교에 루이는 파란색 양말과 노란색 양말을 하나씩 신고 왔습니다. 또 어떤 날은 체육 시간에 운동복을 입는 대신에 어릿광대 옷차림을 하고 왔습니다.

— 넌 달나라에 있는 것 같구나. 선생님이 한숨을 지었습니다.

반면에 루이는 혼돈 속에 있었습니다.

어머니날, 루이는 전기면도기를 가지고 왔고, 크리스마스날에는 아빠에게 하트 모양의 예쁜 귀걸이 한 쌍을 주었습니다. "루이는 굉장히 산만한 상태입니다"라고 선생님이 가정통신문에 적었습니다. 하지만 루이는 산만한 게 아니었습니다. 그는 파란 집이나 노란 집에 있는 게 아니라 아주 완전한 초록색 집에 있었습니다! 왜냐하면 루이는 항상 엄마의 약속에 대해 생각했기 때문입니다.

— 곧 우리는 녹색 집으로 돌아갈 거야….

하지만 언제일까요?

그리고 어느 날, 아주 놀라울 정도로 우연히 루이의 아빠와 엄마가 길에서 서로 만났습니다. 아빠와 함께 온 루이는 그 가운데 있었습니다. 그들은 삶은 가재처럼 아주 빨개졌습니다.

— 오, 그런데 당신은 거기서 뭐하는 거야?라고 엄마가 물었습니다.

— 그럼 당신은, 거기서 뭐해?라고 아빠가 물었습니다.

— 난 산책해요.

— 나도 그래.

(그것은 아주 흥미로운 대화였습니다.)

— 그럼 우리 셋이 모두 식당에 갈까?라고 아빠는 익살스런 모습으로 물었습니다.

루이는 감히 자신의 기쁨을 보이지는 못했지만 속으로 기뻐했습니다. 그건 깡충깡충 뛰고 펄쩍 뛰어오를 정도로 기쁜 일이었습니다! 부모들은 서로 화해했고 색깔들은 다시 섞이게 되었습니다! 그리고 디저트로 루이 앞에 아주 녹색의 피스타치오 아이스크림이 나왔고, 즐겁게 먹었습니다.

— 자… 바로 오늘 저녁 우리 녹색 집으로 되돌아가는 거예요?

엄마는 물잔 바닥을 열심히 들여다보았습니다.

— 루이야, 우리가 너한테 설명할게…라고 엄마가 말했습니다.

그들은 자신들의 어린 소년에게 결코, 다시는 결코 함께 살지 않을 것이라고 이야기했습니다. 엄마는 어릿광대의 거짓 미소를 짓지 않았고 '환상적인'이라거나 '멋진'이라는 말을 더 이상 하지 않았습니다. 루이는 울었고 격렬하게 소리를 지르며 발을 굴렀고 그들을 거짓말쟁이라고 했습니다. 때때로 어른들에게 있어서 진실이 어려운 것일 때 진실을 말하는 것이란 쉽지 않습니다. 하지만 진실을 말해야 합니다!

그리고 루이는 조금 나아졌습니다. 루이의 마음속에서 처음으로 상황이 명확해졌습니다. 노란색과 파란색은 이제 결코 녹색이 될 수 없고 항상 동일한 색으로 남게 될 것이라는 것이었습니다. 녹색 집은 녹색으로 그의 기억에 남을 것입니다.

상황이 더 분명해졌을 때, 그리고 시간이 흘러 과거가 되었을 때, 루이는 이제 더 이상 양말을 뒤섞어 신거나 선물 꾸러미를 혼돈하거나 칫솔이나 운동복도 더 이상 혼돈하지 않았습니다. 예전의 삶이 있었고──녹색으로 이루어진 삶──현재의 삶이 있었습니다.

종종 저녁마다, 루이는 엄마한테 '녹색 집' 이야기를 물어보곤 했습니다. 그 이야기를 들으며 루이는 매우 행복했습니다. 왜냐하면 그건 아주 아름다운 이야기였기 때문입니다.

— 난 이다음에 아주 초록색 집에서 살 거예요. 녹색은 희망이니까요라고 루이는 엄마에게 말했습니다. 결코 이별은 없을 거예요. 결코. 한 가지 색깔만으로 살아갈 거예요.

— 네가 옳아. 나도 네가 그러길 바란다라고 엄마가 대답했습니다. 난 네가 성공할 거라고 확신한다.

그리고 그녀는 루이가 잠자는 동안 어둠 속에서 오랫동안 루이의 머리를 쓰다듬어 주었습니다…, 초록색 전등불의 미광 속에서.

부모를 위한 조언
· · · · · · 이별에 대해서 · · · · · ·

결정을 변경할 수 없을 때 '어릿광대의 미소'로 말하는 것보다는 오히려 아이에게 진실한 말과 감정으로 말하는 것이 더 낫다. 어린 아이들에게는 매우 예민한 직감이 있다. 프랑수아즈 돌토가 한 집에서는 아이들과… 고양이들이 일어난 모든 것을 알고 있다라고 말하지 않았는가?

아이에게 당신의 미래의 이별에 대한 소식을 알리면서 그 결정을 돌이킬 수 없는 것…이라는 사실을 강조해야 한다. 헛된 희망으로 아이를 달래는 것보다 더 잔인한 것은 없을 것이다. 왜냐하면 아이는 필사적으로 당신들을 결합시키려고 노력할 것이기 때문이다. 만약 당신들이 '단순한 친구'로 다시 만난다면 아이에게 그러한 만남을 전혀 기대하지 않아야 한다고 말하는 것이 중요하다.

당신은 아주 '표시를 확고히' 해야 하고 아이를 근심에 빠지지 않게 해야 한다.

아이에게 정확하게 좋은 사항들을 말해 주도록 하라: 두 주일에 한 번씩 주말에 아빠 집에 가게 될 것이다. 여기서 너는 네 방을 갖게 될 것이다. 아빠 집에도 네 방이 있고 네 벽장을 갖게 될 것이다 등등.

아이에게 일정에 대해 알게 하라: 달력을 이용하라(일종의 달력과 같은 포스트 잇). 그 위에 중요한 날짜들, 주말(밑줄을 그어서)과 아이가 아빠 집으로 가는 매주 수요일들을 기록하라.

아이가 잊어버릴 수도 있으므로 옷(파자마, 칫솔, 양말, 팬티, 환전 등등)을 '넉넉히' 준비하도록 하라. 이렇게 하면 아이는 어떤 이의 집에서든 '단순한 여행객'이라고 느끼지 않게 될 것이다.

아이는 당신이 상황을 인정한다고 느끼게 되면 될수록 상황을 받아들이게 될 것이다. 마찬가지로 분명히 아이가 집으로 돌아올 때 부부에 대해 험담을 하지 않아야 한다.

예전의 배우자와 관계가 어떠하든 간에 격렬한 질책은 피하도록 한다…. 그리고 아이를 위해서 모든 종류의 커뮤니케이션 유형을 이용한다. 이메일, 팩스, 편지, 사랑스런 말을 적은 쪽지….

아이의 편지에 개입하지 않도록 한다. 아이와 아빠와의 관계는 결국 오로지 아이와 관계되는 것이다.

키워드가 되는 문장

★ "우리는 너무 다툰단다. 그것은 너에게도 견딜 수 없는 일이지."

★ "어른들은 서로 사랑하지 않게 될 수도 있다…. 하지만 어른들은 자신의 아이는 영원히 사랑한단다."

★ "넌 우리에게 벌어진 일에 아무런 책임도 없단다. 그건 확실하단다."

★ "우리 둘의 이야기는 끝났단다. 하지만 너에 대해서는 모든 것이 계속되는 거야! 넌 우리 둘 모두를 계속 보게 될 거란다. 걱정하지 마라."

오펠리는 이혼을
원하지 않아

오펠리가 어렸을 때, 그녀는 다른 어린 요정들처럼 유성 가운데에서 그
녀의 부모님을 보았답니다.

여기저기에서 웃음소리가 울려 퍼졌고 아빠가 오펠리를 안고 빙글빙
글 돌 때는 자그마한 분홍빛 마시멜로로 된 구름 위에서 요정의 후광으
로 빛을 발하면서 공중에 떠 있었습니다.

하지만 몇 달 전부터, 세상은 그 신비를 잃어버렸습니다. 돌풍이 몰아
쳤고 요정의 후광은 빛을 잃었습니다. 그러면 누가 그들에게 나쁜 운명을
던졌을까요? 오펠리의 부모는 끊임없이 다투었습니다. 그래서 외침, 한숨
소리, 울부짖음이 있었고 때때로 더 나쁜 일은 비난과 증오로 가득한 아
주 음울한 커다란 침묵이 있었다는 것입니다.

'요정이 이런 걸 견디기는 정말 힘들어, 이런 불행에 익숙해지려면 마
법사로 태어나는 게 더 나았을 거야' 라고 오펠리는 생각했습니다.

몇 달 전부터 오펠리는 뾰족한 모자를 쓰고 나쁜 일을 하는 마법사의 세
계에서 사는 느낌이 들었습니다. 요정의 후광조차 겁게 되어 버렸습니다.

요정 중에서 제일 예뻤던 엄마까지도 마녀의 머리를 하고 있었습니다.
엄마한테 무사마귀와 주걱턱이 자라날까요? 아빠는 미소 짓기는 하지만
마치 나쁜 주문을 거는 것처럼 아내에게 손가락질을 하면서 고래고래 소
리를 질렀습니다. 그리고 욕설이 빗발쳤습니다. "나가 버려, 늙은 마녀!"

"늙고 침 흘리는 두꺼비 같으니라구!" "내게 더 이상 명령하지마, 여편네야!"

요정나라의 규칙을 존중했던 그들이 이제 서로에게 끔찍한 짓을 하기 위해 마술을 왜곡했습니다. 베개밑으로 미끄러진 박쥐들, 썩은 파로 만든 수프, 보름달을 보고 울부짖는 검은 고양이, 거미처럼 가슴 깊이 달라붙는 끔찍한 말들을 쉴 새 없이 하기, 진짜 나쁜 마술이었습니다.

그리고 어느 날, 오펠리는 부모들이 하는 토론을 듣고 깜짝 놀랐습니다. 바로 그날은 부모들이 아주 조용했지만 하는 말은 평소보다 더 아주 심했습니다.

— 당신 이혼하길 원해? 그렇다면 이혼하자.

— 우린 더 이상 함께 살 수 없을 거야.

— 헤어지자.

말다툼, 이혼, 이별? 오펠리의 마음은 떨리기 시작했습니다. 요정들의 나라에서 이것이 있을 수 있을까요?

'마술 지팡이들은 물건들이랑 사람들을 조화롭게 하기 위해 만들어졌지, 헤어지게 하기 위해 만들어진 게 아니야!' 라고 오펠리는 생각했습니다.

도서관에서 오펠리는 마술사들의 오래된 마법서를 훑어보고 부부를 다시 결합하도록 하는 모든 마법을 외웠습니다.

* 여름 끝무렵에 앵초 세 개 따기.

* 30일 동안 장미 탕약을 달이기.

* 하트 모양의 흰 나비의 날개 두 개를 꿰매어 붙이기.

* 요정의 후광과 진딧물을 주성분으로 하여 만들어진 '슈퍼글루 풀'

만들기, 모든 것을 넣고 잘 젓기.

오펠리는 마술이 제대로 되었는지 실험하는 데 온 시간을 다 썼습니다. 학교에서 전혀 공부하지 않을 정도였습니다. 그리고 요정나라에서 사람들이 마술에 관한 생각을 열심히 할 때처럼 오펠리는 밤에도 자지 않았습니다.

'만일 내가 행복한 나날에 대해 생각한다면 그런 날들이 다시 돌아올 거야' 라고 생각했습니다.

그리고 오펠리는 아빠가 비행기 태워 주는 놀이를 하기 위해 자신을 팔에 높이 올려 주었던 순간과 요정의 후광이 숯처럼 아직 검지 않았을 때를 꿈꾸었습니다. 그리고 그녀는 부모님들이 꼭 껴안고 서로에게 뽀뽀를 했던 날들을 꿈꾸었습니다.

이런 행복한 꿈을 꾸는 동안 한 요정이 갑자기 나타났습니다. 오펠리는 눈을 떴습니다. 그렇게 상냥한 미소과 그렇게 부드러운 시선을 한 그런 아줌마를 결코 본 적이 없었습니다.

— 안녕, 오펠리. 난 네 대모 요정이란다.

— 대모 요정이라고요?

— 물론이지. 여자는 대답했습니다. 모든 아이들에게는 그들을 살펴보는 대모 요정이 있단다. 난 네 가족이 아니고, 네 친구도 아니지만 난 널 돕기 위해 존재한단다. 넌 내게 무슨 안 좋은 일이 있는지 얘기해도 된단다. 왜냐하면 난 모든 비밀을 지켜 줄 수가 있거든.

오펠리는 오랫동안 자신의 근심에 대해 말했고 요정의 후광이 분홍색에서 검은색으로 되어 버렸다고 말했습니다.

— 날 도와줘요, 대모 요정. 난 우리 부모님을 다시 결합시키게 하는 마

술이 있고 그 마술을 찾을 수 있다고 확신해요!

하지만 대모 요정은 슬프게 고개를 흔들었습니다.

— 세상은 마술만으로 이루어진 게 아니라는 사실을 네가 배워야 할 때가 되었단다. 분홍빛도 회색빛도 있는 거란다. 행복과 웃음이 많기도 하지만 때로는 말다툼과 이별도 있지. 요정인 우리들조차 그런 것에 대해서는 아무것도 할 수 없단다.

오펠리는 너무나 슬펐습니다.

— 그럼 당신은 날 도울 수가 없군요….

— 물론 도울 수 있단다! 난 네가 더 행복해지도록 도울 거야. 그러고 나서 대모 요정은 반짝이는 마술 지팡이를 꺼냈습니다.

— 이 지팡이 덕분에 넌 쉽게 이동할 수 있단다. 넌 아빠 집에도 갈 수 있고 엄마 집에도 갈 수 있단다…. 그리고 다시 아빠 집으로 번개처럼 갈 수 있단다! 그리고 특히, 내가 네가 보장할 수 있는 건 너를 향한 네 부모님들의 사랑은 영원히 변하지 않을 것이라는 거야. 네 부모님들이 더 이상 함께 살지 않게 될 때, 그들은 서로를 늙고 침 흘리는 두꺼비로 취급하지 않을 거고 베개 속으로 박쥐를 집어넣는 것도 그만둘 거야. 아마도 서로를 다시 존중하게 되지 않을까? 그리고 그들은 어느 누구보다 더 널 항상 사랑할 거란다.

작은 요정은 이슬처럼 가벼워진 느낌이었고 갑자기 굉장히 마음이 놓였습니다. 그래서 예전의 생활로 돌아가기 위해 다시 요술 실험하는 것은 쓸모없게 되었습니다! 오펠리는 재결합에 대한 모든 생각, 결합점, 풀 만들기, 자신의 부모님을 화해시키기 위한 마술을 포기했습니다. 상황을 변화시키려고 애쓰는 것이 소용없다는 것을 잘 알게 되었기 때문입니다.

오펠리는 부모님이 이별하도록 그냥 두었고 그것이 옳을 수 있다고 생각했습니다. 오펠리가 너무 슬프다고 느꼈을 때 그녀는 대모 요정에게 도움을 요청했습니다.

— 난 엄마가 아니고 네 친구도 아니지만 네가 원한다면 내게 말해도 좋다라고 대모 요정은 늘 똑같이 말했습니다. 난 널 보호할 거고 비밀을 지킬 수 있단다.

이런 친절한 대모 덕분에, 그리고 부모님의 사랑 덕분에 작은 요정은 신비할 뿐 아니라 어쨌든 행복한 이 세상에서 아주 잘 성장했습니다.

오펠리는 '요정의 나라에서는 모든 것이 분홍빛이고 신비롭고 조화롭다고 생각하지. 하지만 그건 전혀 옳지 않아. 때때로 세상은 분홍빛이기도 하고 회색빛이기도 해. 그걸 알아야 해…' 라고 생각했습니다.

떠나 버린
아빠곰

바로 그날 아침, 세 마리의 개구쟁이 새끼 곰들
이 잠에서 깼을 때, 그들은 매일 그렇듯이 몸굴리기를
하고, 아빠 등에 올라타서 기마놀이와 곡예를 하고 어루만지고 소란을 피
우며 놀고 싶었습니다.

그것은 모두에게 제일 즐거운 놀이였습니다. 아빠는 '가짜로 불평하는
척' 하고 반 정도는 곰의 커다란 목소리로 코를 그르렁거리며 투덜거렸습
니다.

— 내가 너희들을 잡게 좀 기다려라, 개구쟁이 아기곰들아! 우리 큰곰
들은 이제 1주일밖에는 잘 수 없단다.

그리고 아빠곰은 아기곰들의 얼굴과 뺨과 커다란 발바닥을 손가락으
로 튀길 기세를 했습니다. 개구쟁이 아기곰들은 목청껏 으르렁거렸고 웃
으며 등 위에서 굴렀고 등을 서로 간지럽혔습니다.

하지만 바로 그날 아침, 세 마리의 새끼곰들이 깨어났을 때, 침대는 텅
비어 있었고 엄마는 벌써 일어나서 동화, 금발머리 소녀와 곰 세 마리에
서 처럼 슬프게 창을 바라보고 있었습니다.

하지만 이 사건은 동화이야기가 아니었습니다.

— 너희들의 아빠는 떠나 버렸단다.

엄마곰이 코를 훌쩍이며 말했습니다. 그리고 엄마곰은 즉시 꿀을 바른

크레이프빵을 준비하려고 했습니다,

— 아? 새끼 곰들은 생각했습니다, 아빠곰은 꿀과 신문을 찾으러 나갔을 거야, 그리고 식사로 약간의 풀도 가져올 거고 이번 주에 먹을 장을 보러갔을 거야,

그래서… 그들은 아빠곰을 하루 종일 기다렸습니다…, 저녁이 되어 별빛이 드리워졌을 때, 새끼 곰들은 아빠곰이 바로 그날 밤 들어오지 않을 거라는 걸 알게 되었습니다, 아빠곰은 다른 곳에서 동면을 하기 위해 떠났을까? 시베리아에서? 거기에는 꿀이 더 많을까? 새끼 곰들은 이런 질문을 하느라고 장난치며 노는 것을 잊었습니다, 아마도 아빠곰은 가는 도중에 '금발머리 소녀' 를 만났을까?

이렇게 해서 곰들의 집에서는 또 다른 길, 커다란 큰곰자리 혹은 또 다른 것을 찾기 위해 떠나 버린 아빠곰에 대해 이야기했습니다,

— 어떤 이들은 좀 더 환상적인 것을 찾기 위해 떠나고, 또 어떤 이들은 한두 달 동안 신선한 공기를 마시고 산책하기 위해 떠난단다, 하지만 어느 누구도 결코 하나 혹은 둘 혹은 세 마리 장난꾸러기 새끼 곰들 때문에 떠나지는 않아라고 엄마곰은 즉시 새끼 곰들에게 대답했습니다,

엄마곰은 아빠곰에 대해 나쁘게 말하고 싶었지만 아무것도 말하지 않았습니다,

— 아빠는 너희들을 무척 사랑한단다, 아빠는 너희들이 너무 보고 싶을 거야, 난 그걸 알지라고 말하면서 엄마곰은 분홍빛이 도는 갈색 눈으로 새끼 곰들을 바라보았습니다,

날이 가고 갔습니다, 지나간 날은 돌아오지 않았습니다,

소굴에서의 생활은 정말 더 이상 예전 같지 않았습니다, 아침을 깨우는

커다란 목소리도, 학교에 가기 위해 붙잡는 커다란 발바닥도 더 이상 없었습니다. 아빠가 보고 싶고 너무나 그리웠습니다. 잘 깎이지 않은 턱수염의 털, 네모진 커다란 손, 그르렁거리는 커다란 목소리, 아빠가 장난칠 때 흔들리던 조그맣고 뚱뚱한 배, 아빠곰의 담배냄새, 소굴의 벽이 흔들릴 정도로 매우 크게 하품하던 모습, 엄청나게 화내던 모습과 분노하던 모습까지 그리웠습니다.

하지만 세 마리의 새끼곰들은 착하고 나이든 요정을 맞이할 때가 되었습니다. 엄마와의 삶은 부드러움, 애정으로 충만했습니다. 하지만 아마도 강력한 힘과 놀라운 것이 부족했습니다. 아무도 그것을 감히 말하지 않았지만 모두가 그렇게 생각하고 있었습니다. 아무도 더 이상 아무것도 말하지 않는 순간이 이르게 되었습니다. 특히 '아빠'라는 단어조차 말하지 않았습니다. 왜냐하면 한 단어의 '아'라는 한 음절만 말해도 즉시 엄마곰의 눈가가 위험하게도 붉어지기 시작했으니까요.

물론 그러면, 새끼 곰들은 '아빠' '할아버지'의 '아'라는 말을 꺼내는 것을 그만두었습니다. 새끼곰들은 '빠'라는 말이 들어간 단어 '빠삐용'도 '빠뿌네'도 '빠투이'도 '빠빠트'도 '빠타트'도 '빠뿌이'도 '빠타케'도 '빠라독스'도 '빠라그라프' 혹은 '빠세'라는 단어를 더 이상 말하지 않았습니다. 그 단어들은 모두 사전에 있는 것들이었지만 소굴에서는 더 이상 그것들을 발음하지 않았습니다[역주: 프랑스어로 아빠라는 단어는 빠빠이고 위 단어는 프랑스어의 발음을 따른 것임].

기다리고 기다려도 돌아오지 않았기 때문에 장난꾸러기 새끼 곰들의 눈에는 아빠곰의 얼굴이 희미했습니다. 새끼 곰들의 꿈속에서 아빠는 피터팬으로 변형되고 라이온킹으로 바뀌고 매우 다른 인물들로 바뀌었습니다. 하지만 화를 내던 아빠곰의 모습은 조금씩 지워졌습니다.

그런데 어느 날 기다린 덕택에 장난꾸러기 새끼 곰들의 우편함에 편지가 도착했습니다. 그것은 그 사건이 일어난 아주 오랜 후의 일이었고 다른 아빠가 집에 살러 온 다음에 시간이 아주 오래 흐른 후여서 새끼 곰들은 그들의 전설적인 장난을 다시 하게 되었고 엄마곰은 이제 눈가를 붉히지 않게 되었습니다.

— 새끼 곰들아! 빨리 오렴! 너희들 아빠에게 편지가 왔어! 엄마곰은 이렇게 외쳤습니다. 아빠곰은 항상 세 마리 아기곰들의 애정을 너무나 잘 알고 있었습니다.

"사랑하는 나의 세 아기곰들아"라고 아빠곰이 썼습니다. "난 너희들이 너무나 보고 싶단다. 난 그저 너희들을 보기 위해서, 너희들에게 빠투이, 빠뿌이, 파프리카를 넣은 빠타트 튀김과 모든 빠타케를 해주기 위해서 갈 거란다. 날 기다리렴, 난 토요일 아침 거기에 갈거다."

여러분은 세 마리의 장난꾸러기 아기곰들의 기쁨을 알 수 있겠죠. 왜냐하면 그들은 아빠곰이 더 이상 소굴에서 함께 살지 않을 것이지만 아빠곰과 장난꾸러기 새끼 곰들 간의 사랑은 영원히 지속될 것임을 알기 때문이죠.

부모를 위한 조언
· · · · · · 아버지의 결핍 · · · · · ·

숫자를 언급해 보면, 프랑스에서 세 커플 중 한 커플이 깨지고 파리에서는 두 커플 중 한 커플이 결별한다.——대개 아이는 아직도 엄마에게 맡겨진다···. 그렇다고 해서 이것이 아빠들이 달갑지 않은 존재라는 것을 의미하는 것은 아니다. 반대로 오늘날에는 교육에 있어서 아빠들의 중요성이 인정되고 있다.——그래서 아버지의 휴가는 15일로 '타결' 되었다.

그러므로 다음과 같은 사실을 알 수 있다.

1/ 자궁 내에서, 태아는 아버지의 목소리를 듣고 아버지의 사향의 냄새를 느낀다.

2/ 출생하면, 아버지들은 아기와 함께 보다 역동적이고 신체적인 놀이를 한다. 전문가들은 아버지는 아기를 팔 끝에 두고 바깥쪽으로 아이의 얼굴을 향하게 한다.——마치 세상을 오픈하듯이——반면에 엄마는 첫 순간부터 자신쪽으로 아이를 안고 어르며 아이의 얼굴을 자신의 가슴쪽으로 돌린다.

3/ 상징적인 차원에서 아버지들은 사회로, 세상으로, 세계로 문을 개방하게 하는 것이다. 언어, 법, 제약으로의 입문이다.

아버지가 없을 때, 아이는 엄마의 머릿속에 있는 모든 것을 '흡수한다.' 진짜 거울이다! 아빠가 있을 때, 에너지, 감정이 순환한다. 공격성, 감수성, 공포, 행복··· 이런 것은 훨씬 더 건강한 것이다.

정신분석학자 크리스티앙 올리비에에 의하면 비록 여성들이 유아기에 아버지의 온정을 느끼지 못하더라도 매력적인 왕자에 대해 꿈꿀 것이라고 한다. 여성들은 화장수 내음이 풍기는 소설을 탐독하고 다이어트를 하고 결코 자신을 본 적이 없는 아빠라는 존재를 기쁘게 하기 위하여 '여성적 특성을 만들어' 낼 것이다….

아버지의 부재를 보상하기

만약 아버지가 떠나 버린다면 아버지의 형상(할아버지, 대부 등등)으로 그 부재를 보상하는 것이 필요하다. 또한 사진 앨범을 훑어보면서 놀이 장면을 회상하면서, 아이가 태어난 날 아버지가 함께했고 그가 처음으로 아이를 품에 안았다는 것을 아이에게 말하면서 아이의 기억을 상기시킬 수도 있을 것이다.

반대로 아버지의 정신적인 기질이 어떠하든간에 아버지에 대한 비난은 분명히 피해야 할 것이다.

키워드가 되는 문장

★ "네 아빠는 너를 엄청 사랑한단다. 아빠가 널 많이 그리워할 거라고 믿는다."

★ "너도 알다시피, 때때로 사람들은 다른 집에서 사랑이야기를 다시 시작하고 싶어한단다. 그리고 다른 여자와 사랑하고 싶은 바람과 자신의 아이들을 다시 만나고 싶은 바람 사이에서 갈등한단다."

난 새로운
아빠를 기다려

그날 아침 엄마는 대낮에 신비로운 분위기를 띠고 아이들의 방에 왔습니다.

— 난 너희들에게 알려 줄 빅 뉴스가 있단다, 사랑스런 아이들아.

— 뭐라고요! 프레드가 소리쳤습니다. 새로운 아기가 태어나는 건가요? 사실이 아니겠죠…, 내가 뭘 상상하는지 말해보세요.

— 아기라고? 난 기뻐요라고 여섯 살 난 질리가 대답했습니다. 난 내 방에 아기를 두고 싶어요!

— 전혀 아닌걸! 엄마는 부드럽게 웃었습니다. 새로운 아기가 탄생하지 않을 거야…, 하지만 새로운 아빠가 생길 거란다!

'욱' 이라고 프레드는 생각했습니다.

'아이, 아이, 아이' 라고 질리는 생각했습니다.

그리고 둘 다 모두 놀라움으로 입을 헤벌린 채 아스피린 알약처럼 하얗게 되었습니다.

아이들은 아기가 어떻게 생기고 탄생되는지 알고 있습니다. 하지만 아빠는?

— 엄마는 새로운 아빠를 어디서 발견했어요?라고 프레드가 물었습니다. 작은 공원에서, 인터넷상에서요? 해변가에서요? 박물관에서요? 교외 순환기차에서요?

— 어쨌든 복주머니에서 발견한 건 아니지!라고 엄마가 소박하게 미소

를 지으며 대답했습니다, 왜냐하면 엄마는 뭐라고 말해야 할지 몰랐기 때문이랍니다,

— 엄마가 이야기하는 게 전혀 이상하지는 않아요, 오빠와 함께 항상 유쾌하지 않은 듯한 쥘리가 반박했습니다,

— 그래 새로운 아빠를 갖는다는 건 전혀 이상한 게 아니지라고 프레드가 맞받아쳤습니다, 모든 이야기 속에는 양부모와 항상 잘 지내지 못하는 주인공이 있어요, 신데렐라는 새엄마에게 하녀로 취급당하죠, 백설공주는 고약한 마녀 때문에 완전히 독살당하게 되죠, 그리고 해리 포터는 끔찍한 양아버지에 의해 이중문으로 된 벽장 속에 갇히죠,

쥘리는 울기 시작했습니다,

— 난 착한 새 아기를 갖고 싶어요! 우리를 어두운 곳에 가두는 고약한 새 아빠 말고요!

— 그리고 우리에게는 이미 오래되고 친절한 아빠가 있어요…, 우린 두 번째 아빠는 필요없어요! 새로운 아빠는 우리를 거북하게 할 거예요,

— 난 결코 새아빠를 포옹하지 않을 거예요, 그리고 새아빠가 우리 집에 발을 들여놓으려는 것을 정말 견딜수 없을 거예요,

이번에는 엄마가 아스피린 알약처럼 하얗게 되었습니다,

— 난 잘 이해하지 못하겠구나, 사랑스런 아이들아, 내가 새로운 남편을 갖게 되는 거지만 너희들은 영원히 너희 아빠와 함께하는 거야, 내 새로운 남편이 이 집에 살러 오게 될 거야, 그는 우리와 살게 될 거란다, 그게 전부야, 그는 너희들에게… 새로운 친구가 되는 거야, 그의 얘기를 들어주어야 할 거지만 물론 너희의 아빠를 대신하지는 않을 거야!

그리고 엄마는 웃었습니다,

— 고약한 양부모는 동화 속에서만 존재하는 거란다!

며칠 동안 질리는 새로운 아빠를 격리시키고 파괴시켜 죽이고 완전히 없앨 가장 좋은 방법에 대해 고민했습니다. 질리는 몇 가지 전략을 짜고 '아빠들을 잡는 덫'에 대해 곰곰이 생각했습니다(엄마를 다른 방 구석에 슬그머니 밀어넣고 철책에 가두는 것입니다). 질리는 감사합니다라고 결코 말하지 않고 혀를 날름 내밀고 '똥'이나 더 나쁜 말까지 하는 고약한 말괄량이 행세를 하기로 했습니다. 그녀는 또한 엄마에게 재갈을 물려 벽장 깊숙이 가두고 새아빠에게 편지를 보내는 것에 대해서도 생각했습니다. 그 편지에는 이렇게 쓰여질 것입니다. "나의 친애하는 친구, 난 당신을 다시 만나고 싶지 않아요. 결코 다시는. 엄마로부터." 질리는 또한 새로운 아빠를 초대해서 그에게 또 다른 어떤 사람을 소개하는 것에 대해서도 생각했습니다. 즉 베이비시터로 모의 엄마를…. 누구든 그 사람이 엄마만 아니라면 상관없습니다.

매일 밤 질리는 새로운 아빠에 대한 꿈을 꾸었습니다. 어느 날 밤에 새아빠는 슈렉을 닮아서 아주 초록색의 혐오감을 주는 식인귀가 되어 진흙탕에 빠지고 코를 후볐습니다. 그 다음다음 날에 그는 아주 무섭고 진한 회색의 아저씨로 나타나 눈 앞에 대고 채찍을 휘두르며 소리쳤습니다. "일해라! 더! 일하란 말야!"

바로 그 금요일이 되었고 문이 열렸을 때 질리는 새로운 아빠가 녹색도, 회색도 아니라 작고 우스꽝스러운 안경을 낀 갈색 피부라는 것을 보게 되었습니다.

— 난 피에르라고 한단다. 그는 아이들에게 미소 지으며 덜덜 떨리는 손을 내밀었습니다.

피에르는 검은색의 작은 트렁크, 신비로워 보이는 작은 트렁크를 가져왔습니다. 그는 카드를 공중으로 날아오르게 하고 질리의 손에 네모난 거품이 많이 생기게 하고 공을 작은 개로 변형시키고 프레드에게 줄을 갖고 하는 마술을 가르쳐 주었습니다. 쥘리는 새아빠를 사라지게 하려고 상상했던 모든 전략에 대해 생각하면서 조금 부끄러웠습니다.

'위대한 마법사는 쉽게 재로 변하지 않는 거지, 아빠를 잡는 덫은 결코 작동되지 않을 거야' 라고 그녀는 생각했습니다.

피에르가 아이들의 놀라워하는 눈을 보았을 때, 떨지 않게 되었습니다.

— 난 기쁘다…, 내가 기뻐하는 건 새로운 친구를 갖게 되었기 때문이지…라고 그는 말했습니다.

그날 오후 무렵에 쥘리는 엄마에게 다가갔습니다.

— 피에르는 친절해요…라고 말했습니다.

— 피에르는 오감이 가요라고 프레드는 약간 뾰로통한 얼굴로 말했습니다. 그는 백설공주의 마녀와는 달라요.

— 신데렐라의 새엄마와도 달라….

— 해리포터의 양아빠와도 다르지!

— 게다가 오히려 만화에 나오는 아서왕 같아라고 쥘리가 맞장구를 쳤습니다. 좋아, 이번에는 괜찮았어요, 그가 다시 와도 되겠어요. 하지만 한 가지를 약속해 줘요….

— 뭔데?라고 엄마가 말했습니다.

쥘리는 엄마의 코에다 조그만 검지손가락을 흔들었습니다.

— 다음 주에 또 다른 사람을 집에 데려오면 안 되요. 다음 달에도, 내년에도요! 확실한 거죠!

— 물론이지! 하고 엄마가 외쳤습니다.

— 그리고 난 피에르를 결코 아빠라고 부르지 않을 거예요. 결코-결코요라고 작은 얼굴에 굳은 표정으로 쥘리가 반복했습니다.

— 물론! 하고 엄마가 대답했고 쥘리에게 뽀뽀하려고 달려갔습니다. 하지만 쥘리는 얼굴을 돌렸습니다.

— 오늘 밤에는 뽀뽀하지 말아요.

(왜냐하면 엄마에게 어쨌든 우리도 존재하고 우리에게도 아니라고 말할 권리가 있다는 것을 보여주어야 할 필요가 있으니까요!)

— 뽀뽀를 못하다니 안타깝네라고 엄마가 말했습니다. 엄마는 아주 예쁜 웃음을 지으며 뽀뽀를 손바닥 위로 휙 불어 보냈습니다….

다음 날, 학교에서 쥘리는 알리스 앞에서 한낮에 신비로운 분위기를 띠고 있었습니다.

— 난, 정말 운이 좋아…, 난 두번째 아빠를 갖게 될 거야. 그는 아주 친절하고 아주 잘생겼고 무지 부자야. 그리고 특히 (그녀는 목소리를 낮추며) 그는 위대한 마술사야!

쥘리는 알리스가 항상 똑같은 아빠, 아주 키가 크고 아주 마르고 매주 토요일 아침마다 그녀와 자전거를 타는 아빠를 갖고 있다는 것을 알고 있습니다. 쥘리는 알리스를 엄청 부러워합니다. 왜냐하면 그녀의 부모님은 언제나 그녀를 사랑하기 때문입니다. 그런데 그날 아침, 물론 쥘리는 알리스를 아주 조금 질투나게 하고 싶었습니다.

— 내 새로운 아빠는 우리의 아파트를 성으로 변화시킬 거야. 정교한 보석으로 가득한 성으로. 그리고 그는 내 가방을 보석이 가득한 상자로 변모시킬 거구…, 그리고 아마도 곧… (속삭이면서) 난 새로운 어린 남동생을 갖게 될 거야. 그 동생은 내 방에 자러 올 거고 우린 어린 왕자라고 부를 거야!

알리스는 어안이 벙벙해졌습니다.

— 넌 내게 새로운 아빠를 소개해 줄 거지, 응?

— 아마도 언젠가는…, 질리는 불가사의하게 약속했습니다. 내 생일에 그는 굉장히 멋진 광경을 펼쳐 보여줄 거야.

곧 학교에서 모두 질리를 보며 속삭였습니다. 질리의 삶에 마법이 찾아왔고 그녀는 빛으로 가득한 성에서 산다고 소곤거렸습니다.

부모를 위한 조언
· · · · · · 새로운 아빠 · · · · · ·

커플의 결별(프랑스의 지방에서는 세 쌍 중 한 커플, 파리에서는 두 쌍 중 한 커플)로 인해 가족이 재구성되는 경우가 많다. 사회적 층위에서 그것은 그저 관례적인 일이다…. 그렇지만 각 가정의 측면에서는 천재지변과 같은 것이다.

당신의 삶에 새로운 사람이 들어온다면? 만약 상황이 심각하다면 아이들에게 그것을 알리는 데 지체하지 말라(아이들은 직감으로 이미 감지했을 것이다). 아이는 불가피하게 당신에게 질문을 퍼부어 대면서 걱정을 나타낼 것이다. 엄마는 엄마가 사랑하는 사람과 함께 나를 더 사랑할 건가요? 그럼 아빠는요? 왜 엄마는 아빠를 사랑했나요? 왜 엄마는 아빠를 이제는 사랑하지 않나요? 이러한 질문들은 평범한 것이고 그것들은 단순히 두려움과 걱정을 표현하는 것이다.

만일 상황이 예상대로 진행되지 않더라도 너무 빨리 합의가 불가능할 거라고 단정 짓지 말라. 당신은 적응을 시켜야 하는 국면에 처한 것이고 아이로서는 새로운 상황에 익숙해지기가 그렇게 쉽지 않은 것이다. 당신이 새로운 약혼자와 함께 살기 전에 아이에게 몇 주혹은 몇 달의 시간을 주도록 하라….

반면에, 아이에게 내 선택을 강요하고 아이가 독불장군으로 행세하도록 두지 말라(당신은 죄의식을 느끼게 될 것이 뻔하기 때문이다). 바로 당신이 결정해야 하는 것이다. 그게 당신의 인생이니까.

만일 '새로운 아빠'가 몇 주 후에 집에 자러 온다면——더구나 그가 정착하러 왔다면——확실한 규칙을 다시 만들도록 하라. 즉 방에 들어오기 전에는 노크를 해야 한다 등등.

당신의 동반자에 대해 행복과 애정을 표현하는 것이 중요하다. 하지만 지나치게 할 필요는 없다. 아이들은 당신들이 함께 있는 것을 보면서 그들의 아버지에 대해 향수를 느낄 테니까….

키워드가 되는 문장

★ "너도 알다시피, 다른 누군가를 만나는 것은 흔히 있는 일이란다. 그것은 그 사람이 가족을 더 이상 사랑하지 않는다는 것을 전혀 의미하지 않는단다."

★ "넌 내게 있어서 항상 절대적으로 우선시될 것이다. 무엇보다도 네가 항상 중요하니까. 하지만 넌 내 삶에 개입하지 않아야 한다. 그건 내 인생이니까."

★ "너와 나 사이에 아무것도 변한 건 없단다."

육체, 콤플렉스, 다름

롤라의 작은 거울
그림자의 반란

롤라의 제일 친한 친구는 피에르도 알방도 클레
망도 아닙니다. 그 친구는 말이 없는 동시에 아주
수다스럽고 친절하면서도 짓궂습니다. 그는 거울이랍니다! 왜냐하면 롤
라가 대부분의 시간을 자신의 모습을 응시하면서 보내기 때문이죠. 그건
그녀가 자신을 예쁘다고 생각해서 그런 건 아닙니다. 사람들이 그녀에게
물어보았다면 그녀는 자신이 예쁘지도 못생기지도 않았지만 자신을 바
라보고 요리조리 뜯어보는 것을 좋아해서라고 대답했을 것입니다. 때때
로 그녀는 미소를 짓습니다. 때로는 그녀는 코를 찌푸리고 무사마귀가 잔
뜩 달린 마녀의 찌푸린 얼굴로 자신에게 말을 겁니다.

거울은 때로 그녀의 친구가 됐다가 때로는 적이 되기도 합니다.

롤라는 진바지 위로 나온 자신의 자그마한 배와 통통하고 귀여운 볼 때
문에 자신이 매우 뚱뚱하다고 생각합니다. 특히 체육 시간이 있던 날, 키
가 큰 니콜라스는 그녀에게 이렇게 말했습니다.

— 어이, 뚱녀, 너 다이어트해야겠어!

그리고 때로 그녀는 자신이 예쁘다고 생각합니다. 특히 사람들이 그녀
에게 이렇게 말할 때요.

— 넌 그 예쁜 눈 때문에 매혹적으로 될 거야!

그녀는 예쁜가요? 못생겼나요? 사실상 그녀는 아무것도 알지 못했습니다. 그녀는 자신의 코를 바라보고 납작하다고 생각했고 자신의 무릎을 좀 못마땅해했습니다. 그녀는 거울을 보다가 돌아섰습니다.

— 난 앞모습이 예쁠까, 뒷모습이 예쁠까?

그녀는 요리조리 살펴보았습니다. 그녀는 마음속으로 오른쪽 옆모습이 제일 예쁘다고 생각했습니다. 배가 나온 것을 감추려면 이 치마가 나을까 이 바지가 좋을까, 하지만 장단지가 더 통통해. 그녀는 속으로 생각했습니다.

— 만일 내가 매일 밤 내 코를 빨래집게로 집는다면 더 오똑해질까?

거울 앞에서 오랫동안 살펴보는 동안 멀리서 자신을 부르는 엄마의 목소리가 들렸습니다.

— 롤라, 뭐하니? 숙제 다 했니?

그리고 그녀는 한숨지었습니다.

— 이제 하루 종일 거울 들여다보는 것 좀 그만둬!

어느 날, 롤라가 몸을 돌리고 미소 짓기도 하고 투덜거리고 언짢은 표정을 하기도 하고 한 손으로 머리카락을 들어올리고 다른 손으로 자신의 코를 집게로 집자 갑자기 믿을 수 없는 일이 벌어졌습니다…. 그녀는 거울 속에서 아무것도 볼 수 없었습니다! 전혀 아무것도요! 그녀는 눈을 크게 뜨고 그녀의 뒤를 바라보았고 자신이 여전히 존재하고 있는지 보기 위해 팔, 어깨를 손으로 만져 보았습니다…, 그런데 갑자기 아주 커다란 한숨 소리가 들렸습니다!

그녀가 몸을 돌렸을 때, 누군가가 그녀 뒤에서 보고 있다는 것을 감지하게 되었습니다…, 허리에 손을 걸친 작은 그림자가 몹시 화가 난 분위기로 그녀를 관찰했습니다!

— 난 질렸어! 질렸다구! 거울 그림자가 소리쳤습니다, 내 말 좀 들어! 그렇게 하는 게 몇 달이나 됐어, 몇 달 동안이나 넌 거울 속에서 계속해서 날 바라보고 있지,

롤라는 컵받침만하게 입을 벌렸습니다,

그녀는 놀랐다기보다는 대경실색했습니다, 이렇게 불손한 그림자에게 뭐라고 대답해야 할까요?

작은 그림자는 계속해서 말했습니다,

— 넌 결국은 누구를 위해 그렇게 하는 거니? 넌 결코 만족할 줄 모르지…, 넌 그게 좋은 거라고 생각하니? 난 너를 위해 할 수 있는 모든 것을 하고 있어!

— 하지만 그건 너에게 대항하는 게 아냐라고 롤라가 대답했습니다, 때때로 난 내 모습을 찾지 못해서 그러는 거야, 아주 그렇게는… 내 취향에 그렇게 맞지는 않거든!

작은 거울 그림자는 비난하는 손가락을 가리켰습니다,

— 그게 바로 너야, 생각해 봐! 넌 그저 다른 사람들만 생각하니? 사람들이 너의 최고의 미소를 어떻게 생각하는지 신경쓰지마! 넌 날 그 시선으로 난처하게 하고 판단하지…, 난 네가 보기에 그다지 예쁘지는 않지! 그럼 난 어디에 끼어들어야 하지? 단단히 화가 나 보이는 거울 그림자가 퍼부어 댔습니다,

— 미안, 미안, 롤라가 중얼거렸습니다,

— 난 내 자리에 있고 싶어, 하지만 오늘은 너무해, 넌 날 45일이나 살펴봤어, 그래서 난 거울에서 나온 거야,

그러고 나서 거울 그림자는 계속해서 불평했습니다,

— 여자 애들이랑은 항상 그렇지, 처음에 여자 애들이 어릴 때 모든 것

이 잘돼, 아이들은 신뢰를 하지, 그러고 나서 그 애들이 성장하면 우리들에 대해 의심한단 말야, 여자 애들은 자신을 별로 예쁘지 않고 너무 포동포동하다고 생각하지, 코가 고구마 같고 어쩌고저쩌고 재잘재잘!

— 그러니까… 나는 다른 사람들이 나를 보듯이 나도 나를 제대로 보고 싶어… 라고 아주 곤란해진 롤라가 속삭였습니다.

작은 거울 그림자는 갑자기 얌전해지더니 미소 지었습니다.

— 넌 결코 다른 사람들이 너를 보는 것처럼 너 자신을 볼 수 없을 걸! 너의 시선은 거칠고 엄격하거든, 반면에 사람들이 볼 때 너는 예쁘고 오감이 가는 소녀야, 그러니까 이제 널 못생겼다고 생각하지마, 그럴래? 네 눈은 너무 까다로워서 네 모습을 완전히 왜곡하는 거야, 난 네가 날 볼 때 배가 불룩하고 귀가 불쑥 나오고 코는 오이 같다고 생각하는 거 알아, 그렇지만 그건 틀렸어!

롤라는 미소 지으며 고개를 끄덕였습니다. 아마도 그림자가 맞을 것입니다, 이 악마같이 고약한 그림자가! 아마도 롤라는 자신에게 너무 지나치게 심했을 것입니다….

— 들어봐, 작은 거울 그림자가 속삭였습니다. 난 이제 거울 속으로 들어갈거야.

그리고 거울 그림자는 자신의 집게손가락을 소녀쪽으로 향했습니다.

— 잠깐만, 말할 게 있어, 넌 매일 아침 날 볼 거야, 네 머리를 손질하고 옷을 입으려고 말이야, 그렇지만 내 모습을 판단하고 날 솔기 아래로 뚫어지게 보면서 시간을 보내지 말아 줘, 그리고 거울 그림자는 얼굴을 붉혔습니다. 거북스럽거든, 끝으로….

깜짝 놀란 롤라는 거실로 돌아왔습니다.

— 괜찮니, 사랑스런 아이야?

— 네, 엄마라고 중얼거리고는 이렇게 생각했습니다, '거울 그림자가 옳아, 그 그림자가… 하루 종일 내 모습을 들여다보는 것 말고 다른 걸 해야겠어.'

부엌에서는 맛있는 핫초코의 향기로운 냄새가 났습니다, 그녀가 꿈을 꾸었을까요, 아닐까요? 그걸 알기는 어렵습니다, 하지만 그녀는 맛있는 간식거리를 먹고 책을 읽는 것 말고 다른 것에 대해서는, 특히 자기 자신에 대해서 아무것도 생각하지 않기로 했다는 것입니다,

그날부터 롤라는 하루 종일 자신의 모습을 들여다보는 것을 그만두었습니다, 왜냐하면 그녀는 거울 속의 작은 그림자가 그녀에게 완전히 속하는 게 아니라는 것을 알았기 때문입니다, 물론 때때로 그녀가 치마나 바지를 새로 샀을 때 거울 앞에서 뒤돌아보곤 했지만 그녀는 5분만 모습을 보았습니다, 그녀는 항상 화가 난 작은 거울 그림자가 갑자기 뛰어나오는 것을 보게 될까봐 두려웠기 때문입니다,

롤라는 자신이 훨씬 더 예쁘다고 느꼈고 이제 코가 배꼽에 붙어 있는 것 같다고 생각하지 않았습니다, 그녀는 자신의 거울 그림자 친구를 신뢰하니까요!

롤라는 어느 날 아침 거울을 힐끗 보며 생각했습니다, '확실히, 우리는 멀리서 자신을 바라볼 때 훨씬 더 잘 볼 수 있군.'

그리고 그녀는 거울 속에 비친 자신에게 윙크를 했습니다,

— 그렇지 않니, 내 사랑스런 작은 거울 그림자…?

화성인 노노의
우주적 콤플렉스

매일 아침 화성에서는 굉장한 일이
벌어집니다! 그리고 학교로 가기 전
에 해야 할 굉장한 것들이 있답니다!
여덟 개의 귀를 문질러 닦아야 하고
눈 네 짝의 눈곱을 털어야 하고, 열여덟
개의 손톱을 비누질해야 하고 두 개의 더

듬이를 솔질해야 합니다. 더듬이라고요? 아, 더듬이요…, 그건 노노의 비
극이죠. 왜냐하면 그는 두 개가 아니라 네 개의 더듬이가 있기 때문입니
다. 그것이 엄청난 우주적 콤플렉스가 된다는 점에서 노노는 그것 때문에
아주 불행했습니다. 게다가 머리 위에 있는 더듬이 한 쌍은 그에게 적을
만들 뿐 아무 도움이 안 됐습니다.

아주 포근한 우주의 집에서는 잘 구워진 (그가 가장 좋아하는 요리) 개
구리의 맛있는 냄새가 진동했습니다. 그가 학교에 가서 다른 애들을 대면
하는 대신 집에 남아 있고 싶을 정도였습니다. 그는 여덟 개의 눈을 바닥
으로 내리깔고 슬픈 표정으로 치아를 꽉 물었습니다.
　　— 자, 코스모 노누세, 엄마가 말했습니다. 네 초음파 책가방을 메야지,
로켓이 우리를 기다린다.
　　그리고 엄마는 다정하게 스카프를 매주면서 그에게 속삭였습니다.

— 걱정하지마…, 그 애들이 바보야!

'그들은 바보다…, 똑똑하지만 심술궂어' 라고 노노는 생각했습니다.

그는 코스모 로켓으로 들어가 안전벨트를 매었습니다. 마음이 무거웠습니다. 이미 많은 이들이 낄낄거리면서 흘끗거리며 그를 쳐다보았습니다. 한 사람의 비웃음은 견딜 수 있었습니다. 하지만 수많은 이들의 비웃음은 고막(특히 아홉 개의 귀를 갖고 있을 때)을 찔러댔습니다. 노노는 촉수들이 오그라들고 어깨가 축 늘어지고 귀들이 앵앵 울리는 것을 느꼈습니다. 그는 이제 그의 서른여섯 개의 손가락으로 무얼 해야 할지 몰랐습니다. 지구에서 사람들이 부끄러울 경우, 그저 두 손을 등 뒤로 숨기기만 하면 됩니다. 화성에서는 손이 여덟 개나 되거든요!

노노의 더듬이는 그를 끊임없이 괴롭혔고 노노는 그것에 대해서만 생각했습니다! 사람들이 밥을 먹으라고 부르고, 그에게 빛의 속도를 암기하라고 해도, 노노는 아무것도 몰랐습니다. 그는 귀에 대해서만 생각했습니다. 그는 그 귀들을 갖고 싶어한 적이 없지만 그가 태어나는 날 생겨난 것이었습니다. 요컨대 노노는 우주적인, 은하계의, 세계적인 콤플렉스를 갖고 있습니다. 그리고 물론, 모든 사람들이 그 사실을 느낍니다. 사람이 우주적 콤플렉스를 갖게 되면 갖게 될수록, 더욱더 다른 사람들이 그것을 알게 됩니다. 그리고 그들은 당신을 비웃습니다.

'내가 내 다른 점을 극복해야 할 뿐 아니라 모든 사람들이 내게 고약하게 구는 거야, 그건 불공정해' 라고 노노는 생각했습니다.

매일 노노는 가장 나쁜 야유를 받아야 합니다. "어이! 노노! 바로 이번 달에는 여과기를 특별판매한대, 너는 모자를 만들려면 그것을 이용해야 할 거야!" "넌 네 더듬이로 도청하냐? 세계의 라디오를? 엥엥! 니아르크

니아르크!" 친구들의 그런 짓은 짐승 같고 못된 일이지만 그런 소리는 노노에게 우주적인 수치스러움으로 달라붙었습니다. 거대하고 세계적이고 은하계적 수치스러움이었죠.

　노노는 끔찍한 악몽을 꾸기 시작했습니다. 잔인한 눈들, 비웃음 소리들, 손짓을 하는 더듬이들, 니아르크, 빕빕 하는 소리, 욱하며 역겨워하는 소리, 트림 소리로 가득했습니다.

　그런데 노노는 자신의 콤플렉스를 숨기기 위해 우주의 거울 앞에서 색다른 기술을 시도해 보았습니다. 그는 챙이 달린 모자를 쓰고 더듬이를 서로 말아 감았습니다. 이렇게 하자 '화성 여자'로 보일 정도였습니다.

　노노는 작은 로켓 한 방이면 메스꺼워하고 역겨워하고 웩하는 다른 이들로부터 멀리, 이 공간에서 사라질 수 있지 않을까 생각했습니다. 지구, 토성, 금성, 목성으로요. 우주에는 자신의 다른 모습을 수용할 수 있는 장소가 있을까?

　— 오, 오라면서 노노 엄마가 대답했습니다. 설마, 하긴 어떤 행성에서는 키나 피부색이 다르다고 놀리기도 한다더라.

　노노는 포괄적인 해결책을 찾지 못했기 때문에 몸을 움츠렸습니다. 자신의 더듬이들을 없어지게 하지 못해서 노노는 자신의 우주적인 가슴을 4번, 6번, 8번으로 접었습니다. 마치 무한히 접혀지는 작은 색종이처럼 말이죠. 그리고 한숨이 나왔지만 아무도 듣지 못하게 하려고 억지로 참았습니다. 숨을 참았기 때문에 노노는 숨막힐 것 같은 고통을 겪었습니다. 우리가 우주의 한가운데 살 때 숨이 막히는 거랍니다.

　— 우주 천식인가요?라고 노노의 엄마가 질문했습니다.

— 아뇨, 그건 은하계적이고 심리적이고, 우주적인 문제예요라고 화성
인 의사가 과장된 분위기로 말했습니다. 문제는 노노의 콤플렉스가 끝도
한계도 없다는 겁니다.

노노는 자신의 더듬이 때문에 창살 없는 우주 감옥에 갇힌 느낌이었습
니다. 그리고 그는 작은 침대에 누웠고 우주적인 슬픔에 갇혀 있다는 것
을 온 세상에 드러낼 정도가 되었습니다. 어린 화성인들은 노노가 없다는
것을 알아차렸고 놀랐고 슬퍼했습니다. 왜냐하면 아이들은 마음속으로
노노를 정말 좋아했기 때문입니다.

— 아 그래? 선생님이 엄하게 말했습니다. 녀희들이 노노를 정말 좋아
하니? 그래, 내 더듬이를 걸고 맹세컨대 난 그것을 몰랐었다. 노노는 지금
쯤 돌처럼 마음이 무거울 거야. 녀희들이 그에게 너무 심했어.

아이들은 모두 아주 놀랐습니다. 왜냐하면 화성에서 사람들이 항상 마
음의 아주 미묘한 것을 이해하는 것은 아니기 때문입니다. 그리고 사람들
은 그것을 모른 채 다른 사람들의 마음을 아프게도 할 수 있답니다.

— 물론 우리는 노노를 사랑해요! 우린 그냥 조금 웃고 싶었어요….
— 모두가 놀리고 웃는 것이 어린 화성인들의 마음을 수렁으로 빠뜨릴
수 있단다. 선생님이 대답하셨습니다.

어린 화성인들은 노노를 잠깐 만나러 슬픔으로 가득한 그의 작은 집에
가기로 결정했습니다. 노노는 침대에 있었습니다. 노노는 적들을 보고는
베개밑으로 자신의 머리를 감추었습니다. 어린 화성인들은, 여러분이 상
상하듯이 더듬이를 낮추었습니다.

— 노노, 녀도 알다시피, 우린 그냥 놀려 주고 싶었던 거야.
— 우린 몰랐어. 다른 아이가 여덟 개의 팔을 건들거리면서 한술 더 떴

습니다.

노노는 여덟 개의 팔꿈치에 몸을 기대고 눈을 반짝이면서 자신이 들은 것을 믿지 못하는 듯했습니다. 그는 뺨을 붉혔고 그래서 붉어진 녹색뺨은 그를 멜론과 장밋빛으로 예쁘게 했습니다.

― 녀도 알다시피, 노노 하면서 룰루가 고백했습니다. 나도 다른 아이들과 같지 않아. 밤에 나는 시계들이 '빕, 빕' 하는 동안 집 안을 걸어다녀. 아무도 날 멈추게 할 수 없어.

― 나 역시 다르지라면서 조조가 깜빡거리는 그의 우주-오주머니에서 발 하나를 꺼내면서 속삭였습니다. 난 발가락이 하나 부족해. 난 그렇게 태어났어.

리리는 아주 작은 가성으로 목소리를 냈습니다.

― 난 녀희들에게 이제까지 결코 말하지 않았는데 때때로 밤마다 침대에서 아주 조금 우주적인 쉬를 싼단다.

― 그러니까 우리는 모두 아주 서로 다르구나라고 마뉘가 결론지었습니다. 그는 늘 좀 철학적이었습니다. 왜냐하면 우리는 모두 녹색이 아니고 같은 모습으로 만들어져서 화성에 온 게 아니기 때문이지.

그런데 아이들은 유일한 한 목소리로 모두 말했습니다.

― 그렇군, 그게 확실해…. 우리는 모두 결함이 있는 거시기를 갖고 있군!

이처럼 친구들의 말을 듣자 노노는 다시 숨을 쉴 수 있었습니다.

결국 노노는 다른 사람들과 같았습니다. 왜냐하면 모두들 다르니까요! 온 세상, 이 은하계에서 저 은하계에까지 우리는 결코 똑같은 두 존재를 볼 수 없을 겁니다. 어느 누구도 머리색이 같거나 피부색이 같거나 더듬이 수가 같을 수 없습니다. 그날 이후로 노노는 자신의 네 쌍의 덧틈이를 가지고 행복하게 살았습니다. 그리고 그가 모두가 비웃고 놀린다고 느낄 때 이렇게 말했습니다.

— 그럼 너희한테는… 뭔가 결함이 있는 게 없다고 확신하니? 다른 뭔가가 없다고 말야?

세상에서 가장 예쁜 여자가 되고 싶었던 어린 요정

옛날에 다른 요정들처럼 남보다 더 예쁘지도 더 못생기지도 않은 요정이 있었습니다. 하지만 이 어린 요정은 성장에 대한 꿈이 있었습니다. 여러분에게 말하자면 그녀는 공주라고 생각했답니다! 자신을 공주라고 생각하는 요정들은 정말 불행했습니다. 왜냐하면 그들이 보기에 그 어느 누구도 결코 예쁘지 않았기 때문입니다. 특히 그녀들은요!

어느 '우중충한' 날, 자기 자신을 비롯해서 모든 것이 아주 추해 보이는 날, 어린 요정 이자는 거울에 비친 자신의 모습을 꼼꼼하게 검토했습니다. 이자는 엄지와 검지 사이의 살점을 잡고 생각했습니다. '3킬로그램을 빼야겠군.' 그러고 나서 다른 쪽에서도 결점을 끄집어 내려고 이자는 코를 관찰하고 들창코 같다고 생각했고 자신의 치아가 인공 젖꼭지 때문에 약간 균열이 생겼고, 엉덩이는 약간 둥글다고 생각했습니다. 그리고 그녀는 마치 다른 누군가에게 말을 걸듯이 큰 목소리로 말했습니다.

— 내딸아, 넌 멋진 왕자를 매료시키고 싶어서 그러니?

그래서 그녀는 스스로 자신에게 몇 가지 성형을 하기로 결심했습니다. 이 성형을 하기 위해서 이자는 요정 도서관에 가서 《세상에서 가장 예쁜 소녀들, 어떻게 하면 그렇게 될까, 어떻게 관리할까, 모델을 어떻게 선택할까》라는 제목의 개론서를 빌렸습니다.

이자는 즉시 가장 아름다운 모델의 장을 펼쳤습니다. 〈신데렐라: 가장 많이 연구된 모델, 큰 키에 날씬하고, 금발머리, 작은 코, 게다가 아주 예쁜 무도회 옷〉 〈백설공주: 밝고 맑은색 톤의 예쁜 갈색 피부, 날씬하고, 커다란 검은 눈, 붉은 입, 사과를 먹지 않는 식이요법 권장〉 〈바비: 말벌처럼 잘록한 허리, 아주 고른 치아, 연보랏빛 눈, 금색의 탐스러운 머리, 전 세계에서 판매 1위, 완벽한 몸매, 바비인형은 3초마다 하나씩 판매됨〉.

'모든 사람의 마음에 드는 인형, 바로 완벽하게 내게 부족한 것이군, 난 가장 예쁘게 될 거야' 라고 이자는 생각했습니다.

집에서 이자는 마술 지팡이를 쥐고, 코에 대고 작고 예뻐져라 얍, 배에 대고 아주 납작해져라 얍, 다리에 대고 얍, 머리칼에 대고 바닥에 닿게 되도록 길어져라 얍, 인공젖꼭지를 결코 물은 적이 없었던 것처럼 보이는 흰 치아와 함께 미소가 늘 지어지도록 마술 지팡이를 얼굴에 갖다 대고 얍 했습니다. 어린 요정은 거울 앞에서 춤을 추었습니다.

— 완벽해…, 완벽하군! 이제 그만 하자, 그리고 매력적인 왕자를 기다리자.

그리고 그녀는 자신의 요정의 집으로 들어가 움직이지 않았습니다.

'매력을 잃게 될지 알 수 없는 거니까' 라고 이자는 생각했습니다.

얼마 후, 멋진 왕자가 그 지역을 지나갔습니다. 모든 동화에서처럼 예쁜 공주를 찾기 위해서였죠. 물론 세상은 좁아서 왕자는 당연히 그 어린 요정의 집 앞에 멈추었습니다.

'멋져, 왕자는 곧 사랑에 빠지게 될 거야' 라고 어린 요정은 생각했습니다. 그러나 매력적인 왕자는 사랑에 빠지는 대신 눈썹을 찌푸렸습니다.

— 자, 자… 내가 당신을 어디서엔가 이미 봤는데…, 아 그래 알았다!

당신은 수백만 개의 복제품으로 존재하는 바비인형이군요. 당신은 어디서나 볼 수 있죠. 즉 모든 잡지와 모든 상점에서요. 그럼, 안녕 바비, 난 플라스틱으로 만든 인형이 아니라 공주를 찾아야 하오.

놀랍게도 이자는 바비의 미소를 간직한 채로 눈에 눈물이 가득 고인 것을 느꼈습니다. 그리고 그녀는 '그런데 그 왕자는 무례하군! 내가 세상에서 가장 예쁜 여자가 되기 위해 얼마나 노력을 다했는데!' 라고 생각했습니다.

요정은 아주아주 화가 났습니다. 너무 자존심이 상해서 또 거울을 들여다보았습니다…. 그리고 갑자기 이상하게 그녀는 예전의 얼굴에 대해 엄청난 향수를 느끼게 되었습니다. 자신의 들창코, 담갈색의 커다란 눈, 치열이 고르지 못한 이와 그녀의 입. 왜냐하면 그녀는 오랫동안 인공 젖꼭지를 물었기 때문입니다(결코 엄지손가락이나 인공젖꼭지를 빨지 않아 치열이 완벽해 보이는 바비와는 같지 않았죠).

이자는 지팡이를 다시 쥐고 마술을 부린 매력을 하나씩 하나씩 풀었습니다. 그리고 얍 하자 코는 다시 납작코가 되고, 얍 하자 작은 배는 다시 동그랗게 되고, 엉덩이는 옷 밑으로 약간 튀어나오고, 얍 하자 치아들은 다시 익숙한, 즉 아주 고르지 않은 형태가 되었습니다. 이자는 이제 바비의 특징들 중에서 단지 발끝까지 치렁거리는 아름다운 머리카락만 간직하게 되었습니다.

왜냐하면 긴 머리는 늘 요정들이 꿈꾸는 것이었기 때문입니다. 그리고 그녀는 어쨌든 아주 화가 났습니다. 아주 잘 치장한 요정을 화나게 할 필요는 없었던 거죠. 요정은 지팡이를 들고 매력적인 왕자를 팔뚝에 근육이 있고 얼굴에 미소를 머금은 플라스틱 마네킹으로 변형시켰습니다. 이자는 자신의 집으로 돌아와 휘파람을 불면서 일상의 일을 다시 했습니다.

며칠 후, 어떤 왕자가 그곳을 지나가다가 이자의 집 앞에 멈추었습니다. 어린 요정의 노랫소리에 매료되었고, 특히 그의 말이 너무 늙고 먼지로 덮이고 피곤했기 때문입니다. 왕자는 이자를 보고 바로 이 어린 요정은 정말, 정말 다른 요정들과 다르다고 생각했습니다.

게다가 그녀는 작고 납작한 코를 하고 치아는 약간 삐뚤어 이상해 보이고 그녀의 영혼은 번개처럼 강렬했습니다. 어린 왕자는 내가 상상컨대 열렬히 사랑에 빠졌습니다. 왕자는 요정에게, 흔들거리는 말에 태워 그녀를 데려가고 싶다고 프로포즈했습니다. 그래서 어린 요정은 지팡이를 꺼냈고… 그리고 늙은 말을 혈기왕성한 중세의 군마로 변형시켰습니다.

— 길을 가기에는 이게 더 좋을 거예요.

그리고 그들은 둘 다 웃기 시작했고 결혼했으며 들창코에 전혀 치열이 고르지 않은 아이들을 많이 낳았습니다.

부모를 위한 조언
· · · · · · 부모들에게, 다름이란 충격이다 · · · · · ·

어떤 시기가 되면 사춘기가 오고, 그때 아이들은 아름다워지고 싶다는 꿈을 꾼다. 즉 브리트니 스피어스, 마돈나 등등 스타를 모델로 모방한다. 그래서 열 살–열한 살의 소녀들은 모델에 대해 마음이 쏠린다. 즉 상표, 색깔, 제복 뒤에 자신의 육체, 다른 점을 위장하는 방법을 찾는다…. 모두가 비슷해 보이게 되는 것이다. 사춘기의 변모는 때로 받아들이기가 꽤 어렵다.

코, 귀의 특별한 모양새, 약간 둥근 배를 받아들이기가 어렵다…. 아주 작은 다름이 콤플렉스로 자리한다.

그렇지만 우리, 어른들은 우리들 가운데 각자의 다름이 매력이라고 말할 정도는 아니더라도 바로 흥미와 관심을 끈다는 것을 잘 알고 있다…. 어떤 유아원의 여교사가 강조했듯이 "모든 꽃들이 같은 색깔이라면, 상상해 보세요, 세상이 얼마나 슬프겠는가를!"

바보라고
놀림받는
원숭이 보보

보노보들은 지적인 얼굴에 반짝이는 눈을 가진 장난기 있는 커다란 원숭이들이었습니다. 게다가 그들은 영리한 원숭이라는 말을 들었기 때문에 보노보들은 모두 자신을 지능이 뛰어난 기술자라고 생각했습니다. 보보만 제외하고 모두가 그랬죠. 보보는 다른 원숭이들보다 조금 더 작았습니다. 걸어다닐 때 머리를 숙였고 원숭이들의 학교에서 아주 좋은 성적을 받지는 못했습니다. 아마도 그가 종종 달나라에 가 있기 때문일까요? 그는 좋지 않은 분위기로 그를 감시하는 비웃고 찌푸린 얼굴로 가득한 꿈을 꾸었습니다.

만일 원숭이들이 보보에 대해 아주 자주 놀린다면 그것은 보보가 다음과 같은 단순한 질문들에 대답하지 못했기 때문입니다. "숲 속에서 가장 빨리 이동하는 방식은 어떤 걸까?" 혹은 "바나나 두 개 더하기 두 개는 얼마일까?"

여러분에게 진실을 말하자면 보보는 바보라는 말을 듣고 아무것도 모른다는 말을 들은 덕택에 모든 것에 무능해진 것입니다. 게다가 종종 그렇기도 합니다. 보보는 다른 사람들의 눈 속에서 이런 말을 읽었습니다. "넌 바보야, 넌 바보라구! 우리 앞에서 네가 얼마나 바보인지 보여봐!" 그러면 그는 얌전하게 따랐습니다. 그리고 그는 바보가 되었습니다. 만일 그가 원숭이들의 눈에서 약간이라도 감탄하는 것을 읽었더라면, 만약 그가 "넌 정말 굉장하구나!"라고 감탄하는 표현을 읽었더라면 그는 바로 그들의 눈 속에서 자신에 대한 조금의 자신감을 얻을 수 있었을 겁니다. 그리고 그는 전혀 반대가 되었을 것입니다. 바로 그겁니다.

바로 그것이 보보의 머릿속에서 일어나고 있었습니다. 즉 누군가가 보보에게 질문을 하는 순간에 보보는 다른 원숭이들의 눈에서 빈정거림, 조롱, 자신의 어리석음을 읽었습니다. 이 모든 것이 머리에서 발끝까지 얼음물처럼 완전히 넘쳐흘렀습니다.

보보는 자신 속에서 커다란 공포가 생겨나는 것, 굉장한 떨림을 느꼈습니다. 그리고 날카로운 작은 목소리가 어디선가 나타나 그의 귀에서 소리쳤습니다. "넌 바보야! 넌 아무것도 몰라, 넌 쓸모없어! 넌 아무것도 몰라!" 모든 것이 혼란스러웠습니다. 그런데 그것은 커다란 우주적 공허함이었고, 때때로 보보로 하여금 야자나무로부터 굴러 떨어지게 하였습니다.

그가 '질문을 퍼붓는' 선생님의 시선을 받게 되었을 때 그는 눈을 내리깔고 꼬리를 내리고 아무것도 대답하지 않았습니다. 물론 대답이 없고 조용하자 그는 보노보들 모두가 웃음을 터뜨리는 소리를 들어야 했습니다.: "하, 하, 하, 우와, 우와, 우와!" 끔찍하고 날카롭고 불쾌한 웃음의 함성이 고막과 심장을 꿰뚫는 것 같았습니다.

그리고 보보는 칡숲으로 도망쳤습니다. 그의 피난처는 대초원에서 가장 오래된 바나나나무 맨 꼭대기였습니다. 바로 그 바나나나무는 적어도 110년 이상 되었다고들 말합니다. 그 바나나나무는 아주 오래되었고 아주 말라서 이제 하나의 바나나도 달려 있지 않았습니다. 잎이 있기는 했지만 노랗고, 상했고 마치 파피루스처럼 바스락거리는 소리를 냈습니다. 어느 누구도 그 늙은 바나나무에는 더 이상 관심이 없었습니다. 보보만이 예외였습니다. 그래서 그 늙은 바나나무는 보보가 오는 소리를 들었을 때 거만하게 뽐을 냈습니다. 왜냐하면 늙은 바나나무는 어린 원숭이의 비밀을 알고 있었기 때문이죠.

보보가 늙은 바나나무의 맨 꼭대기에 올랐을 때, 그는 실제로 바나나무의 풍채와 색깔, 잎사귀들, 즉 어린 화가의 세계를 발견하게 되었습니다. 보보는 그리고 또 그렸습니다. 왜냐하면 보보는 그의 귀에서 "넌 알 수 없지! 넌 바보야! 넌 엄청 바보야!"라고 울렸던 작고 날카로운 목소리를 침묵하게 하는 방법을 거기서 발견했기 때문입니다. 그가 그림을 그릴 때 더 이상 아무것도 듣지 못했습니다. 늙은 바나나무의 경탄에 찬 침묵과 바람 소리 외에는 아무 소리도요. 바람은 늙은 나무의 금이가고 노래진 잎사귀들 사이로 불면서 "아름다워, 아름답군!"이라고 속삭였습니다. 그 그림은 아름다웠지만 음울했습니다. 보보의 캔버스는 "분노의 날" "모든 것을 휩쓰는 태풍" "가시덤불의 난처함" "대초원에서의 우려" "엄청난 이들" "상한 바나나론"이라고 불렸습니다.

이 모든 그림들은 보보가 그리려고 생각하기 전에 이미 보보의 머릿속에 존재했었습니다. 그리고 그가 그림을 그렸을 때 그는 정확히 무엇을 그리고 어느 순간에 그림을 마칠 것인지 정확하게 알았습니다. 아마도 그것은 위대한 화가들의 특성일 것입니다!

보보가 그림을 그리는 동안 그는 숨을 편하게 쉬었습니다. 그의 폐가 열렸습니다. 그리고 그는 정말로 세상의 슬픔을 이해하고 늙은 바나나무의 노쇠함을 이해했답니다! 그는 새들과 함께 날아갈 수 있을 것 같은 느낌이 들었습니다. 그는 그들의 날개의 기능을 너무나 잘 이해했습니다.

그림을 정말로 잘 그려서 자연 속으로 사라지는 것 같았답니다! 그러나 보보가 다시 나무에서 내려왔을 때, 다른 원숭이들, 모든 장난꾸러기들의 날카로운 외침이 또 그의 고막을 찢어지게 했습니다. 그리고 2초 동안에 그는 다시 '바보' 보보가 되었습니다.

물론 보보는 감히 그의 작품을 다른 원숭이들에게 보이지 않았습니다. 그들은 또 다시 놀릴 것이고 비웃을 것입니다. 그리고 바로 이번에 그럴게 확실해라고 보보는 생각했고 창피해 죽을 것 같았습니다.

어느 날, 계절과 바람이 종종 시시각각 변하기 시작해 원숭이 장난짓거리같이 귀찮은 일이 생겼습니다. 바람은 늙은 바나나나무 속으로 불어닥쳐 보보의 모든 캔버스들을 하나씩 하나씩 떨어뜨렸습니다.

보보는 학교에 있었고 야유를 받고 있는 중이었는데 늙은 바나나나무에서 자신의 그림들이 하나하나 떨어지는 것을 보았습니다….

"썩은 바나나에 대한 우려" "대초원에서의 슬픔…," 보보는 죽을 것만 같았습니다. 창피해서 죽을 것 같았습니다.

그는 눈을 감고 다른 원숭이들의 빈정거림을 기다렸습니다. 그러나 아무것도 들리지 않았습니다. 그가 다시 눈을 떴을 때, 믿을 수 없는 광경을 보았습니다. 모든 원숭이들이 꼬리에 매달려서 아무 말 없이 자신의 그림들을 감상하고 있었습니다. 그리고, 그들의 눈 속에는 슬픔 혹은 본노 혹은 한숨이 있었습니다. 보보가 그린 것은 모두 다 보노보들의 눈에서 드러나고 있었습니다.

— 이 모든 것을 네가 다 그렸니?라고 머리를 끄덕이면서 선생님이 물었습니다.

— 네라고 보보가 대답하고 또 아주 강하게 숨을 쉬었습니다(왜냐하면

그는 아주 자신에 찼고, 정말 희망에 부풀었고 바로 그날까지 어느 누구에게
도 자신감을 보이지 않았었기 때문입니다).

보보는 아주 행복해서 "오홉" "행복한 날" "신선한 바나나 향기"라는
그림을 그리기 위해서 늙은 바나나나무로 즉시 기어 올라갔습니다.

그의 그림들은 전보다 훨씬 더 아름다웠습니다!

물론 다른 원숭이들이 그 그림이 아름답다는 것을 이해하게 되었기 때
문입니다. 그리고 바로 그 아름다움은 보보가 다른 원숭이들의 눈에서 읽
은 것이며 그림으로 펼쳐졌습니다. 마치 여름의 부드러운 포근함처럼
요…, '우리가 성공했다고 우리에게 말하면 말할수록 마침내 우리는 더
욱더 성공한다' 라고 바보와는 거리가 먼 보보는 생각했습니다.

오늘, 보보는 대초원에서 가장 유능한 어린 원숭이가 되었습니다. 그는
주문을 받고 초상화를 그렸고 많은 이들이 그의 미술수업을 듣기 위해
아주아주 멀리서 왔습니다. 이제 결코 어느 누구도 보보를 놀리지 않았습
니다. 왜냐하면 어린 원숭이들 각자가 자신만의 장점을 갖고 있다는 것을
잘 알고 있기 때문입니다.

어떤 이들은 학교에 아주 잘 적응을 하는 재능이 있고, 또 어떤 이들은
축구에 재능이 있고 어떤 이들은 힘을 쎄는 것을 잘하며, 또 어떤 이들은
유능한 바나나 판매자가 될 재능을 타고났습니다.

모두 중에서 가장 오만해진 것은 늙은 바나나나무입니다. 모두들 그 나
무에게 불만을 나타냈었습니다. 그 나무는 더 이상 한 개의 바나나도 주
지 않기 때문입니다. 바로 그 나무가 이제 세상에서 가장 아름다운 보
물들을 생산하기 시작했습니다. "녀희들도 알다시피 난 늙었어, 내가 무

용하다고 사람들은 생각했지…, 약간은 보보처럼 말이야, 하지만 난 정말 내 안에 다른 보물들을 갖고 있지….”

부모를 위한 조언
· · · · · · 콤플렉스와 다름 · · · · · ·

확인된 사실

아이들은 결코 서로에게 다정한 적이 없었다! 운동장에 좀 다른 한 아이가 '있을' 때 비웃음이 쏟아진다. 어리면 어릴수록 크면 클수록 불쑥 나온 귀들, 발음의 결점? 눈을 주의하라. 가장 작은 차이가 발각된다!

가족의 성(姓)조차도 완전한 순응주의를 열망하는 사회에서는 비웃음을 살 수 있다.

왜 잔인할까?

심리학자들의 설명에 따르면 모든 아이는 자신을 지배하고 복종을 강요하며 법칙을 말하는 어른들의 세계에 빠져 있다고 느끼며 상처받기 쉽다고 한다. 그러므로 아이가 친구들 중에서 자신보다 더 작고 더 마르고 훨씬 더 상처받기 쉬운 아이를 보게 될 때 과장해서 말한

167

다. 그것은 자신을 안심시키고 자신에 대해 생각하는 방식이다. '결국 난 그렇게 운이 나쁘지는 않아. 난 힘이 세!' 그때부터 속죄양의 현상이 어떻게 작용하는지 우리는 잘 안다.

부모들의 경우는 회사와 일반적으로 사회에서 경쟁의 세계에 에워싸여 이렇게 생각한다. '난 내 아이가 성공할 수 있는 모든 성공 조건을 가졌으면 좋겠어!' 그래서 그들도 역시 아이의 '특별함'을 견뎌내지 못한다. 그것을 개발하는 대신 아이를 사회가 기대하는 것에 순응시키려고 애쓴다. 수학을 잘하고 빨리하기 등등. 콤플렉스 중에서 가장 나쁜 것은 학습의 어려움과 학교 적응 실패에 관련된다.

결함이 있는 아이는 자신의 문제를 의식하지만 그의 부모들은 아주 전적으로 그것을 부정한다. 그들은 너무나 그들의 아이가 성공하기를 바라서 아이 치료를 위한 특수 연구, 단기 과정 등에 대해 말하는 것을 듣기조차 원하지 않는다.

해야 할 것

완전히 순응주의적 도식으로 달려가는 대신에 아이의 특성을 강조해야 할 것이다.

돌토는 "모든 아이는 뭔가에 장점이 있다"라고 말했다. 만일 아이가 학교에서 아주 잘 성공하지 못한다면 아마도 아이는 바이올린이나 모형 제작 등에 숨겨진 재능이 있을 것이다. 가장 좋은 것은 아이에게 신뢰를 보이면서 아이의 '장점들'을 절대적으로 칭찬하는 것이다.

아이의 콤플렉스와 다름을 마주하고서 부모가 하는 가장 나쁜 것은 기만하려는 술책이다. 말하는 것을 주저하지 않아야 한다. 청소년기 이전의 아이들은 자신의 부모에게 자신의 콤플렉스에 대해 결코 말하지 않을 것이다. 그들은 부모의 마음을 아프게 할까 두려워한다.

아이들에게 콤플렉스와 다름에 대해 어떻게 말할 것인가

그들과 함께할 수 있는 과학적인 대화를 택한다.

아이에게 이렇게 말하는 것은 무용하다. "너도 알게 될 거야. 나중에 넌 크게 될 거야, 그리고 넌 우리 모두를 추월할 거야!" 혹은 "천만에, 네 귀는 불쑥 나오지 않았어. 어쨌든 난 그래도 너를 사랑해." 이런 말들은 모호함과 걱정 속에 아이를 그냥 방치하는 것일 뿐이다.

너무 작은가? "우리 소아과에 가서 진찰해 보자. 네 뼈들이 아직 더 자랄 수 있는지 알려 줄 거야…" 귀가 불쑥 나온 경우도 마찬가지다. 부인하거나 이렇게 주장하는 것은 무익하다. "천만에, 네 귀는 불쑥 나오지 않았어. 어쨌든 난 그래도 너를 사랑해." 아이가 콤플렉스라고 느낀다면 그에게 해결책에 대해 말하는 것이 더 낫다. 그런 대화는 아이들의 걱정을 누그러뜨리고 걱정에서 벗어나게 한다.

아이들에게 그들의 특성이 나약함이 아니라 으뜸패(성공의 조건)라는 것을 이해하게 해야 한다! 이중의 문화(이민 오거나 양자로 된)를 겪는 아이는 다른 사람들보다 더 강하다. 왜냐하면 아이는 베트남, 모로코 혹은 튀니지가 어디 있는지 바로 그 자신이 알고 있기 때문이다. 사람들이 그를 비웃을 때 이렇게 대답할 수 있다. "맞아, 난 여기서 태어나지 않았어. 하지만 넌 베트남이 어디에 있는지 알아?"

키워드가 되는 문장

★ "해리 포터를 봐. 그는 아주 작고 아주 말랐어. 하지만 그는 자
신의 나약함을 강점으로 바꾸었잖아! 그는 세상에서 가장 훌륭
한 마법사야."

타인들:
친구, 사랑, 사회

로라와 레나의 불화

　로라는 머리에 장밋빛 리본을 맨 회색 쥐였고 레나는 머리에 회색 리본을 맨 장밋빛 생쥐였습니다. 초등학교 예비 과정의 신학기 날, 이 쥐들은 눈인사를 나누고 서로의 작은 머리끈을 보면서 뾰족하고 작은 이빨을 드러내며 웃었습니다.

　― 난 로라라고 해.

　― 난 레나야.

　― 우리 서로 닮았다고 생각 안 하니?라고 로라가 물었습니다. 로라는 항상 쌍둥이 자매를 갖고 싶다는 꿈을 꿔왔습니다.

　― 난 모르겠어. 하지만 우리 친구하자라고 레나가 대답했습니다. 그렇게 해서 그들의 우정이 시작되었습니다.

　두 쥐들은 서로의 곁에 앉았고 이제 더 이상 떨어져 있지 않았습니다. 그녀들은 그들 주위에서 달려가는 작은 쥐들을 보면서 끊임없이 이야기를 나누고 속삭였습니다. 그녀들은 작은 머리끈을 서로 바꾸기조차 했습니다. 장밋빛 리본, 회색 쥐, 회색 리본, 장밋빛 쥐.

— 이렇게 하니까 우리는 정말 자매 같다라고 눈을 반짝이며 로라가 킥킥 웃었습니다, 친구를 사귄다는 건 정말 좋아!

둘이 있으니까 그녀들은 더 강해진 것 같고 외침이나 비웃음에 대해 합세할 수 있을 것 같고, 이미 오래 전부터 알아 온 것 같은 느낌이 들었습니다, 그녀들은 새로 사귀었지만 별로 낯설지 않았습니다…,

둘이 있으면 모든 것이 더 즐거웠습니다, 그녀들은 둘 다 아주 오리오리하고 가벼워서 체육 시간조차 싫었습니다!

그녀들이 쥐들의 학교를 마쳤을 때 로라는 자신의 집에 레나를 데리고 갔고, 그러고 나서 레나는 로라를 자기 집으로 데려갔습니다…, 그리고 이런 놀이는 밤이 될 때까지 이런 식으로 계속되었습니다,

어느 날 레나는 초등학교 1학년 학급의 작은 생쥐가 부드러운 눈길을 보내는 것을 알아차렸습니다,

— 봐, 난 내게 연인이 생겼다고 생각해! 레나는 입에 장밋빛 작은 손을 대고 속삭였습니다,

— 그 쥐는 우스꽝스러워!라고 로라는 낄낄거렸습니다, 그는 널 튀긴 대구의 눈으로 바라보네, 쥐새끼에게 그건 너무한 일이야!

하지만 레나는 웃음을 그쳤습니다, 눈을 매섭게 하고 입을 오므리고 레나는 로라에게 말했습니다,

— 너 질투하는구나, 그게 바로 너란 말이지,

로라는 심장까지 얼어붙는 것 같았습니다, 이번에 처음으로 그녀들은 의견이 같지 않았습니다, 레나가 이런 식으로 로라에게 낯설고 딱딱한 목소리로 말한 것은 처음이었습니다,

바로 그날 오후, 학교 수업을 마쳤을 때, 어느 누구도 서로를 데려다 주지 않았습니다. 밤이 될 때까지 로라는 텔레비전 앞에서 M & M 초콜릿을 조금씩 갉아먹었습니다. 하지만 그녀 마음에 생긴 얼음조각은 녹지 않았습니다.

다음 날 로라는 사과하고 싶었습니다. 로라는 운동장에서 레나에게까지 종종걸음으로 다가갔습니다. 하지만 레나는 시선을 돌렸습니다. 그리고 다른 쪽으로 가버렸습니다. 로라가 다가가면 다가갈수록 레나는 더욱더 멀어졌습니다. 로라는 레나에게 계속해서 치즈 껍질, 치즈 크래커, 치즈 비스킷과 같은 선물을 주었습니다. 하지만 레나는 그것을 받고 싶어하지 않았습니다. 로라는 레나에게 편지를 썼고 새로운 장밋빛 리본마저 주었지만 레나는 콧구멍을 후비고 다른 곳을 바라보았습니다. 로라가 다가가면 다가갈 수록 레나는 더욱더 멀어졌습니다.

5일째 되는 날, 로라가 다가갔을 때, 레나는 릴리라는 심술궂은 여자아이와 함께 낄낄거리기 시작했습니다. 로라의 가슴이 조였습니다. 로라는 바로 자신이 릴리라는 심술궂은 아이에 대해 얘기하며 레나와 함께 웃었던 지난날이 생각났습니다.

괜찮아, 모든 게 끝났어. 그녀의 손은 차갑고 가슴은 얼어붙었습니다. 운동장의 나무들조차 검고 냉담해 보였습니다. 로라는 집에 와서 울었습니다. 엄마가 말했습니다.
— 레나에게 네가 그 애를 좋아한다는 것을 너무 보이지 마라. 네가 다가가면 다가갈수록 그 애는 더욱 멀어질 거란다. 어느 날 내게 애인이 생겼단다. 내가 그에게 그를 사랑한다고 말하면 말할수록 그는 내 면전에서

비웃었지, 친구들과도 거의 비슷한 거란다.

— 그건 바보예요!라고 로라는 화를 내면서 소리쳤습니다. 내가 그 애에게 좋아한다고 말하면 안 되는 건가요?

— 넌 그 애의 노예가 될 이유가 없다는 뜻이란다라고 엄마가 대답했습니다. 그건 말이지, 즐겁게 지내려면 너무 한 문제에 집착하지 말라는 것과 같은 거란다. 모든 게 나아질 거란다.

그런데 로라가 결국 쥐구멍으로 되돌아왔습니다.

그녀의 콧수염과 장밋빛 리본은 슬픔으로 떨어졌습니다. 학교에서 로라는 정말 지겨웠습니다. 레나와 릴리가 함께 놀렸을 때 특히 그랬습니다. 로라는 레나의 눈 속에서만 살아 있을 뿐 자신이 더 이상 존재하지 않는다는 느낌이 들었습니다. 체육 시간에 더욱 안 좋았습니다. 로라는 혼자이고 약하다고 느꼈고 현기증이 났습니다. 그리고 그녀는 말 안장을 마주하고는 자신이 수천 개의 조각으로 부서질 것 같다는 느낌이 들었습니다.

어느 날, 선생님이 새끼 고양이 앞에서 가능한 한 가장 빨리 도망치는 술책을 가르치는 동안에 로라는 그녀를 가까이서 바라보는 한 쌍의 눈을 보았습니다. 그것은 카롤 라 도뒤였고 둥근 엉덩이를 한 작은 쥐였습니다. 모두들 한쪽에 모여 그 쥐를 놀렸습니다.

— 로라의 얼어붙은 손에 자신의 아주 따뜻하고 통통한 손을 얹으면서 지금은 갈 분위기가 아닌 걸이라고 말했습니다. 나 역시 체육 수업을 좋아하지 않아라고 카롤 라 도뒤는 새로운 친구의 귀에 대고 한숨을 쉬었습니다.

— 나한테 그건 악몽이지라며 로라가 웃었습니다.

이렇게 해서 그들의 우정이 시작되었습니다. 그리고 학교의 나무들은 다시 잎이 달리기 시작했습니다. 날씨는 다시 따뜻하고 온화했습니다.

며칠 후에, 학급에서 나오면서 레나가 로라를 기다렸습니다.

— 너 집에 가니?

그리고 그녀는 로라의 손을 잡았습니다.

— 너도 알다시피, 난 릴리 그 애를 아주 좋아해. 하지만 내 가장 좋은 친구는 바로 너야라고 속삭였습니다.

로라는 커다란 온기의 물결에 휩싸였고 그녀의 눈은 부드럽게 반짝였습니다. 로라는 레나를 누구보다 더 좋아했고 왜 그런지 말할 수조차 없었습니다.

하지만 로라는 침착하려고 노력했습니다. 그녀는 엄마가 "네가 그 애를 좋아한다는 걸 그 애에게 너무 나타내지 마라"라고 한 말을 다시 생각했습니다.

— 잠깐만 기다려라고 로라가 말했습니다. 네게 내 새로운 친구 카롤을 소개할게.

— 안녕, 카롤, 레나는 카롤 라 도뒤를 보면서 말했습니다.

카롤 라 도뒤가 말했습니다.

— 너희들 우리집에 갈래? 맛있는 치즈 껍질이 있으니까 맛보자.

그래서 세 마리의 작은쥐들은 손에 손을 잡고 출발했습니다.

로라는 생각했습니다. '나의 가장 좋은 친구는 항상 레나일 거야. 왜 그런지는 몰라. 하지만 내가 아는 건, 때때로 서로 다투고 서로 말하지도 않는 게 평범한 일이라는 거지. 그리고 너무 한 가지 사건에 집착할 필요가 없지.'

부모를 위한 조언
· · · · · · 아이들 세계에서의 우정 · · · · · ·

초등학교에 입학하는 시기, 여섯 살부터 친구들과의 시간이 시작된다. 가족과 형제와 자매에 초점이 맞춰진 어린아이가 외부를 향해 문을 연다. 즉 사회화의 중요한 시기이다. 그들의 우정이 우리에게 과도해 보일 수도 있다. 특히 우정에 감탄이 덧붙여지는 경우 그렇다(두목 격인 아이, 학급의 1등, 축구에 재능이 있는 아이 등등).

여덟 살-아홉 살경에, 우정이 진지해진다⋯. 그러므로 훨씬 드문 경우이고 편협해진다! 바로 이 시기에 아이는 그룹간의 친구 사귀기를 관두고 종종 가장 좋은 여자친구, 가장 좋은 남자친구를 갖게 되고 이 친구는 자신의 속내 친구, 자신의 분신이 되기도 한다. 물론 이 경우, 타인에게 매우 상처받기 쉽고 의존적이 될 수도 있다. 친구 사귀기가 자주 바뀌고 아이들이 친구를 더 많이 사귈수록 더욱 그렇다. 이 시기란 "난 더 이상 너한테 이야기 안 할 거야" "넌 더 이상 내 친구 아냐"라고 하는 때이다. 타인에 대해 자신의 힘을 약간 실험해 보는 때이다⋯.

어떻게 반응해야 할까?

아이에게 친구들이 없다면?
알고 있는 바와 반대로 친구들은 사귀기가 그리 쉽지 않다! 그리고 운동장도 종종 작은 '무리'들로 가득 차고 그 무리들 속에 '새로운 아이'가 끼기 힘들다.

아이들에게 서로 우정을 맺도록 가르쳐야 하고 우정으로 너무 고통받지 않게 가르쳐야 한다. 아이를 과잉보호하지 말고 아이를 과도하게 보호하지 말라. 아이가 또래의 아이들과 함께 잘 지낼 것이다. 아이에게 신뢰감을 줘라. 아이는 자존감을 키워 갈 것이다…. 그것으로 아이는 친구들과 잘 지낼 것이다.

아이가 항상 자신의 친구를 초대하고 싶어하는가? 그것은 좋은 징조이지만(아이가 아주 사회적이고 융화적이다) 아마도 고독을 두려워한다는 증거일 수도 있다.

한 가지가 확실하다. 즉 친구에게 '스카치테이프'처럼 붙어 있기란 늘 가능한 게 아니라는 것이다. 몇 가지 제약을 두어야 한다. 잠을 자러 오는 친구는 주중이 아니라 주말에만 초대하도록 한다.

키워드가 되는 문장

★ "자기 자신을 잊을 정도로 누군가를 사랑하지 않아야 한다. 친구를 사랑할지라도 결코 친구의 노예가 되거나 그의 뜻대로 행동하지 않아야 한다."

★ "사람들은 동시에 몇 명의 사람들을 좋아할 수 있다. 엄마는 여러 명의 아이들을 사랑한다. 남자친구나 여자친구 역시 다른 친구들을 좋아할 수도 있다…."

★ "항상 친구를 만날 수 있는 것은 아니다. 어떤 때는 부모와 함께 지내고 어떤 때는 친구들과 함께 있고, 또 어떤 때는 혼자 있을 수도 있다."

친구를 찾는
거인 비비

어느 날, 비비라는 작은 거인은 자신이 키가 커졌다는 것을 알게 되었습니다. 그는 더 이상 커다란 팔과 커다란 손, 커다란 다리로 무얼 해야 할지 몰랐습니다. 집은 그가 살기에 너무 작게 되었습니다. 그의 거대한 다리는 그의 작은 침대를 벗어났고 그의 엄마조차 너무 작아졌습니다!

'난 작은 감옥에 있는 것처럼 느껴져' 라고 비비는 그가 무척 좋아했던 거인의 퍼즐, 3미터 높이의 체스판과 말들, 용 모형, 거인들의 정원 대작 컬렉션, 엄마가 거인의 아주 커다란 목소리로 그에게 콧노래로 불러 주었던 아기의 거대한 노래책들을 바라보면서 생각했습니다.

"올라가네, 올라가네, 올라가네, 커다란 짐승이" "물 위에, 강가에, 강가에, 커다란 여객선이."

— 네가 책을 읽을 때, 너는 얼마나 즐거운지 알게 될 거야라고 엄마는 35,000페이지나 되는 대하소설을 읽으면서 말했습니다. 하지만 당분간은 네게 친구가 필요하다고 생각해.

— 친구, 그게 뭔데요?

엄마는 곰곰이 생각했습니다.

— 함께 있으면 네가 즐겁게 되는 거지. 항상 만나고 싶은 이. 함께 있으면 하루 종일 즐겁게 지낼 수 있는 사람이란다.

그리고 엄마는 곰곰이 생각했습니다.

— 우리는 그런 장점이 있는 진짜 친구를 알 수 있어야 한다. 분위기는 밝고 웃음으로 가득하고 서로 말할 것이 아주 많은 친구를.

그리고 엄마는 멀리 가면서 한 가지를 지적했습니다.

— 내게는 나의 아주 좋은 친구 게르트뤼드와 함께하는 거였지….

비비는 '친구' 에 관한 이야기를 듣고 궁금해하며 숲으로 갔습니다. 거기에서는 아빠가 흥분을 가라앉히기 위해 12그루의 전나무를 쓰러뜨리고 있었습니다. 비비와 아빠는 수천 년 된 떡갈나무의 줄기 위에 앉았습니다.

— 친구를 찾는 일은 시간이 걸린단다라고 아빠가 말했습니다. 그리고 때때로 네가 친구를 찾으면 찾을수록 더욱 찾기가 힘들기도 하지. 네가 찾지 않을 때 친구를 발견하게 된단다. 게다가(그는 꿈을 꾸듯이 도끼를 올렸습니다), 난 내 친구 아르튀르를 만났을 때….

하지만 비비는 아빠가 추억하도록 그냥 자리를 떴습니다.

비비는 할아버지를 소리쳐 불렀습니다. 할아버지는 그가 가장 좋아하는 신문, 〈신선하고 생생한 소식〉을 읽는 중이었습니다.

— 친구가 뭐예요, 할아버지?라고 비비가 물었습니다.

할아버지는 신문을 보다가 눈을 커다랗게 치켜떴습니다.

— 네게 친구가 생기면 넌 그를 먹고 싶어하지 않게 된단다. 그리고 그도 널 먹으려고 하지 않지라고 할아버지는 침을 흘리면서 말했습니다.

그리고 할아버지는 커다란 한숨을 쉬었습니다.

— 난 카나리라는 친구가 있었지라고 할아버지는 말했습니다. 그런데 어느 날, 난 카나리가 평소보다 통통해졌다고 생각했단다. 아 이런, 난 오

랫동안 그 카나리를 아쉬워했단다.

비비는 할아버지가 콧수염을 떨구며 슬픈 추억에 잠기도록 자리를 떠났습니다. 왜냐하면 그는 정말로 친구가 고픈 것 같았기 때문입니다. 비비는 다정스런 집, 사랑스럽고 작은 아기 거인의 방을 나와 광활한 거리로 떠났습니다. 거기서 아마 확실히, 그가 만나는 사람들이 모두 그와 친구가 되기 위해 어려움을 겪을 것입니다.

길에서 비비는 에밀리라는 작은 두더지를 만났습니다. 그 두더지는 시장에 가기 위해 구멍에서 나온 것입니다. 비비는 자신을 아주 작게 보이려고 애썼습니다.
— 안녕, 비비가 말했습니다. 난 여섯 살이고 친구를 찾고 있어.
두더지는 안경을 고쳐 쓰고 웃음을 터뜨렸습니다.
— 넌 내가 멍청이인 줄 아니? 난 네가 거인이라는 걸 잘 알아. 5분 후면 넌 날 잡아먹을 거야. 거인은 아무거나, 특히 작고 통통한 포유류를 먹지. 솔직히 친구가 되긴 어려울 것 같아. 안녕.
그리고 비비는 자신의 할아버지가 그에게 말했던 것에 대해 생각했습니다. 그러고는 도망쳤습니다.

몇백 미터 후에서 비비는 아주 진지한 작은 소년을 만났습니다. 그 아이는 혼자서 전자 체스게임을 하고 있었습니다. 비비의 심장이 두근거렸습니다.
확실했습니다. 그는 그의 친구를 발견한 것입니다!
— 안녕, 난 친구를 찾고 있어. 나도 체스게임을 할 줄 알아라고 비비가 말했습니다.

작은 소년은 한숨을 쉬었습니다.

— 난 컴퓨터로 체스게임을 하는 것을 더 좋아하는데, 왜냐하면 난 아주 잘하거든, 틀림없이 너보다 훨씬 더 잘할 거야. 하지만 너랑 같이 다닐게, 왜냐면 난 거인을 만난 게 처음이거든.

그 아이는 휴대용 컴퓨터를 끄고 비비와 함께 길을 나섰습니다.

그 아이는 이상했습니다. 분위기가 무겁고 그들은 서로에게 아무것도 말하지 않았습니다. 비비는 뭐 말할 게 없을까 하고 머리를 쥐어짰습니다.

— 날씨가 습하지, 응? 하고 비비는 큰 소리로 한숨을 쉬는 작은 소년에게 말했습니다.

비비는 엄마가, 하루 종일 함께하고 싶은 사람에 대해 이야기한 것을 생각했습니다. 그리고 그는 그들이 친구가 될 수 없다고 결론지었습니다. 산책이 끝나고 그들은 서로 헤어지게 되자 마음이 놓였습니다.

비비는 다시 오랫동안 걸었습니다. 그리고 갑자기 기적처럼 자신과 같은 거인 팀을 발견했습니다. 그 팀은 농구를 하고 있었습니다.

'자 됐어! 친구들이 많아!' 라고 그는 생각했습니다.

그리고 그는 땅바닥 한가운데 그대로 서서 그에게 누군가가 와서 말을 걸기를 기다렸습니다. 하지만 아무도 그에게 놀자고 제안하지 않았습니다. 비비는 아무도 거인인 그를 알아채지 못했다고 생각했습니다. 자, 그는 양손을 메가폰처럼 입에 대고 소리쳤습니다.

— 너희들이랑 함께 놀아도 될까? 난 친구들을 찾고 있거든!

— 우리는 선심을 쓰려고 여기 있는 게 아냐라고 아이들의 대장이 말했습니다. 네가 필요할 때 널 부를게.

그리고 비비는 아버지가 자신에게 말한 것에 대해 생각했습니다. 네가 친구를 찾으면 찾을수록 친구를 발견하기 어렵단다. 그래서 그는 떠났습니다.

그는 다시 좀 더 걸었고 장밋빛 쥐를 만났습니다.

이번에 그는 가차없이 해치웠습니다. 그는 실망감과 쓸쓸함 때문에 생쥐를 먹어치웠습니다.

'그렇게 쉬운 일이 아니구나'라고 비비는 생각했습니다. 아빠가 옳아. 친구란 찾기 어려워. 그건 너무 어려워.

비비는 코를 훌쩍거렸고 자신의 따뜻하고 예쁜 방, "커다란 짐승이 올라가네, 올라가네"라는 귀여운 노래와 특히 엄마의 커다란 손이 생각났을 때 마구 울었습니다. 추억이 떠오르자 흐르는 눈물로 커다란 소금물 웅덩이가 생겨나기 시작했습니다.

— 너 뭐해라고 아주 작은 목소리가 물었습니다. 난 거인들이 울 수 있는지 몰랐어.

비비가 눈을 뜨자 세 갈래로 머리를 땋은 아주 작은 소녀가 보였습니다. 그 소녀는 웅덩이에서 즐겁게 뛰어놀고 있었습니다.

— 난 감기에 걸렸어라고 비비는 대답했습니다. 봄 감기.

— 난 거인들이 감기에 걸릴 수 있는지 몰랐어. 너 혼자 있고 싶니? 아니면 산책할래?라고 작은 소녀가 말했습니다.

— 난 산책하고 싶어라고 비비는 대답했습니다. 노는 게 더 좋지. 너는 체스 아니? 동요는? 거인 정원 시리즈(컬렉션)는? 모형은?

작은 소녀는 아주 작은 머리를 흔들었습니다.

— 아니, 난 꽃이랑 정원 가꾸기를 알지.

비비는 한숨을 쉬었습니다.

— 함께 놀 수 없겠네. 난 꽃에 대해서는 아무것도 몰라.

— 괜찮아라고 아주 작은 소녀가 말했습니다, 함께 산책해, 내가 보여 줄게!

그리고 그들은 걷기 시작했습니다, 날씨는 산뜻하고 웃음으로 가득하고 그들은 서로 말할 게 수천 개나 되었습니다!

— 이상해라고 비비는 말했습니다, 우린 서로를 아주 잘 이해하고 있어, 그렇지만 솔직히 녀와 난 비슷하지 않지, 넌 거인도 작은 소년도 아닌데, 넌 체스놀이를 좋아하지도 않구, 그리고 난 네가 여섯 살도 안 되었다고 확신하는데,

— 아니! 난 일곱 살 하고 6개월이야라고 장난을 쳤습니다, 그리고 난 체스 놀이 싫어해, 그걸 하면 내 얼굴 여기저기 여드름이 생기거든, 그들은 재미있게 웃었습니다, 비비는 아빠가 한 말을 생각했습니다, 때때로 네가 친구를 찾으면 찾을수록 더욱더 찾기 어렵단다, 그리고 그는 이 어린 소녀를 찾은 게 아니었습니다,

비비는 할아버지에 대해서 생각했습니다, "그 친구를 먹고 싶어하지 않아야 한다," 하지만 그는 세 갈래로 머리를 땋은 이 작은 소녀가 전혀 먹고 싶지 않았습니다, 전혀요! 그리고 그는 엄마가 대하소설을 읽으면서 말한 것에 대해 생각했습니다, "함께 있으면 즐거운 사람, 항상 보고 싶은 사람,"

그리고 비비는 미소 지었습니다,

— 됐어, 난 정말 내 친구를 발견했어, 그리고 정말 우습게도 그건 내 여자친구지!

부모를 위한 조언
· · · · · · 친구 사귀기란 그다지 쉽지 않다 · · · · · ·

우리는 항상 아이가 속옷을 갈아입듯이 친구를 바꾼다는 느낌을 받는다! 그리고 우리가 이사할 때 아이에게 말하기를 주저한다. "걱정하지마…. 넌 친구들을 빨리 사귀게 될 거야." 그렇지만 그렇게 쉽지 않다….

하는 것이 더 나은 것… 그리고 하지 않아야 할 것

'전제적인 엄마'의 이미지를 피하라. 즉 모든 것을 감시하고 우정에 관여하고 친구 아이의 부모를 알고 싶어하는 등의 엄마의 이미지. 그런 엄마의 이미지는 아이들에게 억압적이다. 그들이 그들의 삶을 살게 놔두라!

그들의 일, 스타일, 관심에 대해 염려하지 말 것. 즉 "넌 뒤퐁의 아이와 친구가 되어야 한다. 뒤퐁 부인은 정말 아주 호감이 가." 아니다. 그가 머리를 세 갈래로 땋은 어린 여자아이 혹은 뒤랑 씨의 아들을 더 좋아한다면 아이에게 맡겨라. 간섭하지 않아야 한다.

학교 외부에서의 접촉을 증가시키라. ——유도학원에 등록하는 등.

아마도 징후가 있을 것이다…. 아이가 자신감이 부족한가? 어쨌든 다음과 같은 식으로 말하는 동정적인 과보호를 결단코 피하라. 즉 "내 가여운 아기…. 넌 친구가 아직 없구나. 사는 게 힘든 거란다…." 이와 같은 말은 자신의 역할——현재 자신에 대해 패배적인 이미지를 확실히 심어 줄 것이다.

집이나 '볼링장'에서 아이의 작은 취미를 계획해 보라. 그에게 어떤 친구들을 초대하고 싶은지 의견을 물어보라.

그럼에도 불구하고 아이가 다른 아이들과 어떤 우정의 싹을 틔우고 있는지 알려면 선생님과 이야기하라.

끝으로, 서두르지 말라. 아이가 얼마 동안 자신의 고독에 빠지게 두라. 아이일지라도 그건 대단한 사건은 아니다. 이런 어려움을 겪으면서 아이는 성장하고 성숙해진다….

키워드가 되는 문장

★ 아이에게 자신의 경험을 이야기한다. "너도 알다시피, 나도 그때에는 그런 학급에서 아주 혼자라고 느꼈던 게 생각난다…."

★ "종종, 친구들은 전혀 예상하지 못한 때에 생긴다."

★ 아이가 새로운 학교에 다니게 되는 어린 학생일 경우, 이런 말을 한다. "처음에는 우리에게 낯익은 사람들보다는 훨씬 호감이 안 가는 낯선 이들이 항상 있단다. 그건 착각이지. 우리가 그들과 이야기를 나누기 시작하자마자 그들은 덜 낯설고 더 친근해진단다."

괴물의 사랑

보보는 녹색 줄무늬가 있는 파란색의 매
혹적인 괴물로 촉수와 무사마귀, 뿔, 황록색 눈을
지녔습니다. 그는 멋진 괴물이 되기 위해 필요한 모
든 것을 갖추었고 손을 주머니에 넣고 즐겁게 휘파람
을 불었습니다. 날씨는 아름답고 사는 것도 그랬고 그
는 자신이 아름답다고 생각했습니다. 금막대가 달린, 혀에서 톡톡 튀
게 하는 금가루로 된 사탕가루를 1유로 사기 위해 준비를 했습니다.

보보는 빵가게에서 줄을 서면서 룰루와 마주쳤습니다. 룰루는 막 열다
섯 살이 된 빵집의 딸이었습니다.

그녀는 붉은 사탕의 빛나는 피부와 암소의 콧구멍, 튀어나온 노란색 눈
을 한 정말 예쁜 소녀였습니다!

보보는 그녀로 인해 들떠 귀를 빠르게 움직였고 코가 살짝 흔들렸고 촉
수들은 쭉쭉 뻗어 나갔습니다. 여자 괴물 룰루는 성스럽고 아름다운 소녀
였죠! 즉시 그의 몸 전체는 작은 발가락에서 촉수의 끝에 이르기까지 간지
러움이 느껴졌습니다. 그는 그의 작은 담배가 바닥에 떨어지는 것도 아랑
곳하지 않고 모든 아토믹 껌을 날것으로 삼켰고 그것은 더욱 폭발을 증가
시켰습니다!

'간지러워, 여기저기 다 간지러' 라고 보보는 생각했습니다. 난 반드시
그녀에게 뽀뽀를 하고 여기저기를 간지럽혀야지…!

우연히 보보 역시 여자 괴물 룰루의 눈에 확 띄었습니다.

'성스럽고 멋진 남자군! 그는 내가 좋아하는 모든 걸 갖고 있어. 팔 위에 있는 파란색 별, 촉수들, 초록 사과색 물사마귀, 황록색 눈.' 룰루는 생각했습니다.

여러분이 이해했듯이 이것은 괴물의 괴물스러운 첫눈에 반하기라는 것입니다. 두 육체가 서로를 알게 되고 서로 사랑하는 것입니다. 보보가 룰루에게 제비꽃 한 다발을 주었을 때, 룰루는 그럼에도 보보에게 그가 그녀보다 오히려 과자를 원하는 게 아닌지 물었습니다.

— 전혀! 난 아토믹가루보다 훨씬 더 너를 사랑해라고 보보가 소리쳤습니다. 보보는 자신의 미녀의 질문에 화가 났습니다.

이어서 보보는 룰루에게 뛰어갔고 룰루는 보보에게 뛰어갔고 그래서 모든 게 섞였습니다. 별은 붉은색이 되었고 사탕은 파란색이 되고 촉수는 초록색이 되고 무사마귀는 여러 가지 색이 되었고, 보보 룰루는 룰루 보보가 되고 뷔보 룰뤼와 뷔뷔 로로가 되고 딸기 풍선껌과 바닐라향 금막대가 되었습니다. 그리고 이것은 인공적인 화려한 불이었습니다. 보보의 지지는 룰루의 구지 속으로 들어갔고 이것은 그들에게 경이로운 간지럼을 느끼게 했습니다. 내가 널 간질일게, 내가 널 간지럽게 할게! 간지러움이 그칠 때까지 그들은 괴물스럽게 좋다고 여겼습니다.

이것은 우리가 사랑할 때 항상 일어나는 일입니다. 단지 괴물의 세계에서만 일어나는 게 아닙니다! 어른들에게서도 그렇습니다. 보보는 그것을 "지지에서의 사랑"이라고 불렀고 룰루는 "구지에서의 사랑"이라고 불렀습니다. 뽀뽀는 한 사람의 몸에서 다른 한 사람의 몸으로 보내지고 자연도 마찬가지로 아주 잘 이루어집니다. 작은 씨가 역시 한 사람의 몸에서 다른 한 사람의 몸으로 전달됩니다, 뽀뽀의 물결 중에! 사실상 그 씨는 아주 작은 씨이고 라디나 버찌의 씨보다 훨씬 더 작습니다, 그 씨는 바늘귀처럼 통통하고 그 안에는 아기를 만들기 위해 필요한 모든 것이 있답니다,

있는 그대로 말하자면 그것은 아주 신비로운 것입니다,

그들이 간지럽게 하고 간지럼을 하면 할수록 그들은 더욱더 그것을 하고 싶어했습니다,

— 사랑이란 마법이야, 난 내 피부 속에 널 갖고 있어, 내 사랑이라며 보보는 사랑의 탄식을 하고 담배를 피우며 말했습니다,

— 난 흥분하는 촉수를 갖고 있지라고 룰루는 주머니 속에서 혀를 꺼내며 대답했습니다,

이런 상태, 달라붙고 꽉 끼고, 꽉 끼고 달라붙는 간지럼과 애무, 뽀뽀와 작은 씨를 받은 몇 달 후에 룰루는 자신의 배 속에 작은 괴물이 생기기를 기대했습니다(이것은 그녀에게 또 다른 애무를 더 생기게 했지만 똑같은 식은 아니었습니다, 왜냐하면 작은 괴물들은 그들의 엄마의 배 속에서 많이 움직였기 때문입니다),

룰루와 보보는 괴물스럽게 훨씬 더 행복했습니다, 보보는 이렇게 소리지르면서 저그춤을 추었습니다,

— 난 사랑으로 어린 괴물을 갖게 될 거야! 사랑의 괴물을!

그리고 룰루는 감동된 분위기로 자신의 커다란 배를 쓰다듬었습니다,

작은 씨앗이 충분히 커지고 어린 괴물이 탄생했을 때, 그를 볼뤼라고 불렀습니다, 그 어린 괴물은 사랑스러운 줄무늬가 있었고 눈에 파란색 별이 있고 붉은색의 사탕, 황록색의 튀어나온 눈을 하고 있었고 부모 둘로

부터 쏙 빼닮았습니다. 그건 당연한 것입니다. 왜냐하면 그는 두 육체로 부터 나온 작은 것으로 이루어졌으니까요.

— 우리 아이를 아토믹이라고 불러요! 우리가 만나던 날 당신이 좋아했던 풍선껌이 생각나니까라면서 빵집 여자 릴리가 속삭였습니다.

— 그 애는 우리의 사랑의 아기지. 나 그 애를 괴물스럽게 사랑해라고 보보가 말했습니다.

그 사랑은 물론 사랑의, 매우 부드럽고 아주 미묘한 사랑의 또 다른 종류입니다. 어른들의 애무, 간지럼과 지지(성기)와는 관계가 없답니다. 한쪽에는 '지지에 대한' 사랑이 다른 한쪽에는 아이들에 대한 사랑이 있습니다. 하나는 어른들에게 제한된 것이고 다른 하나는 가족 모두에게 관계된 것입니다. 그리고 분명히 그 두 가지는 아무런 관련이 없습니다. 날 믿으시라니까요.

부모를 위한 조언

· · · · · · 섹슈얼리티 · · · · · ·

아기들은 어떻게 해서 생기는가

"엄마/아빠, 아기들은 어떻게 생겨요? 말해 줘요."

일반적으로 세네 살경——아기가 소년이나 소녀로 성구분화되는 순간——성적인 호기심이 시작된다. 그것은 자신의 기원에 대해 더 알고 싶다는 욕구에 해당한다.

첫번째 규칙: 특히 얼버무리지 말라. 때가 좋지 않을지라도 (21시 15분이고 피곤하고 침대에서 자고 싶더라도) 다음 날 다시 말하겠다고 명확히 하면서 약간 빨리 대답하는 것이 더 낫다. 만일 당신이 얼버무리며 자리를 벗어난다면 아이는 당신의 거북함을 눈치챌 것이다…. 그러면 섹스=금기사항이라는 등가를 세울 위험이 있다.

네다섯 살부터 그 주제에 결코 근접하지 않을지라도 그게 아이가 거기에 관심이 없다는 것을 의미하지 않는다. 그때는 좋은 기회(임신한 이웃 여자, 출산 방문, 텔레비전에서 서로 키스하는 커플)를 포착해서 아이에게 자발적으로 말하는 것이 더 낫다.

장애물

다음과 같은 상황을 피한다.

— 요정이야기 같은 식의 설명: 양배추, 장미꽃, 황새를 구실로 대는 것은 어느 순간까지만 지속된다. 뽀뽀하는 식의 사랑도 마찬가지이다. 아기가 생기는 데는 서로 뽀뽀하는 것으로 충분치 않다는 것을 아이가 이해해야 한다.

— 오로지 기계론적이고 원자론적인 화법의 기교: 감정이나 느낌으로 전달되게 하지 않고 "거시기가 거시기 속으로 들어갔어"라는 식.

— 자신과 자신의 커플에 대해 말하기: 아기가 여덟, 아홉 살일지라도 성적인 업적을 떠벌이는 것은 중요하지 않다.

다음과 같이 하는 것이 더 낫다.

— 성욕을 사랑과 관계시켜 명확히 하기.

— 아빠가 자신의 아들에게 엄마가 자신의 딸에게 설명하기…. 만일 두 사람 중 한 사람이 끔찍하게 거북하다고 느낀다면 솔직한 태도가 바람직하다. 즉 "네 아빠와 말하렴, 난 이런 문제를 대하기가 그리 편하지 않단다." 이렇게 하는 것이 아이 앞에서 끔찍하게 거북스럼을 나타내는 것보다 물론 더 낫다.

— 여덟 살, 지각력이 생기는 나이부터 부모는 아이를 생기게 하지 않고도 섹스를 할 수 있다는 것을 명확히 하기 시작한다. 왜냐하면 어른들끼리 있고 서로 사랑을 하는 것 등등이 아주 좋기 때문이다라는 등등.

아이가 어떻게 반응할까?

아이가 아마도 다른 곳을 볼 수도 있고 휘파람을 불거나 자신의 물건들을 정돈하기 위해 방의 한 구석으로 갈 수도 있다. 걱정하지 말라. 그것은 아이가 반응하는, 예기치 못한 거북함을 표현하는 아이의 방식이다. 아이가 주의깊게 들었다는 것을 확신하라!

키워드가 되는 문장

★ "아이들의 사랑과 어른들의 사랑이 있단다."

★ "사랑하는 방식에는 여러 가지가 있다. 아이일 때는 손을 서로 잡고 포옹만 하지. 물론 섹스를 할 수도 없고 아이를 생기게 할 수도 없단다."

★ "더 나중에(열세네 살경) 육체가 아주 변화하는 때가 온다. 바로 그때 우리는 어른들의 욕망을 가질 수 있단다."

사랑에 빠져
성숙해진
개미 알리스

개미굴은 약간 학교와 비슷합니다. 오른쪽으로 걸어다니고, 가슴을 활짝 펴고 앞을 보고 너무 큰 소리가 나지 않게 경쾌한 발걸음으로 다녀야 합니다.

수천 년 된 떡갈나무 아래에 있는 5번 도로 422가 328번지 개미굴에서 알리스라는 이름의 작은 개미가 불편함을 느꼈습니다. 며칠 전 알리스는 길에서 군인처럼 멋있는 작은 개미와 시선이 마주쳤습니다. 미소는 매력적이었고 상반신이 불룩 나왔습니다. 알리스는 작은 밀 낟알을 떨어뜨렸고 친구들이 놀라바라보는데 반대 방향으로 되돌아갔습니다. 알리스는 왜 그처럼 반대로 걸어갔을까요?

그날부터 알리스는 뭔가 작은 가슴을 찌르는 듯함을 느끼게 되었습니다. 알리스는 다른 때에 여전히 매력적이고 여전히 상반신이 불룩 나온 군인을 다시 보았습니다. 그리고 그녀는 그에게 마치 사랑에 빠진 개미들이 하듯이 떠듬이로 이상한 미소를 지었습니다. 그리고 어느 날… 알리스는 예쁜 개미, 큰 암캐미를 팔로 안은 그 군인 개미를 보았습니다. 여왕개미였습니다. 그녀의 가슴은 깊은 곳으로 굴러떨어지는 것 같았습니다.

그 다음 날, 알리스는 슬픔으로 더 어두워졌습니다. 그녀는 작은 구멍을 파고 자신의 가슴이 뛰는 것과 슬프게 숨쉬는 작은 소리가 더 이상 들리지 않을 때까지 엎드려 있었습니다. 이 행동은 사람이 발로 개미들을 짓 밟으려고 위협할 때 땅이 울리는 경우 개미들이 지진을 견디기 위해 취하는 자세였습니다. 게다가 그녀는 그녀에게서 바로 그것을 느꼈습니다. 어떤 커다란 떨림, 불행을 느꼈습니다.

그리고 알리스는 곰곰이 생각했습니다. 수많은 개미들 중에서 자신을 어떻게 부각시킬 수 있을까? 알리스는 다른 개미보다 더 예쁘지도 더 지적이지도 않았습니다. 아마 더 작기도 하고 더욱 내성적일 것입니다. 그런데 그녀가 여왕개미보다 무엇이 더 나을까요? 땅콩의 4분의 1, 풀잎의 8분의 1, 개양귀비의 꽃잎조각만큼이나 나을까요?

하지만 개미들은 슬픔의 구멍으로 결코 완전히 떨어지지는 않습니다. 알리스는 어느 날 정신을 찾았습니다. 그녀는 밀 낟알, 풀잎, 개양귀비 꽃잎들을 가지고 개미굴의 복도를 다시 성큼성큼 걷기 시작했습니다. 왜냐하면 알리스는 아주 용감했기 때문입니다.

어느 날, 작은 개미가 이렇게 해서 커다란 심장을 갖고 작은 군인 개미의 시선과 또 마주치게 되었습니다. 그녀는 개미들의 세계에서 머리를 높이 들고 가는 것을 배웠기 때문에 그렇게 계속해서 걸어가면서 이렇게 말했습니다. "사랑이야기들은 다른 사람들 일이지! 난 사랑의 슬픔 때문에 지진 대비 피난처로 다시는 피하지 않을 거야. 고마워, 난 이미 겪었지." 하지만 바로 그날 그 군인이 자신의 밀 낟알을 떨어뜨렸고 모든 더듬이로 미소 지으면서 반대 방향으로 가버렸습니다. 작은 개미는 그 때문에 볼이 약간 장밋빛이 되었습니다. 작은 개미 알리스는 그에게 물었습니다.

— 넌, 이름이 뭐야? 난 알리스야. 그런데 우리 함께 산책할래?

장밋빛 단어와
회색 단어

어느 날, 사람들은 왜 그런 일이 갑자기 생긴 건
지 도무지 알 수 없었습니다, 장밋빛 단어들이 지
구에서 사라진 것입니다, 장밋빛 단어들이요? 그건 친절
한 말들이죠, "감사합니다" "네가 먼저" "부탁해요" "넌 정말 내게 중요
해," 이렇게 달콤한 말들이 솜사탕처럼 마음에 있었습니다,

그건 짠맛, 매운맛, 신맛만 좋아했던 마법사 그리의 짓일까요? 아닙니
다…, 맵고 시고 짠 단어들을 더 좋아했던 사람들이 그랬습니다, 왜인지
알게 되겠죠,

그 시대에 지구에는 장밋빛 단어들과 회색 단어들의 상점이 있었습니
다, 장밋빛 단어들의 상인들은 "난 널 사랑해" "난 널 생각해" "무척 고마
워" "부탁해" "너 먼저 하렴" 등을 팔았습니다, 회색 단어들의 상인들에
게는 오히려 "하찮은 것" "죽은 생쥐 같은 낯짝" "냄새 나는 주둥이" 등
의 단어들이 있었습니다,

처음에 사람들은 회색 단어들보다 장밋빛 단어들을 많이 샀습니다, 장
밋빛 단어들의 상인들은 재산을 모았고 지구에서는 솜사탕의 감미로운
향기가 났습니다, 회색 단어들의 상인들은 목이 빠지게 기다렸습니다, 왜
냐하면 사람들이 크게 불화가 있을 때 그들 가게에 1년에 한 번이나 두
번만 왔기 때문입니다,

그렇지만 어느 날 묘하게 사람들이 회색 단어들을 사기 시작했습니다. 고용의 위기, 동맹 파업이 있었습니다. 고용주들은 "다른 데로 가서 알아보시오, 당신은 해고됐소, 늙은이" "당신이 한 것에 대해 감사하오만 나가 주시오"라는 것들을 많이 샀습니다. 가족 간의 전쟁, 이혼, 더 이상 서로를 이해하지 않는 커플들이 있었습니다. 형제들 간에 질투, 외면…, 사람들은 "난 이제 널 사랑하지 않아" "끝이야"들을 샀습니다. 장밋빛 단어들의 상점에는 팔리지 않은 "감사합니다" "실례지만" "부탁해" "난 널 사랑해" 단어들이 있었습니다.

── 다정한 말들은 악마에게 가버려라라고 사람들은 말했습니다. 그 단어들은 값이 비싸고 아무것도 갖다 주지 않아.

장밋빛 단어들의 상인들은 괴로워하며 그 단어들을 이제 어디에 보관해야 할지 몰랐습니다.

장밋빛 단어들의 상점들이 하나씩 하나씩 문을 닫았습니다.

"모든 게 사라질 거야" "초상으로 폐문" "빅 바겐세일" "하나 가격으로 열다섯 개의 장밋빛 단어들을 드려요."

하지만 저렴한 가격에도 불구하고 그 단어들은 이제 더 이상 아무의 관심도 받지 못했습니다. 회색 단어들의 상점들은 번영했습니다.

왜냐하면 잘 알다시피, 나쁜 것들이 전염성이 있으니까요. 운동장에서 나쁜 말을 하나 해보라, 그러면 당신은 나쁜 말을 열 단어나 들을 것이다! 거친 말, 좋지 않은 웃음, 나쁜 욕 전문점까지 생겼습니다. 그리고 회색 단어들의 상인들은 밤낮으로 일했고 희귀한 진주들, 아주 끔찍하고 제일 고약한 말들을 찾아냈습니다! "검은 이빨 난 하마" "넌 매춘부 냄새가 나" 등등.

전쟁 때 벌어지는, 빈털터리가 되는 것을 두려워하는 사람들은 회색 단어 통조림을 만들기 시작했습니다. 사람들은 그 통조림을 열두 개씩 냉동시키고 부엌 찬장, 옷장, 침대 밑에 잔뜩 쌓아두었습니다.

그리고 사람들은 이런 아주 사소한 불화에, 정말 작은 비웃음에, 아주 작은 다툼에 저장고에 있는 이런 말들을 꺼냈습니다. "억세라!" "네 머리는 쭈그러졌어" "초라한 똥" "포주의 악취" "양파의 입냄새" "지독한 바보." 다른 것도 있지만 이 정도로 하겠습니다.

기념일에 가장 나쁜 욕들이 펼쳐졌습니다.

사람들은 이렇게 콧노래를 불렀습니다. "나쁜 생일, 나쁜 생일." 한창인 축제에 거친 말들의 폭탄을 던지는 것입니다. 어른들의 세계에서는 새해를 기념하기 위해 비웃으면서 검은 양말로 만든 주스를 가지고 건배를 했습니다.

— 내 늙은이, 난 너에게 고약한 새해를 기원해…, 그리고 특히 아주 건강이 나쁘길!

그리고 선물을 열었을 때 탄식의 합창이 들렸습니다.

— 정말 보잘것없는 것 같으니라구! 너 어떻게 이렇게 바보 같은 생각을 했어? 바로 이 선물이야말로 정말 내가 제일 싫어했던 거야.

학교 앞에서 아이들은 회색 단어들의 상점으로 달려가 운동장에서 쓸 회색 단어들을 주머니에 가득 채웠습니다. 휴가 전에 어른들도 회색 말들, 어리석은 비웃음을 가방에 채우기 위해 왔고 고속도로에서 도로가 혼잡한 동안 샌드위치와 커피를 먹으며 차문을 열고 던졌습니다. "어이, 쥐 낯짝!" "너 엉터리로 운전면허 땄지?"

지구에서 공기는 얼음처럼 몹시 찼습니다. 태양은 불친절함과 녹색 나무가 공중에 떠 있는 것이 두려웠고 그 이후로 모습을 드러내기를 거부했습니다. 태양은 다른 때, 사람들이 환영하며 맞아 주었던 때를 추억했습니다.

― 오! 날씨 좋네! 정말 날씨 좋아! 고마워, 나의 좋은 태양…. 오, 하나님, 난 태양이 좋아요.

태양은 이런 말을 듣는 대신 요즘은 이렇습니다.

― 더워… 너무 더워… 아이구, 너무 덥다.

그러자 구름이 하늘을 뒤덮고 지구는 냉각기로 빠졌습니다. 온 세상이 추웠습니다. 그 이후로 사람들은 옷을 벗지 않았고 애무도 더 이상 하지 않았으며 아기도 더 이상 낳지 않았습니다. 꽃도 장밋빛 말들도 없어서 지구는 정말 너무 슬펐습니다!

그렇지만 어디에선가 작은 소년은 회색 단어들로 해결하기를 원하지 않았습니다. 아마도 그의 주머니 속에 반쯤 얼은 작은 장밋빛 단어가 남아 있었기 때문일 것입니다. "난, 더 이상 어느 누구도 노래하지 않는 이 세계를 원하지 않아"라고 피에르가 말했습니다. "인사도 하지 않고 고맙다는 말도 하지 않는 이 세계, 날씨가 항상 추운 이 세계가 싫어. 난 다시 태양을 보러 갈 거야."

작은 소년은 얼어붙은 언덕, 작은 산들과 높은 산들, 사화산을 오르며 오랫동안 걸었습니다. 마침내, 몇 달이 흐른 후 기진맥진하고 얼고 지친 소년은 구름 아주 가까이에 이르렀습니다.

― 똑똑 두드리면서 "난 태양을 찾고 있어요"라고 소년이 말했습니다.

― 오, 오 하면서 회색 구름을 이끄는 대장 구름이 말했습니다. 저길 봐…, 태양을 찾는 꾀죄죄한 우스운 꼬마 신사? 하지만 태양은 어느 누구

를 위해서도 더 이상 존재하지 않아! 회색 단어들이 권력을 잡은 이후로 주인이 된 건 바로 우리들, 비구름과 뭉게구름이지.

그 구름은 가슴을 내밀고 소년 앞에서 문을 닫았습니다.

작은 소년은 아주 멍한 채로 앉았습니다. 어떻게 물리칠 수 있을까?

그는 자신의 주머니 속에 회색 단어의 그림자를 가져오지 않았습니다. 그런데 그는 울기 시작했습니다. 구름이 그를 보았고 놀랐습니다. 구름은 오래 전부터 아무도 우는 것을 보지 못했으니까요!

이 차가운 세계에서는 모든 눈들이 얼어붙고 마음이 차가웠습니다.

— 즉시 멈춰! 구름이 울먹였습니다. 그렇지 않으면, 난 소나기를 내리게 할 거야! (왜냐하면 구름들은 눈에 눈물이 쉽게 생기기 때문입니다.)

결국 속에서 혼란스러워진 구름 대장이 그를 돕기로 결심했습니다.

— 자, 저기 작은 노란색 똥 같은 게 태양이야라고 대장 구름이 소년에게 말했습니다.

피에르는 눈을 뜨고 실제로 파란 하늘로 사라진 당구공을 보았습니다. 그것은 잘못 대우했기 때문에 막 사라지고 있는 태양이었습니다.

작은 소년은 있는 힘을 다해서 작은 노란 공쪽으로 갔습니다.

— 안녕, 난 널 찾으러 왔어. 지구에서 모든 것이 회색이 되었어. 우리는 춥고 아파. 우리는 이제 웃지 않고 상냥한 말을 하지 않아. 네가 돌아와야 해라고 태양에게 말했습니다.

태양은 눈을 살짝 떴습니다.

— 내가 다시 돌아가는 건 문제가 아니야. 불친절함과 무례함 때문에 난 죽을 거야. 안녕, 난 잠자러 가야겠어.

— 안돼! 작은 소년이 애원했습니다. 네가 없어서, 지구에서 우리가 얼

고 있어! 우리의 집들은 춥고 우리의 마음은 얼어붙었어. 다시 돌아와 줘, 부탁이야.

그리고 작은 소년은 주머니에서 아주 얼어 버린 장밋빛의 작은 단어를 꺼냈습니다. "우린 널 사랑해."

— 음, 음 약간 볼이 장밋빛이 된 태양이 음 음 했습니다. 넌 날 기분 좋게 하려고 그렇게 말하는 거지, 그렇지?

— 아냐, 작은 소년이 한숨을 지었습니다.

— 물론, 태양이 어깨를 으쓱거리면서 말했습니다. 물론이지! 어떻게 아주 깜깜한 세상에서 살 수 있겠어? 각 사람이 소리치고 울부짖는 곳에서, 어느 누구도 "감사합니다!" "부탁해" "그거 정말 좋아" 등등을 말하지 않는 곳에서? 그건 마음 구석구석을 차갑게 하지. 난 어떤 시대를 추억해…, 도처에 장밋빛 단어들이 있고 마음속 여기저기에 빛이 있었던 때를. 사람들은 문을 잡아 주면서 서로에게 "감사합니다"를 말하고 "염소 똥"이라는 말은 하지 않았지. 아 그때가 좋았어.

그리고 태양과 작은 소년은 '장밋빛의 기간'에 대해 생각하면서 함께 한숨을 쉬기 시작했습니다.

— 넌 다시 돌아와야 해, 피에르가 강조했습니다.

— 난 시도하는 것은 찬성이야. 하지만 먼저 그 장밋빛 단어들을 지구에 뿌려야 해. 그러면 내가 돌아가는 것이 더 편해질 거야라고 태양이 투덜거렸습니다.

태양은 작은 소년에게 장밋빛 단어들의 비축품을 모두 주었습니다. "괜찮아" "정말 친절해" "부탁해" "난 널 아주 많이 사랑해" "나의 열렬한 사랑" "내 생의 사랑" "너 먼저" 등등. 작은 소년은 그것들을 자신의 주머니 속에, 입 속에, 모자 속에, 스카프 속에, 양말 속에, 여기저기에 넣었답니다! 그가 집어넣을 수 있는 만큼요.

소년은 다시 지구에 돌아와 그 말들을 닥치는 대로 나누어 주었습니다.

갑자기 교통이 혼잡한 곳에서 사람들이 작은 장밋빛 종이들을 펼치기 시작했습니다. "당신 먼저 가세요" "날씨가 좋네요, 그렇죠?" "자 가세요, 난 바쁘지 않아요…!"

운동장에서 다시 상냥한 웃음소리, "넌 내 가장 좋은 친구야" "물론이지, 넌 우리랑 함께 놀 수 있어, 기꺼이!"가 들렸습니다. 집에서 아이들은 다시 장밋빛 단어들을 말하기 시작했습니다. "고마워요, 엄마" "부탁해요" "미안하지만, 그건 생각하지 않았어요…." 기념일을 축하하기 위해 사람들은 즐겁게 노래 부르고 한 해의 마지막 날 만찬 때에는 다시 서로에게 행복과 건강을 기원하기 시작했습니다.

태양은 다시 빛나기 시작했고 매일 밤 장밋빛 구름 속으로 잠을 자러 갔습니다. 그리고 내가 여러분에게 맹세컨대 장밋빛 단어 상점의 상인들은 다시 번영하기 시작했답니다! 다른 특별한 상점들도 생겨났습니다. 미소 전문점, 행복을 뿜어내는 전문점, 공손함 전문점, 예절 전문점, 예의 전문점…. 그것은 마음속에 솜사탕 같은 것을 만들었습니다. 회색 단어들로 말하자면 수많은 행복 앞에서 그것들의 모든 회색의 털이난 발로 도망쳤습니다. 그리고 그것들 중의 하나는 자신의 코를 찔러 그렇게 오랫동안 있지 못했습니다….

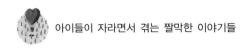

부모를 위한 조언

· · · · · · 예의와 예의범절 · · · · · ·

"아주머니한테 안녕하세요 해야지" "넌 예의에 맞은 말을 하지 않았어" "무례하게 하지 말아라…."

아이들은 종종 예의 바르게 행동하는 것을 잊는다…. 아이들이 인사를 하는 대신 자신의 신발을 바라보는 것이 부끄러워서일까? 그런데도 예의는 예절의 첫번째 행위이다. 다른 사람에 대한 존중을 나타내기 위해 꼭 필요한 것이다. 나를 위해 잡아 준 문을 잡으면서, "고마워요"라고 말하면서 우리는 타인에게 그곳에 그가 있음을 표현하는 것이다. 그것뿐이다.

그렇기 때문에 어떤 장소에서 출입문을 그냥 놔버리지 않고 늘 잡고 있어야 하는 것이다….

지나칠 정도로 예의를 나타내거나 그것에 얽매일 필요는 없다. 작은 것으로 행동하는 것이 더 낫다. "난 사람들이 네 소리를 잘 듣지 못한 것 같아" "넌 뭔가 잊지 않았니…?"

아이가 아주 잘 행동했다면 주저하지 말고 그에게 칭찬을 해야 한다(우리는 아주 종종 그렇게 하는 것을 잊는다!).

거친 말들에 대해 말하자면 아주 간단하다. 만일 아이들이 어른 앞에서 거친 말을 했다면 단단히 벌을 준다. 거친 말을 하지 못하게 하는 것은 소용없지만 그것의 사용에 제한을 두고 아주 명확한 어떤 경우에만 허용하도록 한다. 친구들 사이에서, 자신의 방에서 등등(똥

이 나오는 '굉장히 역겨운 왕자에 대한 짧은 이야기'를 읽도록 하라,
p.204).

키워드가 되는 문장

★ "네가 만일 항상 뾰로통하면 다른 사람들도 네게 미소 짓지 않
   을 거란다."
★ "서로 사랑하기 위해서 예의가 중요하단다. 사람들은 안녕하세
   요, 안녕히 가세요, 고마워요를 전혀 말하지 않는 무례한 아이
   들을 즐겁게 해주고 싶어하지 않는단다."
★ "미소는 전염된다. 네가 다른 사람에게 미소를 지으면 너도 네
   게 미소 짓는 사람을 보게 될 것이다."
★ 거친 말을 할 경우, "난 네 친구가 아니다. 그런 말은 네 친구들
   에게나 해야 된다."

굉장히 역겨운
왕자에 대한
짧은 이야기

옛날에 전혀 매력이 없는 왕자가 있었습니다. 그 왕자는 예의를 싫어했고 방을 잘 정돈하지 않았으며 지저분한 냄새가 났습니다. 왕자는 또한 친절하게 굴지도 않았고 부드러운 말과 상쾌한 좋은 기분도 싫어했습니다.

그로 데구탕(굉장히 역겨운)왕자는 그렇게 태어나지 못했습니다. 모든 것이 프루-프루(방귀쟁이) 요정의 잘못이었습니다. 왜냐하면 이 요정은 아주 너무 못돼서 왕자의 세례날 초대받지 못했기 때문입니다. 그렇지만 엄청나게 화가난 푸르-푸루 요정은 악취를 풍기고 머리를 풀어헤치고 무사마귀를 내보이며 왔습니다. 그리고 아기의 요람으로 다가갔습니다.

— 나의 귀여운 아기는 이제껏 본 적이 없는 가장 못된 왕자가 될 것이다! 왕자는 죽은 파리를 먹을 것이고 더러운 다리와 까만 손톱을 지니게 될 것이다. 자, 이루어졌다! 못된 요정은 겁먹은 모든 사람들 앞에서 크게 트림을 했습니다.

매일 아침마다 그로 데구탕왕자는 더러운 왼쪽 발을 올려 침대 시트로 코를 닦았고 이로 가득한 덥수룩한 머리를 조심스럽게 빗기는커녕 흔들어 댔습니다. 그리고 나서 왕자는 역한 생선내가 나는 물에 진흙을 넣고 오랫동안 목욕을 했습니다.

아침으로 상한 우유를 달라고 했고 죽은 파리잼을 바른 파이를 게걸스럽게 삼켰습니다. 그리고 햇빛에 45일 동안 부패한 치즈의 껍질을 몇 개씹어 먹었습니다.

식탁에서, 왕자는 금테가 둘러진 냅킨에 팔꿈치를 붙이고는 "우르륵 우르륵" 소리를 내면서 수프를 혀로 핥아먹었고 그 혐오스러운 음식물이 이 사이에서 돌아가고 다시 돌아가는 걸 모든 사람들이 볼 수 있을 정도로 입을 커다랗게 벌리고 씹어 먹었습니다.

아무도 그와 식사하고 싶어하지 않았고 왕자의 엄마나 아빠도 원하지 않았습니다. 그건 너무 역겨웠습니다. 역겨운 왕자에게 친구가 없을 거라고 생각하지 마세요! 반대로… 그는 친구가 수백만이나 됩니다! 빵 부스러기를 좋아하는 개미들의 종대, 불결함으로 인해 살이 통통한 파리들, 바퀴벌레들, 거미들, 진디들이 역겨운 왕자의 환호를 받으며 왕자의 방에서 춤을 추었습니다.

거칠고 역겨운 왕자는 아무것도 어느 누구도 존중하지 않았습니다.

가을이 되면 왕자는 맨발에 진흙 웅덩이를 뛰어다녔고 다른 사람들에게 흙탕물을 튀겼습니다. 한창 수업일 때 왕자는 모두들 앞에서 미안하다는 말이나 트림을 한다는 말도 없이 "끄윽-꺼억" 했습니다. 그는 다른 왕자들의 과자와 간식을 훔쳤습니다. 화장실의 변기에 버릴 것은 아무것도 없었죠(왜냐하면 그는 단지 개미와 전갈들이 먹는 과자만을 좋아했기 때문입니다).

그리고 나서 그는 걸걸하게 웃었습니다. 요컨대 그 왕자는 어느 누구도, 자신의 장난감도 타인들도 존중하지 않았습니다. 왕자는 너무 역겨워서 침 흘리는 커다란 두꺼비와 비슷해졌습니다.

왕자는 석 달 후에 여섯 살이 될 것입니다. 그리고 사람들은 왕자가 여섯 살 이후에는 고약한 운명에서 더 이상 벗어날 수 없다고 여기저기서 이야기합니다. 그렇기 때문에 왕비는 행동을 하기로 결심했습니다.

첫번째 시도

왕비는 왕자를 3일 동안 지하 독방에 가두었습니다. 거기서 왕자는 예전보다 더 더럽고 훨씬 더 행복한 상태로 나왔습니다. 왜냐하면 지하 독방에는 곰팡이가 가득했으니까요.

두번째 시도

왕비는 영국으로부터 예절 선생님들을 오게 했습니다. 그들은 왕자에게 예의범절을 가르치려고 시도했습니다. "식사를 받을 때는 꺼억 하지 않고 감사합니다라고 말하는 것입니다. 발은 식탁 위가 아니라 식탁 아래에 둡니다. 세균을 피하기 위해서 매일 목욕을 하고 파리잼보다는 딸기잼이 더 좋고 바퀴벌레와 두꺼비 친구보다는 왕자 친구들이 더 좋습니다."

그러나 그들이 역겨운 왕자가 더러운 발가락을 긁는 것을 보았을 때 그것이 얼마나 역겨운지 소리치며 떠나 버렸습니다.

세번째 시도

절망한 왕비는 비올레트 요정을 불렀습니다. 그 요정은 은밀한 속셈을 늘 갖고 있었고 아주 분명히 정말 기막힌 음험함을 풍겼습니다.

— 당신도 알다시피 나는 프루-프루 요정의 운명을 거스를 수가 없어요. 요정은 요정들의 마법책을 살펴보면서 한숨을 지었습니다. 하지만 난약간의 은밀한 속셈이 있죠.

종종 사랑의 진정한 입맞춤을 하면 가장 끔찍한 매력도 깨뜨려질 수 있다고들 말하죠, 미녀와 야수의 이야기를 보세요!

그리고 비올레트 요정은 그로 데구탕왕자가 길을 지나다가 마주치게 될 첫번째 공주에게 사랑에 빠지도록 주문을 걸면서 그로 데구탕왕자에게 좋은 운명을 알렸습니다.

말하자마자 이루어졌습니다. 다음 날이 되자마자 그로 데구탕왕자가 약간 괴로운 심정으로 커다란 한숨을 쉬며 성으로 들어왔습니다. 그는 학교에서 매력적인 공주를 만났고 키스를 하기 위해 쫓아다녔습니다…, 하지만 공주는 자신의 코를 막고 왕자를 '침 흘리는 커다란 두꺼비' 취급을 하면서 달아났습니다. 그로 데구탕왕자는 몹시 슬펐고 그래서 상한 우유와 죽은 파리잼을 먹으며 잊어버렸습니다.

— 내일부터 매력적인 왕자들의 학교로 갈 거예요. 왕자는 코를 흘리면서 말했습니다.

말하자마자 그대로 이루어졌습니다. 우리의 그로 데구탕은 우선 손가락으로 죽은 파리잼 먹기를 그만두고 은수저를 잡았습니다. 왕자는 "미안하지만"이라고 말하면서 묻는 법을 배웠고 "빨리 줘!"라고도 말하지 않았습니다. 그는 "대단히 감사합니다, 부인"이라고 말하면서 감사하는 것을 배웠고 "끄윽 꺼억" 소리도 내지 않았습니다. 자신에 대해 엄청난 노력을 한 대가로 그는 식탁에 팔꿈치를 올리고 "꺽, 후룩" 하지 않고 조용하게 아스파라거스 콩소메를 우아하고 맛있게 먹었습니다.

그가 성으로 돌아왔을 때, 완벽하게 변신한 상태였습니다.

그는 썩고 상한 냄새 나는 것들과 거칠고 역겨운 단어들을 싫어했습니다. 그는 파리잼 대신 무화과 마말레이드를 먹었고 깨끗한 냄새를 아주 좋아했습니다. 왕자는 파리, 개미, 구더기들을 없애게 했고 활짝 웃으며 엄마의 두 볼에 뽀뽀했습니다.

— 안녕하세요, 사랑하는 엄마…, 오늘 기분 어떠세요?

왕비는 눈에 눈물을 글썽거렸습니다. 왜냐하면 커다랗고 더러운 두꺼비가 매력적인 왕자로 변하는 것을 보는 일은 항상 감동적이니까요.

왕자는 아주 매력적으로 되었고 다른 사람들을 아주 기분 좋게 해서, 정말 분명히 섬세하고 민감한 후각을 지닌 금발의 예쁜 공주가 왕자에게 부드럽고 긴 눈썹이 달린 크고 부드러운 눈짓을 했습니다.

왕자는 지체없이 그 공주와 결혼했고 함께 여러 명의 작은 왕자들을 갖게 되었습니다. 어린 왕자들은 신선하고 맛있는 우유와 체리잼을 좋아했고 항상 "감사합니다, 부인" "안녕하세요, 부인"이라고 말했으며 등을 똑바로 세우고 발을 식탁 밑에 두고 식사했습니다. 왜냐하면 프루-프루 요정이 매력적인 왕자에게 사랑에 빠졌기 때문입니다! 그리고… 예상하지 못하겠지만… 그녀는 떠났습니다. 그녀 역시 청결학교에 등록했습니다. 그래서 그 요정은 세련되고 매력적인 요정이 되었고 더 이상 아무도 그녀에 대해 아무것도 두려워하지 않았습니다….

부모를 위한 조언
· · · · · · 위생, 예절 · · · · · ·

사회에서 살아가기 위해서 위생과 예의는 필수적이다. 사람들은 상스러운 사람처럼 욕을 하는 소년과 친구가 되고 싶어하지 않으며 식탁 위에 발을 놓는 아이를 식사에 초대하고 싶어하지도 않는다. 가족 간에도 마찬가지다. 때때로 한 번은 자기 방을 정돈하는 것은 필수적이고 그건 다른 사람을 존중한다는 표시이기도 하다. 여섯 살부터 아이들은 완벽하게 정돈을 할 줄 안다(유치원에서 아이들은 정리하는 요령도 교육받는다!). 아이들은 아무 어려움 없이 반죽하는 것을 돕는 것을 배워 집에서 '가사'를 돕는 일에 흥미를 갖게 된다. 하지만 아이들이 그들의 방에 '뒤죽박죽해 놓는 조그만 구석'을 간직하는 것을 허용하도록 한다. 왜냐하면 그것은 필요하기 때문이다.

그 나이에 아이는 병에 걸리지 않으려면 위생을 지켜야 한다는 것을 완벽하게 이해한다. 아이에게 식탁으로 가기 전에 손을 씻어야 세균을 삼키지 않게 된다고 설명해야 한다!

배설물에 관한 말들: 이런 말들은 아이들에게 금기를 위반하는 것이다. 그래서 오줌, 똥과 같은 말을 하며 즐거워한다.

요령 있게 반응하기

우리는 아이에게 몇 가지 경우에만 거친 말을 하도록 제한한다. 자기의 방에서, 친구들과 함께. 물론 어른 앞에서나 학교에서는 하지 않도록 한다⋯. 식탁에서는 덜 제한한다. 우리는 아이에게 너무 심하게 벌을 주지 않도록 한다. 혹은 "그것은 추잡해, 그건 더러워"라고 말하지 않도록 조심한다. 그렇게 하면 아이에게 강박관념장애 신드롬, 청결 강박 신드롬을 조장할 위험이 있다. 좋은 요령: 아이에게 '거친 말' '분노'에 대한 특별 노트를 제공하라. 그러면 아이는 그 노트에다 자신의 정신 상태를 기록하고 거친 말의 목록을 만들고 분노와 걱정을 서술할 것이다.

또한 아이로 하여금 자신의 상상력과 어휘력을 만화 타텡(프랑스 TV 만화)에 등장하는 아독 장군식으로 발전시키도록 격려한다. 그 것이 훨씬 더 창조적이다!

키워드가 되는 문장

★ "너는 친구의 방이 뒤죽박죽되어 있고 고약한 냄새가 난다면, 친구 집에 가고 싶겠니? 사회에서 다른 사람들과 함께 살기 위 해서는 깨끗해야 한단다."

★ "난 그것을 보기도… 듣기도 싫어…. 난 네 친구가 아니야!"

★ "넌 내가 아니라 네 친구들과 그것을 할 수 있어."

· · · · · · 상스럽고 무례한 어휘 소모음 · · · · · ·

★ …(아무 말 없는 무례함, 다음과 같이 하기): "정말 고마워요."

★ …: "안녕하세요, 부인, 아저씨, 아가씨."

★ …: "부탁해, 부탁합니다."

★ 가요: "안녕히 가세요."

★ 줘: "사랑하는 엄마, 내가 디저트/복숭아/감자튀김을 먹어도 될까요?"

★ 더 줘: "엄마 내가 감자튀김, 파이, 초콜릿을 더 먹어도 될까 요?"

★ 오늘은 토요일이야, 엄마 또 잊었군! 또 잊었어: "내가 용돈을 받을 수 있을까요?"

★ 와. 응: "응, 고마워."

★ 음 뭐: "고맙지만 괜찮아요."

★ 냠 냠: "오, 맛있네! 잘 먹을게요."

★ 뻑가네!: "고맙지만 괜찮아요. 난 그걸 전혀 좋아하지 않지만 날 생각해 주다니 정말 친절하네요."

★ 와우: "뭐 나한테는 상관없어요, 정말 고마워요" "아주 좋아하는 건 아니지만 내게 그걸 제안해 주다니 당신은 정말 친절하네요…."

★ 그만 됐다니까! (스톱 혹은 스토오오프! 난 배불러!!): "정말 감사합니다. 충분히 먹었습니다."

★ 더워: "오늘 정말 날씨 좋다!" 혹은 "태양이 빛나고 정말 기분이 좋다."

★ 날씨 꽝이군: "오늘 비가 와서 아쉽다."

★ 지겨워, 아무것도 못하겠어!: "잠깐 15분 정도 텔레비전을 봐도 될까요?"

★ 뭐, 안 된다고?: "오 어쩜 재밌는 생각이네! 솔직히 난 그걸 생각도 못했어. 생각해 보니 정말 재밌겠어."

★ 와, 짱이야!: "정말 좋은 생각이야, 정말 고마워!"

슬픔, 공포, 소심함

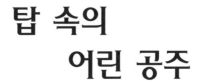

탑 속의
어린 공주

옛날에 어린 공주가 날이 화창하지도 않은데 더 자고 싶은 마음과는 달리 잠이 깨었습니다. 일어나자마자 공주는 눈꺼풀을 간질이는 눈물과, 회색빛 커다란 구름이 마음을 짓누르는 것을 느꼈습니다. 가장 심각한 것은 전혀 아무것도 바라지 않는다는 것입니다. 초콜릿조차도, 사탕조차도 인형조차도 바라지 않았습니다. 사탕을 사면 무엇에 소용이 있나요? 그건 충치를 생기게 하죠. 놀이를 하는 것은 무엇에 소용이 있나요? 인형들은 우리에게 아무것도 말하지 않습니다. 어쨌든 어느 날 모든 것이 사라질 것입니다. 태양, 바다, 그리고 나 역시 아마도….

엄청나게 웃어대던 공주는 여기저기를 좀 뛰어다녔고 모든 색을 삼키는 커다란 구름 아래 한 구석에 들어박혀 있었습니다. 성벽은 아주 검었고 작은 오수는 잿빛 고니 같았습니다. 모든 것이 녹색이고 검은 회색, 잿빛 녹색이었습니다.

공주는 왕궁에서 가장 높은 4556번째 층의 탑에 갇혀 있었고 무지무지 슬프고 짠 눈물을 몇 리터, 몇 데시리터, 몇 헥토리터 쏟아내기 시작했습니다. 공주의 눈물은 성스러웠습니다. 그 눈물들을 화장실에 버릴 수 없었습니다.

눈물을 닦아내는 하인들은 플라스크에 가득 담았고 왕궁의 한가운데 있는 소금물의 작은 늪에 눈물을 버렸습니다. 백조들은 죽을 정도로 슬플 때에만 그 늪에서 산책했습니다.

공주는 눈물을 그쳤을 때 한숨을 쉬기 시작했습니다. 그런데 그 한숨들이 구석에서 회색 양처럼 쌓이기 전에 그 한숨들을 청소해야 했습니다. 한숨을 치우는 청소부들은 한순간도 한숨을 쉬지 않고 밤낮으로 일했습니다. 그들은 한숨을 모으는 저장병을 만들고 덮개로 밀봉했습니다.

또한 마루판에 떨어지는 눈물에 달라붙는 암울한 생각을 쫓아내야 하고 바닥 깊이 붙어 있는 매우 알 수 없는 비밀을 떼어내고 근심을 몰아내야 합니다.

— 그런데 무슨 일이 있었니? 왕과 왕비가 물었습니다. 학교에서 공주가 친구, 애인, 선생과 다투었는가? 그게 우리의 잘못인가? 아니면 아주 단순히 공주가 성장하는 병을 앓는 것인가?

— 네, 아마도 성장하는 과정일 것입니다라고 왕비가 슬프게 대답했습니다.

손, 발, 눈물, 한숨을 치우는 하인들이 곤돌라를 타고 이 방에서 저 방으로 몰려들었습니다. 공주의 눈물은 마치 바닥에 있는 거울처럼 되었고 공주는 그 거울에 비친 자신의 근심을 관조했습니다.

— 맙소사, 난 정말 슬퍼!

공주의 슬픔은 점점 더 심해졌고 사람이 걱정이 있을 때 그리고 슬프다고 생각할 때 훨씬 더 슬퍼지는 것처럼 그렇게 되었습니다!

왕과 왕비는 모든 수단 방법을 동원했습니다. 사탕, 과자, 장난감, 제일 훌륭한 의사들, 줄타기 곡예사들, 왕의 어릿광대들, 어릿광대가 성문들을 얼마나 잘 뛰어넘는지 여러분은 알지 못할 거예요. 그들 중에서 아주 재능이 뛰어난 어릿광대가 아주 작은 미소를 끌어냈습니다. 12시간 동안 쇼를 한 후에 작은 웃음이 터져 나왔고 왕비는 대가로 어릿광대의 목에 정말 진귀한 보석을 걸어 주었습니다.

하지만 왕궁은 곧 슬픔으로 다시 빠져들었습니다. 사람들은 어린 공주가 저주를 받았다고 생각하여 모든 최면술사들을 불러들였습니다. 최면술사들은 마늘을 흔들어 댔고 양파를 날것으로 먹었으며 포도주를 마시고 소리쳤습니다. "내가 말하노니, 걱정아 사라져라! 자 어서, 슬픔이여!" 하지만 그것들은 없어지지 않았습니다.

100년이 더 지난 듯한(왜냐하면 슬플 때 시간은 천천히 흐르기 때문이죠) 화창한 어느 날, 어린 공주는 깃털 같은 마음으로 잠에서 깨었습니다. 햇살이 두꺼운 커튼을 통과하고 갑자기 봄이 되었습니다. 어린 공주는 이렇게 태양을 느끼면서 웃음을 터뜨렸습니다.

손, 발, 눈물을 닦는 하인들은 소스라치게 놀라 잠에서 깨어났습니다. 공주의 유모가 곤돌라를 타고 도착했습니다. 왜냐하면 전날 어린 공주는 여전히 많이 울었기 때문입니다.

— 야! 나 여기 있어! 공주는 깡충깡충 뛰면서 말했습니다. 자 모두 와서 내 머리를 손질해 주고 옷입혀 주고 물감도 줘. 난 장밋빛이 좋아! 붉은색! 노란색!

공주는 옷을 입고 왕궁을 산책하기로 했습니다. 공주는 4556층에서 미끄러 떨어졌습니다. 왜냐하면 그녀는 발로 마늘을 밟았기 때문입니다.

공주는 밖으로 나와 초록풀잎, 장미 덤불을 보았습니다. 장미꽃들은 공주가 보는 것을 너무 기뻐하며 활짝 피었습니다.

공주는 멀리서, 아주 멀리서 눈을 가느다랗게 뜨고서 두 개의 쌍둥이 탑과 잿빛 호수를 보게 되었습니다. 그리고 공주는 가슴이 아팠습니다. "이게 뭐지" 성의 관리인에게 첫번째 탑을 가리켰습니다.

— 이것은 우리들을 가두는 슬픈 한숨들입니다.

그리고 공주는 다른 탑과 작은 호수를 보았습니다.

— 그럼 이건, 이건 뭐지?

— 그것은 석회와 같은 어두운 생각들과 공주님이 흘린 눈물의 늪입니다.

— 정말 아름다워!라고 공주는 말했습니다.

바로 그날 아침, 사람들이 일어나 공주가 아주 활짝 미소 짓는 것을 보았을 때, 왕비는 기쁨의 거대한 탄성을 질렀습니다. 왜냐하면 엄마들이란 아이들이 슬프면 자신도 슬프기 때문입니다. 공주는 아주 많이 성장했고 그래서 오직 자신을 위한 작은 집을 지어 달라고 요청했습니다.

처음으로 공주는 바람을 표현한 것입니다. 즉시 한숨을 수집하는 하인들이 일하기 시작했습니다. 몇 개의 한숨을 가지고 사람들은 장밋빛과 회색의 예쁜 침대를 만들었고 높은 탑에서 검은색과 장밋빛의 생각들을 몇 가지 가져와 벽을 세웠고 몇 가지 비밀들로 바닥을 만들었습니다.

그것은 기쁨과 슬픔으로 만든 공주의 진짜 집이었습니다. 인생이 그렇듯 말이죠. 왕과 왕비는 자신들의 아이가 성장했다는 것을 깨달았습니다.

— 공주가 그녀의 리듬에 따라 성장하도록 나둡시다라고 왕비가 속삭였습니다.

이렇게 하여 어린 공주는 계속해서 성장하고 자라 멈춤없이 커갔습니다, 때때로 물론 공주의 머릿속에는 아직도 검은색 생각의 단편이 작은 개미처럼 기어다녔습니다. 그리고 왔던 것처럼 다시 떠나가게 되었습니다.

— 그건 소녀의 비밀이란다라고 왕비가 속삭였습니다. 그건 대단한 게 아니야, 내 귀여운 아가, 오 이제… 끝이야.

부모를 위한 조언
· · · · · · 의기소침한 아이들 · · · · · ·

전문가들에 의하면, 아이들이 점점 더 일찍 의기소침해질 것이라고 한다. 때로는 여섯 살−일곱 살 때조차도 소년들 사이에서 주로 나타난다는 것이다.

대부분의 경우 그것은 심각한 우울증이 아니라 내성적이라는 표시다. 이런 징후들은 이사를 하거나 가족 사이에 아기가 태어나거나 이혼을 하거나 부부 간의 갈등이 있은 후에 불시에 나타날 수 있다….

진짜 우울증을 어떻게 간파할 것인가?

아이가 고립되고 자기 방에 틀어박혀 있고(탑에 있듯이) 생일 음식을 맛보기를 거절하고 더 이상 놀고 싶어하지 않고 텔레비전조차 보고 싶어하지 않는다. 이러한 유희의 결여는 매우 중요한 증상이다.

아이가 또래의 아이들과 관계를 맺는 데 어려움을 갖는 것도 마찬가지이다.

아이가 피곤하고──비타민을 요청한다──녹초가 된다. 왜냐하면 아이가 자신의 에너지의 상당 부분을 자신의 우울함을 '관리하는' 데 할애했기 때문이다.

틱 증상: 발작적인 기침, 눈을 깜빡거리기, 반복적인 손동작, 말더듬기 혹은 편집증.

지속적인 극도의 공포.

졸음과 음식 섭취의 문제: 식욕 상실, 병적인 허기증….

학업의 결과: 학업 결과가 상당히 하락할 수 있다.

결국, 전문가들에 의하면 아이들의 우울증은 우리가 생각하는 것보다 훨씬 더 종종 유전적 요인에 관련된다.

어떻게 관리할까?

아이들을 위한 전문적인 심리학자와 상의해 심리요법을 통해 관리한다. 증상을 가중시킬 뿐인 '어린애와 같은' 행동과 과보호를 피한다(아이는 '내가 무능하고 아기이고 쓸모없구나'라고 생각할 것이다).

심각한 증상일 때는 주저하지 말고 강장제와 같은 의사의 약을 받아들여야 한다.

아이에게 자신을 그림, 연극 수업, 운동, 음악 등을 통해서 아이가 마음에 들어하는 모든 것으로(물론, 강제하지 않아야 한다) 표현할 수 있게끔 한다.

키워드가 되는 문장

★ "난 항상 네 이야기를 듣기 위해 여기 있을 거란다. 너에게 말
   하도록 강요하지 않을 거야. 하지만 네가 말하고 싶다면 주저
   하지 말아라."

★ "너도 알다시피, 난 네가 슬퍼하고 있고 네 슬픔이 병이라고 생
   각해. 병에는 그에 맞는 치료제가 있단다. 네가 함께 이야기를
   나눌 수 있는 의사선생님들이 있고 그분들이 널 보살펴 주실 거
   란다."

행복을 가르쳐 준 장난꾸러기 선생 뤼뤼

바로 그날 아침도 마르탱은 다른 여느 날처럼 아주아주 기분이 좋지 않은 상태로 잠이 깼습니다. 마르탱은 항상 기분이 좋지 않습니다. 그건 미소 짓는 엄마, 친절한 아빠, 아름다운 집을 갖지 못했기 때문이 아니었습니다. 행복하기 위해 필요한 모든 것을 갖지 못했기 때문이 아닙니다.

— 안녕, 내 귀여운 아기!라고 엄마가 말했습니다.

태양빛이 한가득 방 안을 비추었습니다.

— 으윽, 안녕이라고 말하는 대신 마르탱이 으윽했습니다.

— 오늘 날씨 좋다. 반바지를 입어도 되겠어라고 엄마가 친절하게 말했습니다.

— 날씨가 좋아도 난 좋지 않아요. 마르탱이 투덜거리며 말했습니다. 날씨가 좋을 때는 너무 더워요!

엄마가 한숨을 지었습니다. 그는 왜 저렇게 불평하는 악마가 되었을까?

하지만 바로 그날 아침, 마르탱의 생활에 몇 가지 변화가 생겼습니다. 마르탱은 잠옷 윗도리를 벗으면서 주머니에서 뭔가를 느꼈습니다…. 겁에 질린 그가 윗도리를 흔들었습니다.

— 아야! 아야! 아야! 바닥에서 작고 귀여운 목소리가 들렸습니다. 마르탱은 눈을 크게 떴습니다…. 마르탱 앞에서 결코 지구에서 생겨나지 않은 아주 작은 장난꾸러기가 움직였습니다. 작은 장난꾸러기는 얼굴을 찌푸

리면서 아주 작은 왼쪽 발을 문질렀습니다.

— 너 거기서 뭐해? 마르탱이 물었습니다.

— 넌 전혀 예의가 없구나. 넌 바로 내가 아프지 않은지 물어봤어야 해, 안 그래? 난 왼쪽 발이 부러진 거 같아.

— 그래서? 마르탱은 팔짱을 끼고 말했습니다.

아주 작고 귀여운 장난꾸러기는 아주 작은 손을 내밀었습니다.

— 장난꾸러기 릴뤼야라고 장난꾸러기가 아주 엄숙한 어조로 말했습니다. 네게 봉사할 행복의 선생님이지.

— 행복의 선생님? 그래서 또 뭐라는 거야?라고 마르탱은 고약하게 웃음을 터뜨리며 말했습니다. 왜 부드러움, 예절의 선생님은 아니고?

— 넌 수없이 실망했구나라고 릴뤼가 작은 목소리로 말했습니다. 난 동시에 그 모두이기도 하지. 난 친절함, 예절, 미소, 삶의 욕망에 대해 교육하거든. 이제 네가 내 다리를 치료해 주고 학교에 데려가 주겠니?

마르탱은 억지로 다리에 댈 부목을 만들기 위해 판지, 작은 나뭇조각, 붕대를 찾으러 갔습니다. 그러고 나서 마르탱은 릴뤼를 윗옷주머니에 슬쩍 넣으며 말했습니다.

— 사람들은 전혀 모르겠지…, 내가 아마도 평소보다는 아마 조금 덜 지루할 거라는 걸!

학교로 가는 도중에 작은 장난꾸러기 릴뤼는 작은 머리를 오주머니 밖으로 내밀었습니다.

— 마르탱! 눈을 들어 경치를 좀 보렴! 넌 땅바닥만 보네…, 개똥만 보일 텐데!

— 그래서? 마르탱은 건방진 말투로 말했습니다. 무슨 일이 벌어지는지 난 관심없어.

― 네가 감옥에 있는 듯이 머리를 처박고 있는 게 놀라울 건 없지! 행복의 장난꾸러기가 한숨을 지었습니다. 네 주위를 둘러봐! 이 과일들의 진열대를 봐! 이 딸기들을 봐! 그 광경은 네게 신비의 집을 만들어 줄 거야. 내가 부자라면 난 이런 것과 같은 딸기를 살 거고 그걸로 내가 지낼 별장을 만들 거야. 장밋빛의 물방울 무늬가 있는 흰색의 작은 커튼이 달린 별장을.

'완전히 머리가 돌았군' 이라고 마르탱은 생각했습니다. 하지만 릴뤼는 계속해서 감탄했습니다.

"오, 이 소녀를 봐…! 정말 아름다워! 이 소녀는 《천일야화》에서 나왔나 봐. 저 소녀에게 왕관을 씌워봐. 그녀는 진짜 공주가 될 거야.

마르탱은 처음으로 릴뤼가 진실을 말한다고 생각했습니다. 장난꾸러기의 눈으로 그녀를 잘 보니 그 소녀는 동화에서 나온 것 같았습니다.

― 오, 저 앤 굉장해!라고 다시 릴뤼가 말했습니다.

― 그래서 뭐? 마르탱은 눈을 들어 보면서 탐욕스럽게 물었습니다. 뭐가 보이는 데, 릴뤼?

― 아 그래 저 사람은 메르뤼 씨, 생선가게 주인이야!라고 릴뤼가 작고 날카로운 목소리로 말했습니다. 그가 자전거를 타고 가, 봐! 그는 물고기들을 잡으러 가는 거야.

― 그게 어딘데?

― 센 강가, 루아르 강가, 대서양에서… 어디면 어때?

― 그래, 마르탱이 인정했습니다. 어디인가를 아는 것은 그렇게 중요하지 않지. 재미있는 건, 낚시하는 것을 상상하는 거야.

학교에서 릴뤼는 계속해서 놀랐습니다. 산수 시간에 릴뤼는 주머니에서 밖으로 뛰어나왔습니다.

― 이런! 모든 게 숫자네! 모든 게 어렵군! 이 모든 걸 끝없이 계산해야 하다니!

역사 시간에 릴뤼는 편하게 숨을 쉴 수 있었습니다.

― 온통 역사이야기군…. 그가 장난꾸러기의 작은 목소리로 속삭였습니다. 왕가의 역사, 제국의 역사….

하지만 그가 좋아한 것은 지리수업이었습니다.

― 이 모든 바다들! 이 대양들! 이 모든 섬들, 우리가 알지 못하고 상상하지 못하는 이 장소들, 지도를 바라볼 수밖에, 지리지도, 그건 꿈같군!

이 모든 게 진짜 사실 같았습니다! 마르탱은 이 꼬마 신사에 대한 것이 사실이라고 생각하기 시작했고 학교에서 일어나는 것을 관심 있게 귀기울이기 시작했습니다.

― 너 어디로 가고 싶어, 마르탱?

― 나, 폴리네시아로 가고 싶어라고 마르탱이 대답했습니다. 왜냐하면 바다가 따뜻하고 갖가지 색의 물고기들이 있기 때문이지.

그가 학교에서 16시 30분에 출발할 때 주머니 속의 장난꾸러기를 눈을 치켜뜨고 보았습니다. 그는 결국 삶이란 꿈과 여러 가지 색깔로 가득하다고 생각했습니다.

― 너도 알지라면서 릴뤼가 그에게 말했습니다. 우리가 머릿속에 갖고 있는 것을 간단히 변화시키면 돼. 만일 우리가 "난 학교에서 지루해"라고 생각하면 1년 내내 지루할 거야. 하지만 "학교에서 먼 나라들에 대해 재미있는 이야기를 해줄 거야"라고 생각하면 그건 다른 거지.

공기는 나무딸기 내음을 풍겼고 릴뤼는 계속해서 말을 했습니다.

― 너 알아?라고 릴뤼가 다시 말했습니다. 내가 네 엄마 같은 엄마가 있

다면 난 단 한 가지를 바랄 거야, 내 뺨을 엄마 뺨에 대고 엄마의 냄새를 느끼는 거…, 그건 정말 향기롭고, 아주 따뜻하지, 엄마들은! 생각만 해도 너무나 행복하게 해.

그리고 릴뤼의 목소리는 더욱 심각해졌습니다.

— 난, 전에, 예전에 엄마가 있었어…, 그리고 이제 내가 엄마의 냄새를 맡을 수 있다면 모든 걸 줄 텐데…, 하지만 너무 늦었어.

마르탱은 릴뤼의 엄마와 그 엄마의 사라짐이 장난꾸러기 릴뤼의 이야기의 상당 부분을 차지한다는 것을 깨달았고 어떤 대가를 치르고도 행복해지고 싶어하는 바람이라는 것을 알았습니다.

그날 저녁 마르탱은 엄마를 꽉 안았고 엄마의 향기를 듬뿍 맡았습니다. 엄마도 그를 훨씬 더 강하게 안아 주었습니다.

— 난 네가 아주 많이 좋아지고 있다는 걸 느낀단다, 마르탱. 난 정말 기쁘다.

— 당연하죠!라고 마르탱이 웃었습니다. 난 좋은 요정과 함께 있거든요. 작은 장난꾸러기가 내게 행복을 가르쳐 줘요.

엄마가 미소 짓고는 잘자라고 말했습니다.

다음 날 마르탱이 눈을 뜨자마자 손을 주머니에 넣어 릴뤼를 찾아보았습니다. 전혀 아무것도 없었습니다. 그는 전날처럼 장난꾸러기가 투덜거리는 소리를 듣기를 기대하며 윗옷을 세게 흔들었습니다. 하지만 떨어진 것은 흰색의 네모난 작은 종이였습니다. 그가 펼쳐보았습니다.

"내 윈발이 다 나았어라고 릴뤼가 썼습니다. 그리고 난 간다. 난 네 발도 좋아질 거라고 기대해. 난 네가 행복한 삶을 살기 바란다. 자그마한 행복으로 가득한 삶을."

마르탱은 울음을 참았습니다. 결국 마르탱은 슬프지도 화가 나지도 않았습니다. 그는 단지 이렇게 생각했습니다.

"내가 그를 만난 건 정말 행운이지. 내가 결코 만난 적이 없는 제일 좋은 행복의 선생님이야."

이렇게 해서 마르탱의 생활은 모든 것이 바뀌었습니다. 그가 어른이 되었을 때, 《천일야화》의 공주와 결혼했습니다. 그는 먼 곳으로 오랫동안 여행을 했습니다. 미지의, 지도상에서만 보았던 나라들을 발견했습니다. 폴리네시아와 같은 나라를요. 그래서 그는 항상 상상할 수 없을 만큼의 행복을 누렸습니다.

때때로 오아시스 앞에서, 모래언덕 앞에서, 꿈을 향해 도망치는 다양한 색깔의 작은 물고기떼 앞에서 그는 장난꾸러기 릴뤼를 생각했습니다.

하지만 사실, 그는 어느 곳엔가, 거대한 딸기 속이나 아라비아 사막에서 릴뤼가 철학자의 신중한 시선으로 그를 보고 중얼거리고 있다는 것을 잘 알았습니다.

"브라보, 마르탱! 난 네가 자랑스러워! 넌 좋아졌구나!"

부모를 위한 조언
· · · · · · 행복하기, 불행하기 · · · · · ·

사람들은 대개 명확한 이유로 슬퍼한다(부모들의 다툼, 나쁜 성적
…). 그것은 약간 목이 아픈 것과 비슷하다. 그렇지만 어떤 사람들은

마치 그들에게 세상에서 가장 나쁜 불행이 생기기나 한듯이 늘 슬프고 늘 '불평한다.' 그들에게는 결코 아무것도 아름답지 않다. 그들은 반쯤 빈 병(반쯤 가득 차 있는 병이 아니라)만을 볼 뿐이다. 그들은 매일의 작은 행복을 보지 않는다(그것이 마르탱의 경우이다). 왜냐하면 단지 '커다란 행복'과 굉장한 놀라움(크리스마스, 친구들 집에서의 축제, 생일…)만 있다고 생각하기 때문이다. 일상의 작은 행복들도 있다(과자의 달콤한 냄새 느끼기, 가족끼리 디즈니 비디오 보기, 엄마와 토론하기…). 우리가 눈을 뜨고 보지 않는다면 행복은 보이지 않을 것이다.

욕망을 갖는 것이 중요하다. 무엇인가에 바람을 갖는 것, 그것이 삶에 대한 욕구를 준다. 휴가를 떠나고 싶다는 욕망, 학교에서 성공하고 싶다는 바람, 유도수업에 가고 싶다는 욕망…. 그것들은 일상을 활기 있게 하는 작고 무수한 욕망들이다. 그리고 그것은 작은 장난꾸러기 릴뤼의 교훈이다.

하지만 사람이 자신에 대해 너무 커다란 욕망을 가질 때, 그러므로 비현실적인 욕망일 경우 불행해진다.

마르탱이 이렇게 생각했다면 아주 불행했을 것이다. '내가 바라는 것은 용돈으로 500유로를 갖는 것이고 내 친구처럼 되는 것이고 중세시대에서 사는 것….'

키워드가 되는 문장

★ "만약 네가 행복해지려고 노력하지 않는다면 아무도 네 대신 그렇게 할 수 없다."

★ "긍정적이 되도록 해. 병이 반쯤 비었다고 생각하지 말고 반쯤

가득 차 있다고 항상 생각하려고 노력해.”

★ “불행을 행복과 바꿔. 아주 간단한 훈련이지. 예를 들어 만일 네
가 이사를 한다면, ‘그건 끔찍해, 난 학교도 전학하고 모두 낯선
사람들일 거야’ 라고 생각하는 대신 ‘멋져, 난 새로운 친구를 많
이 사귀게 될 거야!’ 라고 말해.”

화장실 변기에
빠질까 봐 두려운
로지타

'작은 장미'라는 뜻의 로지타는 자신이 아주 작고 아주 멍청해서 없어지게 될까 봐 두려웠습니다. 아이들도 마찬가지입니다. 때때로 아이들은 자신이 많이 컸다고 생각하고 벌써부터 왕관을 쓰고 싶어합니다. 하지만 때때로 아이들은 침대 밑의 한 구석에 있는 먼지처럼 아주 작고 보잘것없다고 느낍니다. 그것은 아마도 아이들이 사실, 그들이 큰지 혹은 작은지를 잘 알지 못하기 때문일 것입니다. 그리고 아마도 알기 어려울 것입니다.

로지타는 자신이 겁을 먹는 게 조금 창피했지만 창피하다고 겁이 사라지는 게 아니라 그 반대였습니다. 로지타는 결코 그 두려움에 대해 말하지 않았지만 겁이 나서 죽을 지경이었습니다. 그녀는 바람이 좀 세게 불때면 폭우나 태풍 속으로 없어지게 될까 봐 두려웠고 날아가 버릴까 봐 끔찍하게 겁이 났습니다. 그녀가 화장실에서 쉬를 할 때, 이미 다섯 살일지라도, 화장실의 변기 구멍으로 빠져 다시 올라오지 못할까 봐 겁이 났습니다. 그녀는 청소기와 빗자루조차 두려워했습니다! 끝으로 그녀가 작은 침대에서 잠을 잘 때, 깃털 이불, 베개밑으로 사라지게 될까 봐 두려웠고 다음 날 아침 다시 돌아오지 못할까 봐 겁이 났습니다. 그녀의 공포는 그녀 역시 커질 때 점점 더 커지고 커졌습니다. 로지타는 어른들 앞에서도 역시 자신이 아주 작은 존재라고 느꼈습니다. 그녀가 눈을 떴을 때, 커다란 다리, 끝이 보이지 않는 바지, 여객선 같은 거대한 발, 특히 그녀 쪽으로 기울이는 머리와 그녀를 집어삼킬 듯하고 마치 이렇게 말하는 듯한 눈을 보았습니다. "맙소사… 이 아이는 어쩜 이렇게 작을까!"

그녀의 겁이 증폭된 어느 날, 그래서 로지타는 외출하기를 아주 거부했습니다. 비가 올 때면 로지타는 자기 방에 숨었습니다. 천둥이 칠 때는 벼락을 맞아 재로 변하게 될까 겁을 냈고 날씨가 좋을 때는 타 버릴까 두려워했습니다….

그녀의 부모는 난감해했습니다. 이렇게 겁이 많아서 어떻게 하지? 그들은 로지타에게 보호대가 달린 아주 작은 침대를 사주었고 그것은 로지타를 안심시켜 주었습니다. 그녀에게 아주 작은 단지를 사주었고, 그녀는 쉬가 마려울 때 화장실로 달려가지 않고 거기에 쉬를 했습니다. 그들은 그녀에게 어린아기들의 이야기를 읽어 주었고 아주 작은 젖병을 주었으며 그것 때문에 그녀는 질식할 위험이 없었습니다. 하지만 이 모든 것은 상황을 정말로 정돈하는 게 아니라 정반대였습니다. 왜냐하면 로지타는 자신이 훨씬 더 작다고 느꼈기 때문입니다!

어느 날 저녁, 이제 더 이상 어떻게 해야 할지 몰라 하던 로지타의 엄마가 그녀의 손을 부드럽게 잡고 미뉘스 미뉘스퀼르의 이야기를 해주기로 결심했습니다.

— 내가 녀에게 수백 수억 년 전에 지구에 살았던 아주 작은 사람들의 이야기를 해줄게. 그 사람들은 개미보다 더 크지 않았단다.

그리고 로지타의 깜짝 놀란 눈을 바라보며 말했습니다.

— 아니, 실은 아주아주 약간 더 컸지. 아마도 생쥐만 했을 거야…. 그

사람들은 너무 작아서 호두껍질 속에서 잠을 잤고 장미꽃잎을 덮고 잤단다. 그들은 아주 잘 익은 오디와 빵조각과 그들의 목마름에 충분한 물방울로 식사를 했단다. 문제는 그들이 모든 것에 대해 두려워했다는 것이지. 작은 바람에 그들은 옆쪽으로 밀려갔지. 그들은 그걸 이용해 바람이 부는 방향으로 여행을 했지. 하지만 광풍이 불 때부터 가족은 오른쪽, 왼쪽으로 나뉘게 되었어.

— 끔찍해요라고 로지타가 중얼거렸습니다.

— 그래, 하지만 그들은 반대 바람 덕택에 서로 다시 만나게 되었단다. 그리고 각자가 자신이 겪은 위험을 이야기했단다.

— 그럼 물방울은요? 미뉘스 가족들이 물방울에 빠져 없어질 텐데.

— 사실은 그렇지 않단다라고 엄마가 말했습니다. 사실상 한두 방울이면 그들이 간단히 샤워를 하는 데 충분했거든. 하지만 삶은 그렇게 이상한 게 아니란다. 그래서 그들은 위대하고 거대하고 능력 있는 신들에게 기도를 했단다. "우리는 이렇게 지낼 수 없어요"라고 모든 작은 사람들이 말했지. "우리를 꼭 더 강하게 해주세요. 그렇지 않으면 우리는 작은 바람에도 사라지게 될 거예요. 우리는 15, 20, 30… 이 되어야 해요. 아니 1미터 이상 더 크게 해주세요." 신들은 몰래 심사숙고했지. 즉 신들은 함께 모여 차 한 잔을 나누며 토론을 한 거란다. 왜냐하면 신들은 인간들을 매우, 매우 좋아했기 때문이지.

토론 끝에 해결책을 찾았단다. 미뉘스 미뉘스퀼르 가족들은 커지게 되었지만 즉시 커진 건 아니지. 신들은 그들의 주머니에서 은으로 된 부적을 꺼냈어. "너희들이 커지기를 기다리면서, 너희들이 작은 상태로 있는 동안 항상 너희들을 보호해 줄 이 작은 신비의 하트를 갖도록 해라. 어느 날 너희들은 키가 커졌다는 것을 알게 될 것이다. 그러니 이제 아무것도 두려워하지 않아도 된다"라고 보호의 신(사랑의 신이었던)이 말했단다.

작은 사람들은 은으로 정교하게 만들어진 커다란 하트를 그들의 가슴에 대고 간직했단다. 그 은으로 된 하트는 신비로운 게 아니었어, 신들은 그걸 잘 알고 있었지. 하지만 그것은 신들의 신뢰와 사랑으로 가득한 것이었단다. 야릇하게도 그날부터 사람들은 예전보다 더 커지지 않았지만 비가 오거나 바람이나 큰 소리에도 두려워하지 않고 행복해했단다. 그들은 보호의 신이 그들에게 해준 말로 충분했던 거지. 그 신은 조금은 모든 사람들의 아버지처럼 안전함을 느끼게 해준 것이란다.

몇 세대가 흐른 후 사람들은 아주 키가 커지기 시작했고 그래서 더 이상 아무것도 두렵지 않았단다.

— 그렇게 해서 미뉴스 미뉴스퀼르 가족의 이야기가 끝난다라고 엄마가 말했습니다. 오늘날 우리는 살아가면서 키가 커졌는데도, 우리의 조상처럼, 생쥐들같이 작다고 느끼지. 하지만 아주 확실히 우리를 보호하는 신들에 대해서 생각한다면 벼락도 두려워할 필요가 없는 거란다.

그리고 엄마는 로지타의 손에, 예쁜 줄이 달린 은으로 만든 작은 하트를 주었습니다. 그리고 속삭였습니다. 왜냐하면 로지타가 잠들었거든요.

— 이걸 네 가슴에 간직하렴, 네게 도움이 될 거야, 네가 다 성장할 때까지.

부모를 위한 조언
····· 아이들은 왜 자신이 해를 입을 거라고 느낄까? ·····

모든 아이들은 엄지공주, 미키 마우스나 밤비와 같은 측면이 있다. 어른들의 세계에 놓여 하루 종일 복종하게 되고 변화되는 세계를 경험하게 된다면 아이들이 자신을 정말 아주 작고 약하다고 느끼지 않겠는가?

아이들 중에서 다른 아이들보다 더 잘 울고 더 내성적인 아이들이 있다…. 네 살 때 아이들은 미끄럼틀을 피하고 스키를 싫어하고 키가 큰 말을 타기를 꺼린다 등등. 아마도 그들은 '정서적인 안정감'을 주었던 때를 그리워하는 것이다. 정서적 안정감은 최초의 순간에 형성되는 것으로 이것이 잘 형성되면 아이들은 엄마의 품에서 멀어질 수 있게 된다.

어떻게 아이에게 자신에 대한 신뢰감을 줄 것인가?

하루 종일 아이에게 끔찍한 일면을 끊임없이 반복해서 가르치는 것을 피한다. "너는 (넘어지는 걸, 길을 잃는 걸, 지각하는 걸…) 주의해야 한다." 가정적인 문장을 사용하는 것이 더 낫다. "~하는 게 더 나을 거야" 혹은 "그렇게 하지 않도록 주의해라…." 간섭하고 싶지 않다면 즉 "난 네가 할 수 있을지 의문스럽다" 등.

아이 대신 하려고 하지 말라.

아이의 행동을 비난하지 말라. 만일 아이를 울보로, 다음과 같은 식으로 다룬다면 "오, 바로 그건, 털끝만큼도 용기가 아니란다" 등 등, 아이는 내성적인 상태가 될 것이고 공포에 대한 반응도 계속될 것이다.

쉼없이 아이를 칭찬하라. 3개월 때 아이가 딸랑이를 잡을 때, 11개월에 아이가 나무 블록을 가지고 놀 때, 두 살 반에 아이가 혼자서 옷을 입을 때, 집에서 좋은 성적을 받을 때….

자율적으로 길을 가도록 도우라. 아이에게 전화번호, 집주소를 알려 주고 전화번호를 암기하도록 제안한다 등등. 대여섯 살 때부터 수영하는 것을 가르치고, 성장하면서 어른들의 세계에서 강하다고 느끼고 책임감을 느끼도록 돕기 위해 할 수 있는 모든 것을 한다.

키워드가 되는 문장

★ "너는 그것을 할 수 있어, 난 알고 있단다."
★ "난 널 믿는다."

내성적인 작은
마법사 해리

마법사 해리는 몹시 내성적입니다. 그는 눈을 바닥에 고정시키고 걷습니다. 그리고 누군가 그에게 말을 걸 때는 들꽃처럼 얼굴이 붉어집니다. 마법사로서는 좀 우스꽝스러운 거죠…. 해리만큼 부끄러움을 타는 아이가 없을 정도였습니다. 학교에서 마법사 선생님이 칠판 앞으로 그를 불렀을 때 그는 분필조각이나 잉크병으로 자신을 변형시켰습니다. 단지 주목받지 않기 위해서였죠. 해리의 부모님들이 식사에 친구들을 초대했을 때, 해리는 티백으로, 설탕조각 혹은 작은 은수저로 변신했습니다. 그리고 그의 부모님들이 그의 요술을 알고 거실로 달려가, 방의 전등, 부엌 찬장, 칫솔을 살펴보았습니다.

— 해리, 너 이리 오는 게 좋을 거야!

그리고 부모님들은 이렇게 손님들에게 말을 했습니다.

— 해리가 수줍음을 타서요…. 그 애는 너무 수줍어해서 어떻게 해야 좋을지 모르겠어요!

꼬마 마법사의 수줍음이 언제부터 시작되었는지 말하기 위해 어느 시기로 거슬러 가야 할지 모르겠네요. 아마도 그렇게 태어나지는 않았을 것입니다. 왜냐하면 어떤 아이도 수줍어하며 태어나지 않으니까요! 그 애는 처음에 단지 조심성이 있었던 걸까요? 게다가 이렇게 말하는 것을 듣기도 하니까요, "오 이 애 좀 봐요, 들꽃처럼 아이가 얼굴을 붉히네요" 혹은 "오, 너 어쩜 그렇게 내성적이니!" 아 그건 어긋나지 않았습니다. 그는 정말 내성적이 되었어요, 그것은 확실합니다.

해리가 매일 아침 거울 속의 자신을 바라볼 때 그 말이 메아리처럼 자기 자신에게로 울립니다. "내성적이야— 내성적이야— 내성적이야." 해리에게는 그것만이 들립니다….

뭐가 중요해!라고 당신은 생각하겠죠, 내성적이 되는 것은 그리 심각하지 않습니다…, 물건을 훔치는 것보다 심각하지 않죠, 그래요, 하지만…
마법사들의 학교에서 수줍음은 심각한 결점입니다, 마법을 실행하기 위해서 최소한의 뻔뻔함이 필요하거든요, 몰래 웃는 게 아니라 큰 소리로 웃어야 합니다, 다른 사람들을 아랑곳하지 않는 커다란 검은눈으로 쳐다보아야 합니다, 우렁찬 목소리로 "아브라카다브라"라고 말해야 하고 손을 떨지 않고 지팡이를 쥐어야 하고 특히 개양귀비꽃처럼 붉어지지 않아야 합니다!

해리의 부모는 집에서 뭘 해야 할지 몰랐습니다, 왜냐하면 마법사의 나라에서조차 사람의 성격을 지팡이 한 방으로 고치기는 불가능하기 때문입니다.
— 자, 얘야! 엄마가 말했습니다. 다른 사람들을 본받으렴! 해리 포터는 결코 티백으로 자신을 변형시키지 않아! 그리고 메를린 앙상테는 아무것도 아닌 일로 얼굴을 붉히지 않아!

마법사의 학교에서 해리는 '마술에 대한 글짓기'를 잘한다고 아주 평판이 좋았습니다, 선생님이 모든 학급 앞에서 큰 소리로 그 글을 읽었고 그동안 해리는 개미로 변모했습니다.

 하지만 그가 마술을 실행하는 작업에 관계될 때부터 그것은 재앙으로 변했습니다. 그는 몸을 떨었고 모든 것을 망쳤습니다. 물건들, 잼단지들을 옮기는 요술을 배우는 수업 중에 해리가 손을 떨었기 때문에 이 책상에서 저 책상으로 날라가는 대신 타일 바닥에서 깨졌습니다. 변장과 머리손질 수업시간에 어김없이 해리는 멋진 공주들을 끔찍한 복수의 여신들로 변신시켰습니다. 그리고 어느 날, 해리는 선생님을 조소적인 앵무새로 변형시키기까지 했고 이 일로 인해 해리는 3일간 정학을 받았습니다. 그가 실패를 두려워하면 할수록 해리는 더욱더 실패했습니다! 그것 역시 당연한 것입니다….

 해리의 아빠와 엄마는 그의 내성적인 성격을 끝장내기 위해 모든 것을 다 시도해 보았습니다. 즉 위협("말레피스 요정의 집으로 보내 버릴 거야")도 하고 달래도 보고 약속을 하기도("네가 더 이상 얼굴을 붉히지 않을 때 넌 까마귀 세 쌍을 가지게 될 거란다. 내 귀여운 아이야!") 했습니다. 게다가 그들은 내성적인 것에 대해 존재하는 모든 책을 읽었습니다.

 어느 날 해리의 아빠가 창고에서 끄집어 낸 아주 오래된 마법서에서 얼굴을 붉어지지 않게 하는 비법을 발견했습니다. 이렇게 해서 해리는 매일 아침 비타민을 주성분으로 해서, 오랑우탄 우유, 육식의 늙은 늑대 양말 주스, 마술의 세계에서만 가르치기 때문에 이름을 알지 못하지만 다른 영양소가 많은 것들이 들어간 물약을 마셨습니다. 결과는 눈길을 끌었습니다. 한 그릇 가득 물약을 마신 후에, 해리는 허리를 흔들면서 학교에 갔고 친구들의 등에 "안녕, 내 친구, 잘되가?"라고 썼습니다. 불행하게도 마술과 약은 한계가 있었습니다. 세 시간이 지나자 해리는 다시 검은 나락으로 떨어졌습니다. 전보다 더 나빠졌습니다. 왜냐하면 그는 '맙소사… 내가 마술에 걸려 있는 동안 뭘 했던 거지…? 난 내가 부끄러워!' 라고 생각했기 때문입니다.

어느 날 아침 아마도 그는 성장했기 때문에, 현명해졌기 때문에 물약을 마시기를 거부했습니다.

— 오늘, 먹지 않겠어요라고 말했습니다. 그 약은 내게 정말 도움이 되었어요. 왜냐하면 그 약은 내가 더 이상 내성적이 아닐 때 어떤가를 보여 주었기 때문이에요. 이제 나 혼자 학교에 가겠어요.

해리는 거울을 (얼굴을 붉히지 않고) 관찰했고 이렇게 생각했습니다. '난 물론 에너지가 넘치고 원숭이처럼 꾀바르고 사자처럼 포효하고 특히 이제 난 전혀 내성적이 아니야!'

물론 모든 것이 다음 날부터 제자리를 잡은 것은 아닙니다. 사람은 마술 지팡으로 단번에 다른 사람이 되지 않습니다. 반대로 해리는 예쁜 꿀단지를 떨어뜨리지 않고 날아오르게 하는 데 성공했습니다. 그 다음 날 해리는 아주 끔찍한 마녀를 예쁘고 향기 나는 공주로 변형시켰고 어머니 날을 위해서 말라붙은 살무사 목걸이를 다이아몬드 목걸이로 변화시켰습니다.

해리의 부모들은 강물에 오래된 비법서, 가짜 마술 물약, 예전부터 걸어 온 주문들을 던져 버렸습니다.

그들은 해리에게 말했습니다.

— 브라보! 넌 정말 성공했구나! 우린 정말 네가 자랑스럽단다!

그리고 해리의 엄마는 온 세상에다 이렇게 말하면서 아름다운 다이아몬드 목걸이를 목에 걸었습니다.

— 이것 보이세요? 이것을 바로 내 아들 해리가 했답니다. 그럼요, 내 아들은 재능이 있죠! 그리고 해리가 다른 사람이 되었어요.

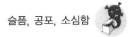

이것이 진짜 마법의 물약이 아닐까요?

얼마 후 이 말들 덕택으로 해리는 진기한 보석 기술 분야에서 아주 최고가 되었습니다. 오늘날 그 지역의 모든 요술쟁이들이 해리에게 낡은 돌을 세공해 만든 땅거미 보석 목걸이를 주문하러 온답니다.

이처럼 우리는 한때 내성적이기도 하죠. 우리가 부끄러움을 극복하면 제일 강한 사람이 됩니다. 원숭이처럼 꾀바르고 사자처럼 포효하고 물론 에너지가 넘치죠!

부모를 위한 조언
· · · · · · 내성적임 · · · · · ·

아이가 아무것도 아닌 일에 얼굴을 붉히고 쉬는 시간에 혼자 있고 교실에서 손을 전혀 들지 않는가? 그 아이는 아마도 내성적일 것이다(아이들 중의 50퍼센트와 마찬가지로). 어떻게 관리할 것인가?

집단적인 운동(축구 · 농구 · 배구 등)을 특히 강요하지 않는다. 아이는 하루 종일 집단생활을 한다. 그것으로 충분하다! "아이를 더 나아질게 할 거야"라는 변명으로 축구 클럽에 가입시키거나 연극 클럽에 가입시키는 것은 무용한 일이다. 오히려 그는 더 내성적으로 될 것이다. 반대로 그가 재능을 보이는 클럽에 가입을 하라. 아이가 유도,

그림, 낙화에 재능이 있는가? 그것이 '혼자' 하는 활동이더라도 가입하게 하라. 그 활동을 함으로써 아이는 자신에 대한 자신감을 갖게 될 것이다.

'학교 외에서의 친구 사귀기를' 활용하라. 하루 종일 함께하는 집단과의 관계를 억지로 맺게 하지 말라. 아이로 하여금 외부 세계와 마주하도록 도울 수 있는 한두 명의 친구와 '친밀한' 관계를 맺게 하라. 종종 내성적인 아이들은 그들 사이에 그룹을 형성한다. 가장 좋은 것은 아이에게 누가 좋은지를 묻고 학교에서 나오면서 엄마와 만나도록 하라.

아이가 학교에서 손을 들 수 있도록 도우라. 경쟁심을 갖게 하지 않도록 하면서. 아이가 시 한 편을 완벽하게 알고 있다는 것을 두 배 이상 확신시키라. 만일 그가 자신에게 만족한다면 학급에서 더 한층 참여적이 될 것이다. 한 번의 긍정적인 경험으로 다른 수업에서도 활기를 띌 것이다.

아이로 하여금 두려움을 피하지 말고 두려움과 타협하게 이끈다. 예를 들면 그에게 혼자 빵을 사러 가게 한다(그리고 우리는 문가까지 동행한다). 그리고 그에게 돈을 주면서 사탕을 사오라고 동기를 부여한다(사탕은 치아에 좋지 않지만 아이의 행동에 도움을 줄 수 있다!).

대여섯 살부터 아이에게 휴식(이완)의 기초를 교육한다(복식으로 길게 호흡하기. 그것은 아이에게 자신의 두려움을 다스리도록 도와줄 것이다).

만일 내성적임이 가중되면(고립되거나 관계를 맺는 데 어려움을 느끼거나 불행해하는 얼굴을 하면) 심리학자에게 의논하는 것이 좋다. 문제를 푸는 데는 때로 한두 회기면 충분하다.

키워드가 되는 문장

★ 못을 깊이 박지 않도록 한다. 아이 앞에서 이렇게 말하지 않도록 한다. "내 아이는 내성적이야" "넌 정말 내성적이야…." 아이는 (…) 상태로 있게 될 것이다.

★ 분별력 있게 아이를 평가한다: "넌 그림을 잘 그리는구나" "넌 상상의 특성이 아니라 실제의 특성으로 '대상을 한정지어' 그려서 '사과잼으로 된 사과 한 개' 를 갖게 되는 거란다."

사랑에 빠진
작은 흡혈귀

보름달이 뜬 어느 날 저녁, 작은 흡혈귀는 아무의 눈에도 띄지 않기 위해 매일 그랬듯이 어두운 밤에 나와 어떤 건물에서 나온 장밋빛 어린 소녀를 만났습니다. 그날은 크리스마스 저녁이었습니다. 작은 소녀는 행복으로 눈이 빛났습니다. 모든 아이들이 그날 저녁 그렇듯이요. 그 소녀는 자신의 가장 예쁜, 장밋빛의 펄럭이는 옷을 입고 길에서 춤을 추었습니다. 작은 흡혈귀는 뾰족한 이를 갖고 있었고 안색이 창백하고 얼굴빛이 슬퍼보였습니다. 그 흡혈귀는 거기서 놀라 눈이 휘둥그레져서 행복해하는 그녀를 바라보았습니다.

작은 흡혈귀는 그 소녀를 본 이후로 가슴이 찢어지는 듯한 한숨을 쉬었습니다. 그는 그 소녀를 다시 보고 싶었습니다. 하지만 그 소녀를 아프지 않게 하기 위해서는 소녀의 목에 입을 잠깐 대는 것뿐이었습니다. 아주 짧게. 그러나 회색의 흡혈귀가 장밋빛의 어린 소녀 옆에서 무엇을 희망할 수 있을까요?

그날 저녁 그 흡혈귀는 그 소녀인, 로지의 집 가까이에 갔습니다. 그녀를 다시 보기 위해서였습니다. 하지만 종종 그는 이를, 진주조개의 진주처럼 하얗고 조그만 예쁜 이를 닦는 소녀만을 볼 수 있었습니다. 머리를 빗고 있거나 소녀의 예쁜 장밋빛 뺨에 장갑을 대고 있는 소녀만을 볼 수 있었죠, 혹은 예쁜 진한 장밋빛 침대에서 미소 지으며 잠자는 소녀를 볼수 있었습니다. 그래서 흡혈귀는 자신의 기다란 이, 회색빛 얼굴, 갈고리모양의 손을 보고 이렇게 생각했습니다. '온통 회색인 내 얼굴에 약간만이라도 장밋빛이 돈다면 그건 장밋빛-회색이 될 거고 대단히 예쁠 텐데.'

그는 검은색의 긴 상자 속으로 숨었습니다. 그것은 흡혈귀들이 슬픔을표현하는 방식이었습니다. 그의 뺨은 풀먹인 딱딱한 종이 같았고 눈에는그의 마음의 서글픔이 담겨 있었습니다. 그는 자신의 상자, 관에 '사랑의괴로움'이라는 게시판을 붙였습니다.

흡혈귀의 엄마가 그에게 말했습니다.

— 걱정하지 말아, 내 아가, 우린 여러 사랑이야기를 보았잖니. 왕자와목동소녀, 목동과 공주, 고양이와 생쥐, 자 왜 흡혈귀와 소녀가 안 되겠니?

— 아 아라고 그가 한숨을 쉬었습니다. 사랑에 빠질 거라고 생각이나했겠어요! 그날 밤, 내가 다리가 부러지는 게 나았을 거에요! 모든 것이마음속에서 엉켜 있어요, 그 애밖에는 아무것도 생각할 수 없다구요! 난그 애와 정말 함께 있고 싶고 그 애에게 말하고 싶고 그 애의 작은 장밋빛손을 잡고 싶고 웃는 소리를 듣고 싶고 눈빛을 건네고 싶어요.

어린 흡혈귀는 벽 뒤로 숨었습니다. 밤중에 그 창문을 통해서 장밋빛레이스의 한 조각을 보기 위해서, 한 줌의 미소, 푸른 하늘 한 귀퉁이를 보려고 그 건물을 따라 몸을 웅크려 있었습니다.

그리고 작은 흡혈귀는 검은 하늘 한 구석에서 꿈을 꾸었습니다.
어느 날 그들은 결혼을 할 것입니다. 그 장밋빛 소녀는 아주 흰색 드레스를 입을 것이고 머리에 한가득 꽃을 꽂을 것입니다. 그는 멋진 크림색 양복을 입을 것이고 진주처럼 흰 이를 드러낼 것입니다. 하지만 그는 잠에서 깨었고 삶은 예전 그대로였습니다. 그리고 그의 긴 상자 속에서, 그의 불행의 관 속에서 그는 침울한 생각에 잠겼습니다.

그는 다른 전략을 시도했습니다. 어느 날 그는 그의 뺨에 장밋빛을 칠했고 어떤 날은 양가죽으로 만든 장갑 속에 갈고리 같은 자신의 손가락을 감추었습니다. 그리고 자신의 긴 두 개의 송곳니를 감추기 위해 열쇠를 두 번 돌려 입을 다물었습니다. 또 어떤 날은 회색빛 얼굴에 어릿광대의 코를 대기도 했습니다. 그것은 눈물이 날 정도로 슬픈 것이었습니다.

또 어떤 날, 어린 흡혈귀는 로지의 창가로 좀 더 가까이 갔습니다. 그것은 끔찍했습니다. 소녀가 악몽을 꾸고 있는 중이었습니다. 그녀는 자면서 울고 소리쳤습니다. 그리고 그는 생각했습니다. '이 순간이야말로 내가 등장해야 하는 때야. 어쨌든 난 악몽보다 더 나쁘지 않을 테니까.'

어린 흡혈귀는 로지가 "엄마!"라고 외치는 순간 그녀의 방에 다다랐습니다. 그녀는 눈을 크게 떴습니다.

— 아, 저런! 그녀가 말했습니다. 그런데 너 거기서 뭐 하는 거야? 네가 어떻게 내 방에 온 거지?

— 두려워할 필요 없어라고 흡혈귀는 떨면서 말했습니다. 왜냐하면 난 전혀 나쁜 사람이 아니야. 난 아주 친절한 흡혈귀야. 난 너를 돕기 위해서 여기 온 거야. 마늘을 꺼내지도 말고 십자가를 꺼내지도 말아.

어린 소녀는 웃음을 터뜨렸습니다. 그녀가 웃었는데 얼마나 웃었는지!

그녀는 눈물이 날 정도로 웃었습니다.

— 네 변장은 완전히 실패야! 넌 흡혈귀가 아니라 작은 소년인걸!

어린 흡혈귀는 아주 놀랐습니다. 그녀는 소리치지도 않았고 울지도 않았고 오히려 웃었고 그가 다른 사람들과 같다고 그에게 말하는 것이었죠!

— 난 널 알아, 때때로 난 널 길에서 마주치거나 아마도 내 꿈에 나오지. 난 널 이미 어디선가에서 봤어라고 소녀가 말했습니다. 하지만 넌 네가 흡혈귀라고 생각하는 것은 잘못이야. 흡혈귀들은 아주 보기 흉하고 아주 쓸쓸하거든. 그들은 너처럼 눈이 빛나지 않아.

작은 흡혈귀는 자신의 뺨이 약간 장밋빛으로, 회색 장밋빛으로 되는 것을 느꼈습니다. 그렇지만 소녀는 풀먹인 딱딱한 종이 같은 그의 진한 회색빛 뺨을 가리키면서 얼굴을 찌푸렸고 작은 흡혈귀 소년을 거울로 가까이 데려갔습니다.

— 넌 좀 얼굴을 그을려야 해, 내 친구. 그리고 몇 가지 색깔도 들여야 하고, 아마도 다른 사람들을 멀리하고 네 집에 웅크리고 있나 보군. 내일 와, 햇빛을 받으며 정원에서 함께 놀자.

작은 소년은 아주 놀란 채 거울에 비친 모습을 보았답니다!

그것은 정말 처음이었죠.

— 흡혈귀들은 거울에 비추이지 않는다고 생각했는데라고 그가 말했습니다.

— 때로 우리는 아주 못생기고 아주 추하고 아주 회색의 흡혈귀라고 생각하기도 하지. 하지만 그건 단순히 느낌일 뿐이지라고 소녀가 대답했습

니다.

그리고 그녀는 그의 코에 대고 뽀뽀를 했습니다.

다음 날, 소년과 소녀는 함께 정원에서 놀았습니다. 어린 흡혈귀는 피부에 아름다운 색깔이 들게 되었고 눈은 아주 빛나고 빛으로 가득했습니다. 그리고 그의 이는 묘하게도 줄어들고, 줄어들고, 줄어들기 시작했습니다…, 진주알만하게요!

— 너도 알지, 내가 네게 말했잖아, 난 항상 옳잖아!라고 소녀는 소년에게 손을 내밀면서 말했습니다.

그들은 함께 웃었습니다.

이렇게 해서 자신을 못생긴 흡혈귀라고 생각한 소년의 이야기가 끝났습니다. 이 이야기는 적어도 어린 소년으로 변한 진짜 못생긴 흡혈귀의 이야기는 아니었습니다. 왜냐하면 단지 아주 장밋빛의 예쁜 작은 소녀를 사랑했으니까요!

부모를 위한 조언
· · · · · · 사랑이야기 · · · · · ·

아이들의 사랑은 드문 경우가 아니다. 유아원 때부터 네다섯 살의 아이들이 손에 손을 잡고 자신들의 '약혼자(녀)'에 대해 말하는 것을 볼 수 있다…. 좀 더 후, 예닐곱 살경에 '잠재기'(충동이 잠재된 시기)가 시작될 때, 아이는 반대로 동성의 아이들에 대한 증오-사랑의 반응을 나타낼 수 있다. 즉 "난 여자애들이 싫어요/여자애들은 정말 멍청해" "남자애들은 바보야" 등등. 이러한 반응은 선천적인 끌림을 위장할 뿐이다. 사실상 심리학자 알베로니(사랑의 전문가)에 의하면 아홉 살-열 살의 아동들의 77퍼센트 가까이가 이미 또래의 아이에 대해 '흔들렸을' 것이라고 한다.

아이들의 사랑을 진지한 사랑의 사건이라고 받아들이지 않는 것은 잘못이다. 그것은 첫눈에 반하는 것과 관계될 수도 있다(이 이야기에서처럼). 이러한 사랑의 우정은 때로 아주 구원적일 수 있다. 정신분석학자 크리스티앙 올리비에가 지적하듯이, 두 명의 내성적인 꼬마가 함께 뽀뽀를 하고 서로에게 말할 수 있다…. 그래서 집단에 더 잘 통합될 수 있다.

이런 종류의 행동을 마주한 어른들이 종종 취하는 조롱하기, 놀리기, 빈정대는 톤을 취하는 것은 어떠한 경우라도 피해야 한다.

소심한 아이들

잠재기(일곱 살-열두 살) 동안 아이들은 자신들의 짝에게 사랑받고 사랑이 받아들여지기를 꿈꾼다. 때때로 그들은 자신이 불쌍하고 너무 못생기고 아주 회색빛이고 백설공주의 작은 난쟁이들처럼 약간은 작다고 느낀다….

자신을 과소평가하는 아이들은 불안정한 잔인한 감정을 갖는다. 그들은 무조건적으로 사랑받지 못한다는 느낌을 갖는다. 그들은 자신에 대한 자신감이 부족하다. 그래서 그들의 소심한 행동으로 인해 새로운 상황에 직면하기도 한다(새로운 변화 혹은… 첫사랑!).

아이들을 사랑으로 충만하게 하고 자신에 대한 자신감을 주는 것이 중요하다. 과잉보호자가 되거나 동시에 까다롭게 굴지 않도록 해야 한다. 왜냐하면 아이들은 그러면 이렇게 생각할 수 있기 때문이다. '집에서는 내가 좋은 점에 대해 이야기해야만 날 사랑할 거야.'

물론 그들의 입장을 대신하는 것은 피해야 한다. 그것은 더 나쁠 것이다. 즉 무능하다는 그들의 감정이 더욱 과중될 것이다. 아이를 지켜봐 주고 칭찬하고 '자신감의 물결을' 보내 주는 것이 더 좋다.

키워드가 되는 문장

★ "자, 가자. 넌 할 수 있을 거야…."
★ "난 널 믿는단다."
★ "넌 그걸 할 수 있어"(그리고 아니라면 "글쎄 여기, 이 울보를 보세요!" "넌 여자애처럼 부끄러워하니" 등등).

화를
잘 내는 왕자

옛날에 항상 화를 내는 어린 왕자가 있었습니다. 그는 뚱뚱한 여자들을 찌르고 엄청난 비명을 질렀습니다. 그는 얼굴이 붉으락푸르락 보랏빛이 되었고 아주 눈살을 찌푸려 주름살이 생겼답니다! 그가 왕국에 태어났을 때 그의 첫번째 외침은 화가 난 외침이었습니다. 엄청나게 크고 괴물 같은 외침이었습니다.

왕비는 그 소리를 들으면서 한숨을 지었습니다.

— 오, 저런, 저 애는 순할 것 같지 않아. 강력한 어린 독재자가 되겠어!

아마도 그 아기가 그 말을 들었을까요? 어린 왕자들의 지능을 경계해야 합니다.

그 왕자는 자신의 화를 표현할 수 있는 기회를 놓치지 않았습니다. 왕자에게 감자튀김대신에 파이를 주고 그가 파이를 기대한 반면 감자튀김을 주면, 왕자가 수영을 하러 가고 싶었는데 영화관에 데려가면, 그리고 낚시하러 가고 싶은데 수영하러 데려가면, 그리고 그가 책을 읽고 싶었는데 사냥을 하러 데려가면 왕궁 이쪽에서 저쪽에 들릴 만큼 끔찍한 "안돼애애애애애!!!"라는 소리를 지릅니다. 이웃 마을에까지 들릴 정도입니다. 그것은 폭풍우 소리였고 진짜 재앙이었습니다. 행상인들은 자신들 집으로 돌아가 침대 밑에 머리를 박고 귀에 귀마개를 했습니다. 토끼, 여우, 사

249

냉감들이 수십 킬로미터로 도망을 갔습니다. 장미꽃들은 이 끔찍한 소리를 듣지 않기 위해 움츠러들었습니다. 왕국의 창문들이 깨지고 때로 고막이 터질 정도였습니다.

그런데 사람과 자연을 보호하기 위해 왕자를 거대한 높이의 탑에 두는 것 말고는 다른 해결책이 없었습니다. 그곳에서 왕자는 자신 속으로 파묻인 채 해를 끼치지 않고 자신의 분노를 발했습니다. 소리를 지른 후에 왕자는 너무 피곤해져서 2일이나 지속되는 깊은 혼수상태로 빠져들었습니다. 사람들은 왕자를 다시 그의 방으로 데려갔고 왕자는 쉰 목소리로 이렇게 물어보면서 침대에서 잠을 깼습니다. "맙소사, 내가 어디에 있는 거지? 무슨 일이 일어났던 거야?"

편의상 사람들은 이 엄청 소란스런 어린 신사를 '미스터 화 왕자'라고 불렀습니다. 그의 고함소리는 늘 들렸고 점점 더 자주 일어났습니다. 왕자는 이제 화내는 것 말고 달리 하지 못했습니다.

사람들이 그를 미스터 화 왕자라고 부르듯이 그는 그 이름에 걸맞게 돼야 했던 것입니다. 우리는 '부끄럼 씨' '변덕쟁이 부인'이라고 부르며 그렇게 해서 엄청난 운명을 만들어 내는 것입니다. 어떻게 다르게 되겠어요! 화내지 않고, 변덕 부리지 않고 지나치게 부끄러워하지 않고 너무 소리 지르지도 않고 그냥 그대로 있으려고 노력하는 것보다 그렇게 되는 것이 훨씬 더 쉬우니까요.

사람들은 이런 끔찍한 고함을 없애 보려고 모든 시도를 다했습니다. 국화꽃차 용액, 수면제, 염소젖 목욕 등…. 하지만 분노는 계속되어 행상인들, 여우, 장미들의 귀를 찢어 놓을 듯했습니다.

그 정도로 심각했던 어느 날, 어린 요정이 요정의 후광을 조금 만들기 위해 작은 식물들을 따려고 과수원을 산책하다가 거의 고막이 찢어질 뻔했습니다.

　— 아 안돼, 그런데 누가 감히 이처럼 우리를 기분 나쁘게 한담!

　요정은 귀를 막고 방해자가 있는 데까지 날아갔습니다.

　요정은 아주 붉으락푸르락해 가지고 보라색이 된, 인상을 찌푸려 주름진 데다가 높은 탑에 갇힌 어린 소년을 발견했습니다.

　— 그만둬! 견딜 수가 없어! 넌 그 안에서 아주 나쁜 짓을 하고 있다는 거 아니?라고 어린 요정이 불평했습니다. 넌 네 인생을 아주 망치고 있는 거야.

　어린 왕자는 놀라서 입을 다물었습니다. 누군가 자신에게 자신과 자신의 행복에 대해 말한 것은 이번이 처음이었습니다.

　— 난 네게 거래를 제안한다라고 어린 요정이 말했습니다. 하루, 단 하루만 네가 화를 내지 않으려고 노력해 봐.

　요정은 보이지 않는 작은 주머니를 뒤져서 작은 종잇조각을 꺼냈습니다. 어린 화 왕자는 그 종잇조각을 펼쳤습니다. 그 종이를 펴고 왕자는 "공짜로 화를 내지 않게 하는 방법"이라는 글귀를 읽었습니다.

　— 그건 좋은 마술이야, 어린 요정이 설명했습니다. 다음번에 화가 날 때 네 주머니에서 이 작은 종이를 꺼내, 종이를 펼치고(적어도 2초는 걸릴 거야), 아주 깊게 숨을 들이마셔, 그리고 그걸 읽어. 그럼 넌 알게 될 거야…, 두번째로 화가 날 때, 네 주머니에서 두번째로 그 종이를 꺼내, 또 오흡을 해, 그러면 화를 가라앉히기 더 쉬울 거야. 그리고 세번째 때는, 넌 익숙해졌을 테니까 그 신비로운 작은 종이가 더 이상 필요하지도 않을 거야. 난 네가 혼자서 화를 그만 내게 될 거라고 내기할래, 네가 원치 않더라도 오흡하는 것으로 말이지. 난 네게 불가능한 걸 요구하는 게 아니야

라고 요정이 계속해서 말했습니다. 난 네가 화를 내고 소리치지 않으려고 노력하길 바라. 그리고 어떤지 말해 주길 바라.

그리고 어린 요정은 공중으로 날아갔고 어린 왕자는 깊은 잠에 빠졌습니다. 왜냐하면 왕자는 아주 지칠 정도로 소리를 질렀기 때문입니다.

또 화를 나게 하는 경우가 바로 벌어졌습니다.

바로 그의 엄마가 왕자에게 어느 날 집으로 돌아올 거냐고 물었기 때문입니다. 왜냐하면 밖은 날씨가 아주아주 추웠기 때문입니다. 왕자는 화가 치미는 것을 느꼈을 때 요정이 한 말이 생각났습니다. 왕자는 그 순간 그가 꿈을 꾼 게 아닌가 생각했지만 빨리빨리 그 신비의 작은 종잇조각을 꺼냈습니다. 그 종이를 펼치면서 왕자는 아주아주 깊게 호흡을 했고 6까지 세었습니다. 그러자 기적이….

위기는 그렇게 속으로 침묵 속으로 지나갔습니다. 그렇게 하니까 정말로 붉으락푸르락해져서 보라색이 되지 않고 순해졌습니다! 그렇게 하니까 그는 힘이 들지도 화가 나지도 표정이 굳어지지도 기분이 나빠지지도 않고 기분이 나아졌습니다. 그리고 화를 크게 낼 정도로 대단한 일이 없다는 것을 이해하게 되었습니다. '왜냐하면 화를 내기 위한 것이니까. 왜냐하면 사람들은 어떤 것에 너무 지나치게 중요성을 부여하기 때문이지' 라고 어린 왕자는 생각했습니다.

며칠 후 두번째로 화가 난 날, 왕자는 두번째로 시도했습니다. '화를 내지 말고 좋게.' 그러자 부드럽고 가벼운 느낌이 들었습니다. 그는 더 이상 꿈과 악몽으로 가득한 깊은 졸음으로 빠져들지도 않았습니다.

엄마는 너무 놀랐고 이렇게 생각했습니다. '드디어… 드디어! 왕자가

컸구나…'

처음에는 이상하게도 왕자는 소리를 지르고 싶었습니다. 우리가 어떤 것에 습관이 들면 그것에서 벗어나기가 힘들기 때문이죠. 하지만 두 번 세 번 지나자 왕자는 이런 부드럽고 좋은 생활이 훨씬 더 편하다고 생각했습니다…, 그리고 그의 엄마도 그랬답니다!

그래서 미스터 화 왕자에게 다른 이름을 지어 주는 것이 필요했습니다. 그를 어떻게 부를까요? 미스터 유순한 왕자? 그것은 너무 짧네요. 미스터 애인? 그것은 우습네요. 화보다 더 강한 왕자? 그건 사람의 이름이 아니라 순종말의 이름 같네요. 아주 간단하게 '미스터' 는 안 돼나요? 마침내 그는 아주 많이 성장했으니까요….

부모를 위한 조언
· · · · · · 화 · · · · · ·

화를 내는 것은 대여섯 살까지 지속된다. 왜 화를 내는 것일까? 어떤 아이들은 아주 화를 잘 내고 (왜냐하면 아주 고집스럽기 때문이다) 또 어떤 아이들은 그렇지 않다. 어떤 아이들은 지속적으로 화가 고조되는 상태로 변화한다. 아무데서나, 길거리나 슈퍼마켓 등등에서 터지는 이러한 '폭탄' 의 안전핀을 뽑기 위해서 각각의 엄마는 나름대로의 요령이 있다. 아이 달래기, 화를 웃음으로 바꾸기, 아이가 조용히 욕구를 발산하게 하기 위해 길거리로 데리고 가기. 우리가 화를 내지 않고 스스로 짜증을 내지 않고 아이를 받아들이기란 어려운 일이다.

어떤 경우라도 아이를 '떼쟁이' 혹은 '화내기 대장'——이 이야기에서처럼——이라고 부르는 것은 피해야 한다. 그렇게 하는 것은 아이에게 딱지를 붙이고 행동을 조장할 뿐이다…. 그리고 결국 위기를 증폭시키는 것이다.

'슈퍼마켓'의 투정

모든 부모들은 슈퍼마켓이나 대형마트의 한 구석에서 '어린 독재자'들이 가하는 압력을 경험한다. 아이가 공공장소에서 떼를 부리며 압력을 가할 경우 부모는 모든 것에 대해 약속을 하며 달랜다.

만일 우리가 아이의 충동이나 욕구에 양보하게 된다면 아이에게 습관, 반사적인 행동을 각인하는 것이다. 난 그걸 원하고——그것을 받는다. 그런데 우리가 받아들이지 않는다면 엄청난 분노와 떼를 감당하게 될 것이다. 반대로 아이의 투정에 즉시 양보를 한다면 아이가 꿈꾸던 바람을 가장 저속하게 현실에서 실행하게 하는 것이다. 결국 사탕은 사탕일 뿐이다…. 그리고 사탕을 즉시 얻게 되는 것은 교육적이지 않을 뿐만 아니라 대부분 기만하는 것이다!

사탕을 요구하는 아이는, 요컨대 프랑수아즈 돌토가 적기를, 사랑, 애정을 갈구하기 위해 그러는 것이다…. 그리고 꿈이다! 그에게 사탕을 사주는 대신 돌토는 이렇게 하라고 제안한다. 꿈꾸어 온 사탕의 맛, 색깔에 대해 말하는 것이다. 아이는 그것을 묘사할 수 있다. 아이는 사탕을 원했다는 것을 잊는다…. 하지만 말하는 것에 기쁨을 느낀다! 꿈에서 현실로 이행하는, 달콤한 단맛에서 단어들의 진미를 느끼게 되는 좋은 예이다.

아이들에게 욕망에 대해 단련시키기

아이들에게 작은 '욕망 노트'를 주고 그 노트에 아이들이 바라는 장난감——크리스마스, 생일을 대비해서——을 매일 적게 한다 등등.

아주 좋은 방법으로는 아이들에게 저금통에 눈길을 주도록 항상 권하는 것이다. "넌 뭔가 더 좋은 것이 네게 생길 거라고 기대하고 싶지 않니?" 등등.

키워드가 되는 문장

- ★ "아이가 성장하면 화를 내는 버릇을 고친다."
- ★ 아이와 장을 보러 가기 전에 "오늘 난 아무것도 안 사줄 거야. 나한테 사달라고 해봤자 소용없어. 잘 알겠지?"
- ★ "네가 만일 화를 내면 넌 더 기분이 나빠질 거야. 그건 안 된 일이지. 네가 울면 바로 너한테 나쁘게 하는 거란다."
- ★ "난 이걸 살 생각이 없었다. 그런 걸 살 돈이 없어. 뭔가를 사기 전에 항상 곰곰이 생각해야 한단다."

성장하는 게
싫은 미나

요정나라에서는 아기들이 성장하게 되었을 때 요정들의 아카데미로부터 그들의 최초의 마술지팡이를 받습니다, 그날은 아기 요정들에게는 아주 대단한 날이라서 가장 멋진 요술을 배우기 시작한답니다…, 이제 더이상 가짜 젖꼭지나 애인 같은 인형을 가지지 않는다는 조건으로요,

다섯 살 난 미나는 어린 요정이었고 당신의 작은 손가락보다 더 크지 않았습니다, 토라져 뾰로통한 얼굴로 투정을 부린답니다, 미나는 아직도 아기처럼 말합니다, 그녀는 말을 보고 "다다"라고 했고 요정을 "페페"라고 지팡이를 "바바" "나는 원합니다"를 "제뵈"라고 말했죠…, 미나는 또 화가나 얼굴이 붉으락거렸고 뾰로통해 가지고 날개를 구부렸고 왜 그런지 말하는 것을 거부했습니다, 요컨대 그녀는 완전히 아기 요정의 상태로 있었답니다!

— 그건 정상적인 거야, 그게 아기지라고 왕인 아빠가 말했습니다, 아빠는 항상 미나에게 아주 관대했고 그녀가 뾰로통하고 발음에 서툴러도 웃을 정도였습니다,

하지만 요정 왕비를 가장 성가시게 하는 것은 바로 가짜 젖꼭지를 물고 있는 미나를 보는 것이었습니다, 미나는 그것을 물고 밤을 보냈고 물론 저녁때도요, 그녀가 피곤하다고 생각할 때와 부모님께 안녕히 주무세요

라고 말해야 할 때와 유모 요정에게 안녕하세요라고 말해야 할 때와 요
정들의 학교에서 나올 때에도 그랬습니다. 그리고 또 곧 식사를 하러 갈
때도요. 그리고 목욕을 할 때도요. 요컨대 그 고약한 젖꼭지를 빨기 위한
모든 변명은 그럴 듯했습니다.

미나는 가짜 젖꼭지를 아주 좋아해서, 어린 요정들이 마술지팡이를 가
지고 그러듯이 매일 아침 작은 헝겊을 가지고 가짜 젖꼭지를 광냈습니다.
사실 그녀는 알라딘이 마술 램프를 다루듯이, 다른 사람들이 황금알을 낳
는 닭을 다루듯이 마치 그것이 진짜 보물인 것처럼 행동했습니다.

미나의 엄마는 미나의 다섯 살 생일날이 다가오자 그 가짜 젖꼭지를 없
애려고 할 수 있는 모든 방법을 찾기 위해 요정들의 훌륭한 책들을 모두
읽었습니다. "사페리포페트 그리고 얍, 어서 가짜 젖꼭지를!"이라는 요
술, 소위 '신데렐라의 대모'의 마술은 가짜 젖꼭지를 거대한 오박으로 바
꾸는 것이었습니다. 날아가는 인공 젖꼭지 요술, 독이 든 인공 젖꼭지의
요술 혹은 겨자를 바른 가짜 젖꼭지 비법이었습니다.
하지만 아무런 소용이 없었습니다. 미나는 항상 자신의 가짜 젖꼭지만
생각했고 여전히 "다다" "페페" "도도"라고 말했습니다. 사람들은 플라
스틱으로 만든 그 물건이 다섯 살 난 커다란 요정처럼 말하는 것을 방해
하는 게 아닐까 하고 생각했습니다.

어느 아름다운 봄날, 3일 혹은 4일이 지난날 우편물이 미나의 집에 도
착했는데 작은 장밋빛 비둘기가 가져다주었습니다. 그것은 요정의 후광
이 나는 예쁜 편지였습니다. 미나는 고개를 떨구고 눈썹을 찌푸리고 발로
바닥을 툭툭 쳤습니다. 미나는 그녀를 기다리고 있는 것이 무엇인지 너무

나 잘 알고 있었습니다. 그녀에게 성장할 것과 자신의 가짜 젖꼭지를 버릴 것을 요구할 것이라는 거죠.

한편에서 엄마는 박수를 쳤습니다.

— 내 사랑스런 아이야! 바로 오늘이 멋진 날이구나! 요정 아카데미에서 네게 보낸 편지라니!

미나의 엄마는 눈에 눈물을 글썽거렸습니다. 왜냐하면 자신의 작은 요정 딸이 성장하게 되는 것을 보는 것은 항상 감동적이니까요. 엄마는 기뻐서 장밋빛 전령 비둘기를 안아 주었습니다…. 그러자 그 새는 곧 예쁜 클로세트 요정으로 변했습니다. 장밋빛 편지로 말하자면 마술지팡이로 변했습니다.

— 안녕, 미나. 클로세트 요정이 말했습니다. 오늘 너에게 마술지팡이를 주기 위해 내가 온 거 아니?

— 으 응. 미나가 투덜거렸습니다.

— 그럼 넌 요정 아카데미의 규칙들도 알겠구나, 그렇지? 미나는 "으 응"이라고 또 투덜거렸습니다.

— 만일 네가 요술지팡이를 받는다면 넌 가짜 젖꼭지를 버려야 해. 젖꼭지를 무는 아기 요정들한테는 마술지팡이를 주지 않아!

— 난 내 가짜 젖꼭지를 갖는 게 더 좋아라고 미나는 뾰로통해 가지고 말했습니다.

— 오, 그럴 수 없어! 어머나! 그건 내가 처음 듣는 소리야라고 대모 요정은 웃었습니다. 만일 네가 인간들 나라의 어린 소녀들에게 요술지팡이와 가짜 젖꼭지 중에서 어떤 것을 선택하겠냐고 묻는다면 그애들은 1초도 주저하지 않을 거라는 걸 난 확신해…. 그애들은 '젖꼭지는 신비롭지도 않은 반면 지팡이를 가진다면… 난 많을 것을 얻을 수 있거든!' 이라고

생각할 거야, 바로 그렇게 어린 소녀들은 생각하는 거란다.

미나는 기분이 나빠서 발을 쿵쿵거렸습니다.

— 그 지팡이를 가지고 뭘 하겠어?

— 놀라운 일을 할 수 있지!

그리고 마술지팡이를 한 번 치고 클로세트 요정은 그녀 앞에 《요정들의 위대한 일에 대한 위대한 책》을 나타나게 했습니다. 그 책에는 요정들의 가장 신비로운 행위가 기록되어 있었습니다.

* 임신을 하지 못하는 아빠들과 엄마들에게 아기들을 주기.

* 새로운 요정이 탄생할 때 좋은 운명을 나눠 주기: 지적이고, 아름답고, 아주 예쁜 눈을 갖고, 총명하게 하기….

* 세례식에 초대받지 못한 질투심 많은 요정들이 주는 못된 운명과 싸우기.

* 오박을 오화로운 사륜마차로 변형시키기. 불쌍한 고아에게 보상하는 목표로.

* 생쥐들을 마부로 변형시키기.

* 정의가 이 땅을 지배하도록 하기.

* 백 년 동안 잠자야 하는 어린 소녀를 받아 주기.

전령 요정은 눈을 반짝이며 《요정들의 위대한 일에 대한 위대한 책》을 덮었습니다.

— 자, 어떻게 생각해? 넌 아기 요정의 가짜 젖꼭지를 간직할래, 멋진 요술지팡이를 받을래?

미나는 결국 가짜 젖꼭지보다 요술지팡이가 더 좋을 거 같다고 고백했습니다. 그녀의 엄마는 아주 자랑스러워하면서 품에 미나를 안고 이렇게 말했습니다.

— 넌 이제 컸구나! 우린 우리의 마술로 모두 정말 즐거울 거란다!

그렇게 해서 미나는 요정 아카데미로부터 멋진 장밋빛과 하얀빛의 지팡이를 받았고 눈을 반짝이며 지팡이를 바라보았습니다.

그날 이후로, 미나는 단 1초도 자신의 가짜 젖꼭지를 아쉬워하지 않았답니다. 왜냐하면 미나는 그것을 버리기에 가장 좋은 때를 아주 어렵게 결정했기 때문입니다. 그리고 진짜 성장한다는 것도 알게 되었기 때문이죠!

— 자, 미나 양이라고 대모 요정이 말했습니다. 공부합시다! 소녀가 되려면 여러 가지를 알아야 한단다. 우리가 사는 세상에서 재미있는 것들을 배우게 될 거란다.

그리고 그녀는 요술지팡이를 한 번 치면서 《요정들의 위대한 책》을 그녀에게 펼쳐 보였습니다. 그 책은 모든 어린 소녀들이 전설의 위대한 요정이 되게끔 하는 책이랍니다.

부모를 위한 조언
· · · · · · 엄지 빨기 혹은 가짜 젖꼭지, · · · · · ·
소년기를 맞기 전의 마지막 저항

아이가 가짜 젖꼭지나 애인 같은 인형에서 떨어지기란 아주 힘들고 힘든 일이다…. 부모가 아이에게 빨고 싶은 욕구를 달래게 하기 위해 단순히 유아에게 인공젖꼭지를 줄 때 그들은 3, 4년 후와 그 이상에 대해서는 상상하지 못한다. 아이가 가짜 젖꼭지에 항상 '매달리게' 될 위험이 있다.

왜 그런 열정을 갖는 것일까?

아이는 아직도 자신이 아기라고 느끼고 그렇게 보장받고 싶어한다. 소년기(초등학교에 들어갈 시기, 어린 남동생의 탄생 등)에 이를 정도로 성장한 동안에 아이는 이런 방식으로 퇴행하고 싶어할 수 있다. 학교에 갓 들어간 여섯 혹은 일곱 살의 몇몇의 큰 아동들이 자신의 인형이나 '인공젖꼭지'를 좋아하며 달려드는 것을 볼 수 있다.

그것을 어떻게 떼어 놓게 할 것인가?

'인공젖꼭지'라는 존재를 제한한다. 식탁에 오기 전에 금지하고 목욕탕에서 금지한다. 물론 입에 젖꼭지를 물고 말하는 것을 엄격히 금한다. 물론 목표는 밤에 사용하는 것을 제한하기 위한 것이다.

아이에게 작은 특별한 상자(혹은 침대 옆에 둘 수 있는 커다란 주머니)를 준다. 그것은 '가짜 젖꼭지 주머니'이다. 아이가 낮 동안에 잊게 하기 위해 일어나자마자 거기에다 젖꼭지를 넣어두게 한다.

약국에서 여분의 젖꼭지를 사지 않도록 한다…. 그리고 다시 사는 것도 금한다. 반대로 그 대상을 목록에서 제거하도록 하기 위해 망각을 이용한다. 그리고 좀 어렵더라도 첫번째 밤을 견디게 한다.

경우에 따라서는, 5,6일 동안 그것 없이 보낼 수 있는 용기를 가진 아이에게 멋진 선물을 허락하는 것도 좋다. 그런 경우에 유아기에서… 소년기로 이행했다는 것을 보여주는 '큰 선물'(소백과사전,

지식 관련 **CD-Rom** 등)을 선택한다.

키워드가 되는 문장

★ "아이가 입에 가짜 젖꼭지를 물 때 그것은 사탕과 같다. 그것은 단어를 말하는 것을 방해하고 제대로 말하지 못하게 된다."

★ "그것은 다른 것을 말할 수 없는 아기들에게 좋을 것이다. 넌, 넌 말을 할 줄 알아야 해, 네가 기쁜지, 슬픈지, 말할 수 있어야 해."

★ "성장한다는 것은 어떤 것들을 그만두는 것이란다. 예를 들면 잠자리에서 가짜 젖꼭지…."

플뤼메트 요정이
되고 싶은
요정 클로세트

어느 날 어린 요정들이 성장하게 되었습니다, 바로 그날 어린 요정들은 요술지팡이와 요정의 후광을 지니고 여자 요정들의 세상으로 들어가게 됩니다…, 대부분의 어린 요정들은 매우 만족할 거라고 생각됩니다, 누가 그렇지 않겠어요?

하지만 항상 그런 것은 아니랍니다, 때때로 어린 요정들은 전혀 성장하고 싶어하지 않는답니다…

어린 요정 클로세트는 열 살의 생일을 맞게 되었습니다, 신비로운 거울을 들여다보면서 클로세트는 그녀가 변화했다는 것을 알게 되었습니다, 그녀의 아주 하얀 원피스의 소맷부리가 꽉 조였고 그녀의 코에는 여드름이 나고 배는 약간 통통했습니다,

— 너를 요정이라고 말하다니! 클로세트는 투덜거렸습니다,

왜냐하면 그녀가 머릿속에 갖고 있는 클로세트 요정의 이미지는 이 가지에서 저 가지로 날아가는 가벼운 것이었기 때문입니다,

— 이런 모습으로 난 우아하게 날아갈 수 없을 거야,

그녀는 자신이 커다란 가방처럼 무겁다고 느꼈습니다,

클로세트는 미안해하며 거울 앞으로 대모 요정을 부르고 그녀에게 자

신의 작은 가슴, 엉덩이, 부풀어 오른 팔과 다리를 가리켰습니다.

— 그게 확실해요! 그건 아직도 카라보스 요정의 마술이에요라고 어린 요정은 울먹였습니다.

여러분도 알다시피 대모 요정들은 아주 조금 침착하지 못하답니다. 이 대모 요정은 훨씬 더 그랬고요.

— 오 내가 정말 어리석구나!라고 자기의 지팡이로 이마를 톡톡 치면서 웃었습니다. 네가 성장할 거고 여자 요정이 될 거고 예쁜 가슴, 엉덩이, 그 외의 것들을 가지게 될 거라고 말하는 걸 내가 잊었다. 그건 나쁜 마술이 나 카라보스의 마술과는 아무 상관이 없단다. 오히려 그 반대지. 네가 네 요술지팡이를 사용할 수 있는 때가 온 거란다.

— 하지만 끔찍해요. 그건 재앙 같아요! 기상천외한 일이에요!라고 긴 단어를 좋아하는 클로세트는 소리쳤습니다. 난 아주 작은 날개를 가진 어린 요정으로 있고 싶어요. 요컨대 플뤼메트 요정이요.

대모 요정은 웃음을 터뜨렸습니다.

— 그렇지만 요술지팡이는 선물이란다. 네가 그걸 갖고 할 수 있는 모든 것을 상상해 봐! 넌 요정이야기 속으로 들어가는 거야.

이런 재앙 앞에서 클로세트는 두 손으로 자신의 머리를 감쌌습니다.

— 하지만 열 살은 너무 어리잖아요!

대모 요정은 아주 난처해지고 아주 사색에 잠겨서 요정의 후광으로 이루어진 구름에 앉았습니다.

— 사실 열 살은 아주 어리지…. 난 네가 성장했다고 생각하지 않아…. 하지만 그건 어린 요정들에게 달린 것이지. 어떤 요정들은 열두세 살에 성숙해지지. 또 어떤 요정들은 열네 살에 또 어떤 요정들은 열 살에! 너의 경우는 그때가 온 거란다….

그리고 대모 요정은 눈썹을 찌푸렸습니다.

— 동화에서는 그런 것에 대해 결코 말하지 않지. 하지만 어느 날 모든 클로세트 요정들이 여자 요정으로 변한다는 것을 말하는 것을 잊은 거야. 배, 가슴, 엉덩이랑… 여자의 신체가 되는 거지! 너도 알다시피, 포딴, 착한 요정들, 신데렐라의 요정, 잠자는 숲 속의 미녀에 나오는 요정, 그들은 모두 여자 요정들이지! 나처럼 말야!라고 대모 요정이 명랑하게 말했습니다.

이 어린 요정이 새로운 신체의 거추장스러운 변화를 맞고 있습니다. 게다가 정말 처음으로 그녀는 자신의 몸을 보았습니다. 그녀는 결코 준비되지 못했답니다. 우연히 신비의 거울에 비친 그녀의 모습을 보았을 때 그녀는 소스라치게 놀랐습니다. 우묵한 곳, 둥근 돌기….

"우묵한 것과 둥근 돌기, 심술쟁이, 우묵한 것과 둥근 돌기, 심술쟁이"라고 클로세트는 웅얼거렸습니다. 그런데 그녀의 모든 친구들은 아주 날씬했고 가슴도 엉덩이도 나오지 않은 아주 평평한 원피스를 입고 있었습니다. 이 모든 게 작은 재앙과 같았습니다.

이걸 중지시켜야 해라고 그녀는 생각했습니다. '요술지팡이로는 안 될 일이지만 난 성장하고 싶지 않아. 난 깃털만큼 가볍게 되고 싶어.'

클로세트는 우선 그날부터 다음 날까지 과자들을 치웠습니다. 에클레르빵과 바바 스폰지 케이크도 이제 끝. 그러고 나서 사탕, 추잉껌, 캐러멜도 치웠습니다. 그래서 그녀는 가슴이 조금도 나오는 변화가 없을 거라고 생각했습니다. 그녀는 파이, 빵, 사과를 먹지 않았습니다…. 이렇게 해서 그녀는 엉덩이도 변화하지 않을 거라고 생각했습니다. 그러고 나서 그녀는 고기, 생선, 달걀을 치웠습니다. 그녀는 고의로 그러지 않았는데 그녀의 정신이 그녀 대신 계산했습니다. 즉 양고기 갈비는 160칼로리, 정말 끔찍해, 쌀 한 톨, 0,5칼로리! 처음에 물론 그녀는 배가 고팠습니다. 하지만 어느 날씨 좋은 날, 그녀의 위가 줄어들었고 그녀는 이제 전혀 배가 고프지 않았습니다, 진짜 요술 한 방으로요! 그녀가 굶으면 굶을 수록 그녀는 점점 더 플뤼메트가 되었고 점점 더 행복했고 점점 더 강해진다고 느꼈습니다, 그리고 그녀는 또 클로세트 요정의 작은 원피스를 입을 수 있었습니다, 어느 날 그녀는 웃으면서 얼음조각을 빨아먹기 시작했습니다, "0칼로리!" "지방 1그램!" "멋져!"

그래서 그녀는 5킬로그램이 줄었고 그러고 나서 6킬로그램, 7킬로그램 그러고 나서 10킬로그램이 줄었습니다, 그녀는 엄청나게 말랐습니다, 그녀는 더 이상 어떤 힘도 없었지만 다시 어린 소녀가 되는 것에 만족했습니다, 몸무게가 얼마 되지 않는 것에 기뻐했습니다, 땅콩 두 개 반의 무게였고 참새 날개 깃털의 4분의 1의 무게였습니다, 그녀는 자신을 배반했던 그 몸에 아주 멋진 요술을 부렸다고 기뻐했습니다,

대모 요정이 이러한 변화를 알아차렸을 때, 비명을 질렀습니다,
— 난 네게 요술지팡이를 줄 수 없어, 그건 불가능해, 정말 유감이군!
요술지팡이는 하늘이 준 선물이라는 걸 클로세트에게 어떻게 설명할 수 있을까요? 그것을 가지고 그녀는 마침내 성숙한 요정이 될 수 있고 신데렐라를 무도회의 공주로 변화시킬 수 있고 두꺼비를 멋진 왕자로 만들 수 있고 백 년 이상 잠자는 숲 속의 미녀들을 보호할 수 있을까요? 임신을 할 수 없는 부모들에게 아이를 줄 수조차 있을까요? 그녀에게 성장한다는 사실은 막을 수 없다는 것이며 그것이 정말 좋은 것이라는 걸 어떻게 설명해야 할까요? 산다는 것은 성장하는 것이고 그러고 나서 늙는다는

것을? 그리고 그게 바로 인생이라는 것을?

물론 우리는 마술의 세계에 살지 않습니다. 클로세트는 그날부터 다음 날까지 먹기 시작했습니다. 하지만 조금씩 다시 먹기 시작했습니다. 얼음 조각부터 우유 한 잔을, 요구르트에서 으깬 음식으로, 으깬 음식에서 갈비로, 먹기를 배우는 아기처럼 말입니다. 바로 그날 대모 요정은 눈을 반짝이며 그녀의 이름이 새겨지고 요정의 후광이 나는 요술지팡이를 갖고서 그녀를 기다렸습니다….

— 이제 모든 것이 시작이야라고 그녀가 속삭였습니다. 넌 성숙해졌어. 그리고 넌 멋진 것들을 하게 될 거야! 우리의 세계에 온 것을 환영해….

이렇게 해서 클로세트는 마술의 세계로 들어갔습니다. 여자 요정들의 세계로요. 더 나중에 그녀가 엄마 요정이 되었을때 그녀는 그녀 역시 성장하는 데 아픔이 있었다는 것을 이야기했습니다…. 하지만 그녀가 요술지팡이를 갖게 된 날부터 솔직히 그녀는 그것을 아쉬워하지 않았습니다. 단 한순간도요!

부모를 위한 조언
· · · · · · 다이어트 · · · · · ·

프랑스에서는 청소년의 5-13퍼센트(특히 소녀들)가 다이어트를 해서 식욕부진에 이르기까지 한다. 피해가 크다. 그리고 점점 더 시기가 빨라진다.

책임을 따져 보자면 사회적 환경에 있다. 즉 너무 마른 톱모델들이 패션쇼 무대에서 행진하고, 여성성을 잘 관리했다고 칭찬을 하고 식욕부진을 일종의 '삶의 기술'로서 간주하는 것이다….

어린 소녀들은 점점 더 이른 나이(여덟 살경)에 유행의 흐름에 예민해지고 이에 대해 불가피하게 '안티-모델'의 영향을 받기 쉽게 된다. 의사들은 이러한 현상에 대해 이렇게 증언한다: 여덟 살부터 자신의 몸무게에 관심을 갖는 어린 로리타들을 보는 것은 드문 일이 아니다. 수영이나 운동을 통해 감량을 하는 소녀들을 제외하고 말이다…. 왜냐하면 그녀들은 세상 사람들 앞에서 자신을 내보이는 것을 수치스러워하기 때문이다. '포동포동한 몸매'에 대한 표준 기준이 위험할 정도로 낮아졌다.

종종 식욕부진에 걸린 사람은 나비의 변신으로 얼이 빠진 어린 애벌레와 같다. 그녀는 자신의 최초 여성성의 성징을 거부하고 사춘기에 겪는 내적인 이런 변화를 최대한 조절하려고 애쓴다.

그리고 나서, 아주 빨리 그녀가 더 이상 조절할 수 없는 지독한 악순환, 반항기로 들어선다…. 그래서 식욕부진에 걸린 사람들이 종종 이렇게 식사를 굶는 것에 어떤 만족감을 느낀다.

조기 검진

물론 소녀들일지라도 그들의 육체에 초점을 맞추는 것은 피해야 한다. 그녀에게 '배가 조금 나왔다' '토실토실하다'고 반복적으로 말하는 것은 피해야 한다.

처음부터 녹색 채소, 유제품 등을 '잘 먹는' 원칙을 세뇌시켜야 한다. 아이로 하여금 미국의 아이들처럼 잠자리에서도 감자튀김을 먹고, 하루 종일 깨작거리며 먹는 것을 막아야 한다. 만일 그녀가 지나치게 뚱뚱하지 않다면 너무 마르고 싶어하지 않을 것이다.

아이에게 식탁의 기쁨을 최대한 전달하려고 시도한다. 그리고 모두 함께 모이는 기쁨을.

아이들이 영양학자나 영양사에 의해 지도되고 권유되지 않는 한 청소년기(하물며 청소년기 전에는 더욱)의 다이어트를 금한다.

쌀 낟알의 칼로리, 칼로리가 적은 음식을 계산하기 시작하는 어린 소녀를 대하게 되면 신경을 써라.

키워드가 되는 문장

★ "만일 네가 아무것도 먹지 않는다면, 넌 모든 힘을 잃게 될 거야. 넌 더 이상 아무것도 할 수 없단다."

★ "성숙해진다는 것은 자유를 누리고 책임감을 갖는 것이다. 그것은 좀 더 사람이 자신의 삶에 대해 원하는 것을 하는 것이다. 하지만 그러기 위해서는 힘이 필요하단다."

★ "패션쇼 모델들은 옷을 걸치는 옷걸이다. 그녀들은 패션쇼나 사진촬영을 위해 무대에서 행진할 때만 아름다운 거야. 그녀들을 그 자체로 마주치게 된다면 놀라게 된단다. 그녀들은 얼마나 말랐는지 몰라!"

학대와 성적 학대

로라와
커다란 쥐 데구

매일 아침마다 그렇듯이 로라는 입을 옷을 찾기 위해 벽장을 열었습니다, 흉측해라! 바닥에서 그녀가 발견한 것을 맞춰 보세요…, 커다란 쥐새끼가 이빨을 드러내고 웃고 있었습니다, 로라는 소리치고 부모님을 부르고 싶었지만 커다란 그 쥐가 그녀를 먼저 보고는 나무막대에다 권총을 대고 있었습니다,

— 네가 만일 소리치면 널 물어뜯을 거야, 그리고 만일 날 알리면 널 총으로 쏠 거야,

그래서 로라는 입을 꼭 다물었고 벽장과 그녀만 알게 되었습니다,

로라는 자신의 옷장을 완전히 잠그고 잊어버리고 싶었지만 매일 아침과 매일 저녁 그 커다란 쥐새끼가 머리를 대고 그녀가 문을 열 때까지 문을 세게 두드렸습니다,

매일 그녀가 옷을 입고 밤에 옷을 벗기 위해 문을 열 때, 커다란 쥐는 거기에 있었습니다, 로라는 몸을 떨면서 감히 아무것도 말하지 못하고 있었습니다, 왜일까요?

아마도 커다란 쥐가 새끼 쥐가 아니었기 때문일 것이고, 어른들이 쥐였다면 아이들은 그들에게 복종했겠죠, 그렇죠? 바로 로라는 그렇게 생각했던 것입니다,

어느 날 저녁, 커다란 쥐가 무서운 눈을 하고 로라에게 말했습니다.

— 난 네 애인 인형이 되고 싶어. 매일 저녁 나한테 뽀뽀해 줘. 그렇지 않으면 엉덩이 맞는다.

그래서 로라는 울었지만 그 쥐에게 뽀뽀를 해야 했습니다. 그녀는 그것이 특히 견딜 수 없었습니다. 하지만 그것이 끔찍한 것인지 유쾌한 것인지 더 이상 잘 알 수 없었습니다. 왜냐하면 이미 말했듯이 그녀는 아주 폐쇄적이고 마음을 꼭 닫아 버렸고 그녀 자체로 차단되었기 때문입니다. 물론 커다란 쥐는 만족했습니다. 그 쥐는 담배를 피우며 로라에게 말했습니다.

— 매일 저녁 내게 뽀뽀해 줘, 예쁜이. 내가 원하고 요구하는 거야.

커다란 쥐새끼는 해괴한 것을 요구했습니다.

— 자, 내 냄새 나는 양말을 빨고 말리라고 말했습니다. 내게 네 인형을 모두 줘. 난 벽장에 있기가 지겨워.

어느 날 커다란 쥐가 말했습니다.

— 내게 사탕을 갖다 줘. 네 쌀과자와 감자튀김을 갖다 줘.

그리고 로라는 그것을 쥐에게 주었습니다. 로라는 쥐에게 우유도 가져다주고 간식, 식사, 그녀가 아침, 점심, 저녁에 먹는 모든 것을 주었습니다.

또 어느 날, 쥐는 로라에게 잠을 요구했고 그리고 또 예쁜 장밋빛 꿈도 요구했습니다. 우리가 커다란 쥐새끼라면 거의 끔찍한 악몽만 꾸겠죠. 쥐는 로라에게 진한 회색빛의 악몽을 떠넘겼고 그녀는 쥐에게 자신의 진한 장밋빛 꿈을 주었습니다.

로라의 부모는 걱정하기 시작했습니다. 왜냐하면 그들은 그녀가 말라

가고 잠을 못자는 것을 알게 되었기 때문입니다. 로라가 커다란 회색의 쥐새끼에게 모든 것을 주었다는 것을 모르는 채요(로라는 "데구 쥐"라고 불렀습니다).

어느 날 로라는 아무것도 먹지 못하고 커다란 쥐에게 뽀뽀를 하기 때문에 아주 너무 말라 버렸습니다. 그녀는 자신이 말을 하지 않을지라도 뭔가 심각한 일이 벌어질 것을 알았습니다. 그래서 그녀는 엄마에게 말했습니다.

— 엄마, 난 얘기할 게 있어요. 커다란 데구 쥐에 대한 이야기에요.

그리고 그녀는 엄마에게 모든 이야기를 다 했습니다. 엄마는 하얗게 질렸고 로라가 입을 꾹 다물고 덮어두기로 결심한 이후로 로라가 참아 온 눈물까지 흘렸습니다.

그날 저녁, 로라가 옷장문을 열었을 때, 커다란 쥐새끼가 사라졌다는 것을 알았습니다. 쥐의 양말 한 짝을 남긴 채로요. 로라가 빨았던 바로 그 양말입니다. 그 양말은 아주 작았는데 로라는 눈살을 찌푸렸습니다.

— 어떻게 이걸! 데구 쥐는 아주 작은 발을 갖고 있었습니다…. 결국 그 쥐는 아주 작은 것이었습니다!

그런데 로라는 그 쥐가 아주 크다고 생각했고 그에 대항해 아무것도 할 수 없다고 생각했던 것입니다…. 게다가 그 쥐가 더 이상 요구하지 않고 옷장에서 도망치게 하는 데는 엄마에게 그 쥐에 대해 말하는 것으로 충분했습니다! 바로 정말 더러운 작은 데구 쥐가 이제는 로라에게 전혀 겁먹게 할 수 없다는 것입니다.

— 너도 알다시피 로라야라고 엄마가 말했습니다. 만일 어떤 사람이 네

게 뭔가를 요구한다면 넌 마음속 깊이 네가 그걸 하고 싶은지 알기 위해 항상 너 스스로 질문을 해야 한단다. 그리고 만일 정말로 네가 어떤 면에 서든 그것이 너에게 강제되는 거라고 느낀다면, 네 몸에 해를 입히는 거라고 느낀다면, 적어도 넌 다른 어떤 사람에게 그것에 대해 말하기 전에 는 그 요구에 따르지 않아야 한단다. 그게 화성인이든, 데구 쥐든 악어든 간에…, 그게 어른일지라도 말이야.

엄마는 로라에게 다시 말했습니다.

— 만일 내일, 네 옷장에서 뭔가를 본다면 그것을 어른에게 말해 주길 바란다. 나나, 아빠, 네 대모, 네 선생님이든 누구든… 상관없단다! 그리고 만일 누군가가 거리에서 너를 위협한다면 서둘러서 다른 어른 쪽으로 가 거라. 아무 상점으로든, 어떤 아이도 데구 쥐에게 강요받아서는 결코 안 된다. 알겠지, 내 딸아?

— 알겠어요, 약속할게요라고 로라는 대답했습니다. 이 약속으로 로라 는 정말 평온해졌습니다.

그날 저녁 로라는 쌀과자, 사탕, 진짜 애인 인형, 닭고기, 감자튀김을 되 찾았습니다. 그리고 그녀의 얼굴빛도 좋아졌습니다. 불행하게도 또 얼마 동안 로라는 회색빛의 오랜 악몽, 데구 쥐, 생쥐들과 위협으로 가득한 악 몽으로 고통스러웠습니다. 왜냐하면 데구 쥐가 틀림없이 그녀의 진한 장 밋빛 꿈을 좀 훔쳐갔기 때문입니다. 로라는 그 꿈을 다시 꾸기 위해서는 약간 더 기다려야 했답니다.

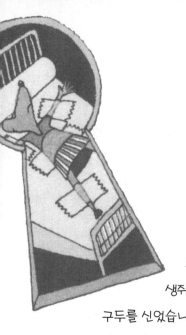

아글라에의
심각한 비밀

그것은 아글라에라는 이름의 작은 생쥐였습니다. 그 생쥐는 뺨이 장밋빛이었고 작은 장밋빛 원피스와 장밋빛 구두를 신었습니다.

아글라에는 작고 날씬한 목과 부드러운 눈길 때문에 매력이 넘친다고 들 말합니다. 다른 쥐들은 그 쥐에게 말했습니다. "넌 정말 착하고 예쁘고 아주 유순하구나." 그리고 또 이렇게 말합니다. "좀 더 후에 넌 사랑으로 번민하게 될 거야." 그리고 아글라에의 엄마 앞에서 검지손가락을 흔들며 이렇게 말했습니다. "당신의 어린 딸 생쥐를 주의하세요! 그애는 상심하게 될 거예요!" 그리고 아글라에는 그녀 앞에서 말한 것을 하나도 이해하지 못한 채 눈을 내리깔았습니다. 상심하다니? 그녀에게 사람들이 "착하고 아주 유순하다"고 말했는데? 어른들은 도대체 묘한 생각들을 갖고 있네요. 때때로, 아글라에는 반짝이며 그녀를 바라보는 시선, 목에 하는 뽀뽀, 팔을 주무르는 것, "너 학교에 애인 있니?"라는 조심성 없는 질문이 좀 거북하다고 생각했습니다.

아글라에는 장밋빛 치마를 입은 자신을 들여다보고 아양을 떨었습니다.
— 나중에 난 무용스타가 될 거야라고 말했습니다. 아니면 영화배우, 아니면 오페라 가수, 어쨌든 세상에서 가장 예쁠 거야!

— 넌 앞으로 장래에 대해 생각할 시간이 아주 많단다. 넌 여섯 살이야 라고 엄마가 대답했습니다.

그리고 그녀는 다른 쥐들에게 이렇게 말했습니다.

— 그애를 그냥 놔두세요. 그애는 겨우 여섯 살이에요.

하지만 다른 쥐들은 아글라에가 그녀의 삶을 살아가도록 놔두지 않았습니다. 어느 날 어두운 생쥐 구멍에서 다른 쥐가 아글라에를 붙잡고 키스를 퍼부으려 했습니다. 그리고 아글라에에게 이렇게 말했습니다. "넌 착하고 예쁘고 아주 유순해." 그것은 듣던 말이었지만 같은 몸짓이 아니었습니다. 아글라에는 그 차이를 알 수 있었습니다. 그녀는 이 쥐 아저씨의 무릎과 다른 어른들의 무릎의 차이를 잘 알고 있었습니다. 이번에 그 아저씨 쥐가 그녀의 작은 엉덩이와 장밋빛 생쥐의 몸에 대해 한 애무의 차이를 알았습니다. 그것은 이상했습니다. 어린 쥐들의 애무와 어른 쥐들의 애무가 섞인 것이었습니다. 단어는 같은 것이지만 그것들은 방식이 다르다는 것을 말하는 것입니다. 그 아저씨는 그 애무를 아줌마한테 하듯이 귀에 대고 속삭였습니다. 그것은 이상했고 그것이 그녀에게 일으키는 것은 무서움과 쾌락 사이에서 섞인 것이었습니다.

그렇지만 그녀는 안 돼라고 말하지 않았습니다. 넥타이를 맨 아저씨에게 안 돼라고 말하지 않습니다. "착하고 예쁘고 아주 유순한" 아이는 안 돼라고 말하지 않습니다. 상심할 위험이 있으니까요. 아글라에가 집으로 돌아왔을 때, 머리와 몸이 혼란스러웠습니다. 그녀는 생쥐 구멍에 파묻혀 그 아저씨가 그녀에게 말했던 것을 생각하면서 몸을 구부렸습니다.

— 이건 우리의 비밀이야. 맹세컨대 네가 만일 말하면 네 엄마는 죽게 될 거야.

그렇게 해서 바로 그날 저녁, 작은 생쥐 구멍에서의 비밀이 그녀의 가

습속 깊숙한 곳에서 생겨났습니다. 그것은 처음에는 아주 작은 공이라서 특별히 피할 필요가 없었습니다. 엄마에게 아무 일도 일어나지 않게 하기 위해서 비밀을 가두고 꼭 잠가야 했습니다.

바로 그날, 아글라에는 말하는 것을 그만두었습니다. 그녀가 조심할지라도 비밀이 새나갈까 두려웠고 엄마의 마음을 상심하게 할까 두려웠습니다. 저녁에 아글라에는 자신이 자면서 말할 경우를 대비하여 작은 장밋빛 방문을 닫고 이중으로 잠그도록 요구했습니다. 하지만 비밀을 지키기 위해 혼자 있는 게 싫어서 전등을 켜 달라고 했습니다.

뛰어다니고 밝고 장밋빛이었던 그녀가 표정이 굳어지고 창백했습니다. '아무도 결코 모를 거야'라고 그녀는 생각했습니다. '만일 내가 움직이면 비밀도 움직여서 작은 공처럼 폭발할 거야.' 그래서 그녀는 비밀이 은신처에 잘 있도록 몸을 구부리고 팔로 무릎을 감싸고 머리를 가슴에 파묻었습니다.

비밀은 그녀의 가슴속에서 계속해서 커졌습니다. 그 비밀은 웃음과 한숨을 짓누를 정도로 가슴에 가득했습니다.

교실에서 그녀는 대답하지 않았습니다. 휴식시간에 웃지도 않았습니다. 그리고 어느 날, 그녀의 친구 알린이 웃으면서 그녀가 자신의 엄마와 아빠가 침대 속에서 애무하는 것을 보았다고 말했을 때, 운동장의 다른 끝으로 도망가서 장밋빛 귀에 손을 막았습니다. 가슴이 뛰었습니다.

아글라에는 말하는 습관을 잃어버렸습니다. 누구에게 책임이 있는지 그녀만이 알고 있었습니다. 그것은 그녀 속에서 점점 더 커지고 있는 커다란 공이었습니다.

— 어쨌든 넌 먹어야 해, 말해야 하고, 그렇지 않으면 넌 죽게 될 거야라고 엄마가 말했습니다.

아글라에는 놀라서 엄마를 바라보았습니다. 그녀는 '만일 내가 말한다면 바로 엄마가 죽게 될 거예요, 엄마, 그 아저씨가 그렇게 말했어' 라고 생각했습니다.

아글라에를 검진하기 위해 의사가 왔을 때 아글라에는 좀 더 몸을 구부리고 가슴에 머리를 파묻고 말없이 고통스러워했습니다.

— 안 돼, 안 돼, 안 돼라고 그녀가 말했습니다.

그리고 바로 그것이 그녀가 말한 전부입니다.

심각한 비밀은 전염성이 있어 아글라에의 엄마도 탐문하면서 웃음을 잃게 되었습니다.

— 넌 슬픔으로 널 죽게 할 거야, 말하지 않기 때문에라고 엄마가 말했습니다.

그리고 아글라에는 다시 아저씨의 말을 생각했습니다. "만일 네가 말하면 네 엄마는 죽게 될 거야." 그러면 어른들의 세계에서 누가 옳을까요?

어느 날, 아글라에는 어두운 생쥐 구멍의 그 아저씨가 감옥에 갇혔다는 것을 알게 되었습니다. 훨씬 더 깊은 구멍에요. 바로 그날 비밀을 말하기로 결심했고 그 비밀이 터졌습니다.

마치 단어들이 울듯이 즉 동시에 말들이 튀어나왔습니다. 무질서하고 비명 속에서, 말을 순서대로 해야 합니다. 주어, 동사, 보어. "그 아저씨가 나를 갖고 놀았어요." "날 존중하지 않았어요." "내 몸을 만지고 작은 소녀의 내 엉덩이를 만졌어요." "아저씨가 내가 원하지 않는 내 몸에 뭔가를 했어요." "그 아저씨가 나한테 엄마가 죽을 수도 있다고 말했어요." 그런데 그 끔찍한 일을 폭로하자 이번에는 엄마가 말을 잃었습니다.

— 네가 원하지 않은 비밀을 받아들여서는 결코 안 된다! 어른이 네 몸을 만질 수 있다고 생각해서는 결코 안 돼. 어떤 어른들은 아이들에게 못되게 굴고 생각할 수 없는 짓을 믿게 하지.

만일 어른이 네게 거북한 애무를 하면 그걸 또 다른 어른에게 말해야 해…, 즉시! 그게 나이든 아빠든 네 대모든, 혹은 친구이든 간에, 그렇지 않으면 그 일은 커지고 네 안에 부풀게 된단다. 슬픔의 커다란 공처럼 말이야.

시간이 지나면서 아글라에는 다시 그림을 그리기 시작하고 놀고 먹고 조리 있게 주어, 동사, 보어를 말하기 시작했습니다. 그녀의 육체와 정신이 다시 체조선수처럼 유연함을 되찾았습니다. 그녀는 그 끔찍한 비밀이 없어서 아주 가볍다고 느꼈습니다!

더 나중에 장밋빛의 작은 생쥐는 또 소녀의 비밀들을 간직하게 되었습니다. 그리고 그것은 진짜 비밀이었습니다. 다른 사람이 여러분에게 간직하라고 강요하는 비밀이 아니라 스스로 만드는 비밀들이죠.

부모를 위한 조언

· · · · · · 성적 학대 예방하기 · · · · · ·

성적 학대는 미디어에서 우리에게 보도하는 것과는 반대로 점점 더 빈번하지 않지만 우리는 그것에 대해서 점점 더 많이 말하고 있다.

'위협받는' 아동의 평균 연령이 대략 열 살이고 아동에서 아동으로의 학대 사례가 증가하고 있다.

성적 학대에 대해 아이에게 어떻게 말해야 할까?

두 살과 네 살 사이: 아이의 주변에서 문제가 생겼을 경우에만 말한다. "당분간 너는 잘 이해하기 어려울 수도 있지만 나한테 네가 그런 일을 말하는 것이 매우 중요하단다"라고 명확하게 말한다. 사건을 '감추지' 않아야 한다.

네다섯 살부터: 대략 6개월마다 성적 학대에 대한 정보를 준다. 책 읽기(빨간 모자, 엄지공주… 혹은 '아글라에의 심각한 비밀!')를 활용하고 아이의 마음을 알아보기 위해서 "어떤 어른이 만약 너한테 귀엽다고 말하고 뽀뽀하고 싶다고 한다면 넌 뭐라고 대답할래?"라고 얘기한다.

여섯 살부터와 아이가 부모 없이 먼 곳에, 예를 들면 단체로 갈 준비가 될 때는 아이에게 다음과 같이 경계하게 한다. "아빠, 엄마, 의사, 간호사 외에 어떤 사람도 네가 옷을 벗은 것을 볼 수 없고 샤워할 때 들어오게 해서도 안 된다" 등등.

아이에게 미리 예방시킨다. "어른들이라고 해서 모두 다 착하지 않단다. 어떤 어른들은 '미치기도' 한단다(이 단어를 발음하는 것이 중요하다). 즉 그런 어른들은 아이를 존중하지 않고 무릎에 앉히고 몸을 만진단다." 또한 법을 언급한다. "만일 경찰이 그런 사람을 본다면 감옥에 가둘 거란다."

일상에서 아이를 존중하기

우리가 아이의 부끄러움(대여섯 살경에 발달한다)을 인정하고 존중한다. 아이가 샤워할 때 목욕탕문을 노크하고 샤워커튼을 친다….

아이의 몸을 존중한다. 즉 아이가 뽀뽀하기 싫어하는가? '아이가 날 이제 좋아하지 않아. 그럴 수 없어'라고 생각하면서 아이에게 억지로 뽀뽀하게 하지 않는다. 아이는 거부할 권리가 있다.

오이디푸스(네 살-여섯 살경) 컴플렉스 차원에서 소녀는 특별히 외향적으로 보일 수 있다. 아이가 치마를 쳐드는가? 웃지 말고 단호히 반응하고 그런 행동을 용인하지 말라. "그렇게 하지 마라."

아이와 약속을 하라. 즉 아빠 엄마가 미리 말하지 않을 경우 어느 누구도 학교로 아이를 데리러 갈 수 없다. 만일의 경우에는 인솔자에게 알리고… 인솔자가 부모에게 알리도록 한다.

아이에게 정확한 지침을 준다. 즉 "네가 길거리에서 위협을 받는다고 느낀다면 근처 빵집이나 정육점으로 뛰어들어라."

키워드가 되는 문장

★ "네 몸은 네 것이야, 넌 언제나 안 돼요라고 말할 권리가 있단
다."

★ "바로 네가 주인이야."

★ "비밀은 네가 어떤 것을 비밀로 하기로 선택할 때 가치가 있단
다. 만일 어떤 어른이 네게 비밀을 강요하고 널 위협하더라도
넌 우리에게 말해야 한다."

★ "넌 네 몸의 완전한 주인이다. 네가 대장이다! 만일 어떤 사람
이 네 몸을 만지는 것이 싫거나 뽀뽀하는 게 싫으면 너는 안 돼
요라고 말할 자유가 있단다."

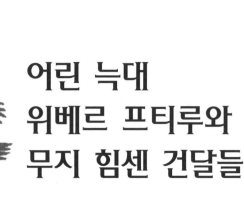

어린 늑대
위베르 프티루와
무지 힘센 건달들

어린 늑대는 잘 자라 눈이 반짝였고 잘 다듬은 이빨을 하고 있어서 아기 늑대들 세계에서 예의 바른 모습이었습니다. 게다가 교화된 이런 어린 늑대들은 멀리서 잘 눈에 띄었습니다. 그 늑대들은 신발 끝을 쳐다보고 털 뒤로 숨어서 얼굴을 붉히고 "감사해요" "부탁해요"라고 말하고 내성적인 표정과 분위기로 다른 이들을 바라봅니다. 그런 어린 늑대들을 잘 모를 때는 그들을 내성적이라고 생각할 것입니다. 하지만 그들은 단지 조심성이 있는 것이죠.

어느 날, 프티루의 아빠는 직업을 바꾸기로 결심했습니다. 프티루는 이사를 가고 소굴(집)을 바꾸고 학교도 바꾸었습니다. 부모님들이 그에게 이렇게 약속했습니다.

— 너도 알겠지만 넌 친구들을 빨리 사귀지. 모든 늑대 아이들은 친구들을 빨리 사귄단다. 왜냐하면 그들은 무리지어 사니까.

'그게 어른들의 생각이구나!'라고 프티루는 생각했습니다. 프티루는 여덟 살 나이에, 학교에서 친구들을 그렇게 쉽게 사귀기 어렵단 것을 잘 알고 있었습니다.

첫째 날, 프티루는 학교 안마당에서 울고 있었습니다. 프티루는 '내성적인' 눈을 하고는 자신이 혼자라고 느꼈습니다. 폴로티를 입고 수퍼룰루 가방을 메고 있었지만요, 이것들은 아주 유명한 것이었습니다. 늑대 아이들 세계에서 아이들은 유명한 상표의 물건을 아주 좋아한답니다. 마치 당신이 정말 수퍼룰루라고 생각하게 하는 상표죠. 그런데 여기 우리의 작은 늑대가 시끄러운 운동장, 놀람과 기쁨, 분노의 외침으로 가득한 운동장 한가운데서 갈 곳을 몰라 하고 있습니다. 한눈에도 모든 어린 늑대들이 적어도 둘씩, 셋씩 혹은 무리 지어 있다는 것을 쉽게 알아챌 수 있습니다. 아무도 혼자가 아닙니다. 프티루만 제외하고요.

갑자기 그는 운동장 한가운데에서 세 마리의 힘세 보이는 늑대들을 보았습니다. 그들은 추잉껌을 씹으면서 그에게로 다가왔습니다.

― 안녕, 친구, 너 수퍼룰루 가방을 갖고 있구나.

― 안녕, 그래, 그건 수퍼룰루야라고 프티루가 대답했습니다.

세 마리의 힘센 늑대 중 하나가 휘파람을 불었습니다.

― 그건 정말 수퍼룰루야. 그건 붉은 형광색 띠 같은데, 넌 가짜 수퍼룰루가 있다는 걸 알기 때문이지. 가짜 수퍼룰루와 엉터리 수퍼룰루가 있지.

― 응, 가짜 나도 알아, 프티루는 코를 높이 들고 자랑스럽게 대답했습니다.

― 그럼 말해봐, 친구, 네 부모님들은 돈이 있겠네라고 힘센 늑대들 중에서 가장 커다란 늑대가 말했습니다.

프티루는 조금 웃음을 터뜨렸지만 대답하지 않았습니다. 왜냐하면 그것에 대해서는 아무것도 전혀 알지 못했기 때문입니다. 그는 몇 번씩 엄마한테 그들이 부자인지 혹은 가난한지 물어보았었습니다. 그러면 엄마는 그에게 "비교적 부자이기는 하지만 아주 부자는 아니란다." 이렇게 대답하면서 덧붙였습니다. "그건 잘 교육받은 어린 늑대가 관여할 게 아니란다."

그래서 프티루는 그런 것을 묻지 않았고 돈 문제는 어른들 세계에서 매우 복잡한 것 같다고 생각했습니다.

그는 거북한 표정으로 자신의 운동화를 쳐다보았습니다. 그리고 이렇게 생각했습니다. '결국 이들이 내게 뭘 바라는 걸까?' 세 마리의 시선의 공격을 받으며 그는 자신의 가방이 등에서 벗겨지는 것 같았습니다.

바로 그 순간 종이 울렸습니다. 두번째 힘센 늑대가 그에게 말했습니다.

― 네 이름이 뭐야?

― 위베르 프티루라고 프티루가 대답했습니다.

― 교문 앞에서 기다릴까?

― 물론이지라고 프티루는 웃음 반 눈물 반의 심정으로 대답했습니다.

힘센 늑대들의 약간 위협적인 태도에도 불구하고 그는 이렇게 생각하게 되었습니다.

'난 세 명의 친구를 사귀었어! 난 세 명의 친구가 생겼다고!' 16시 30분에 세 마리의 힘센 늑대들이 주머니에 손을 넣은 채 거기에 있었습니다. 그가 다가가자 그들이 왕자에게 하듯이 그에게 인사했습니다.

― 오, 우리의 수퍼룰루! 와우, 수퍼 책가방을 맨 수퍼룰루.

키가 제일 큰 늑대가 프티루에게 아주 낡고 오래된 배낭을 보이면서 몸을 돌렸습니다.

― 네게 거래를 제안한다. 나의 낡은 멋진 배낭과 너의 훌륭한 수퍼룰루와 교환하자…, 그렇지 않으면 널 죽일 테다 하고 힘센 늑대가 신호를 했습니다.

프티루는 반대하고 싶었지만 힘센 늑대의 손에서 뭔가 반짝이는 것을 보았습니다. 그게 뭐였을까요? 가위? 칼? 그는 조용히 가방을 벗어서 건네주었습니다. 패배한 얼굴이었습니다.

— 브라보, 친구. 선택 잘했어. 왜냐하면 그렇지 않으면….

그리고 그는 프티루에게 그의 목을 조르는 시늉을 했습니다. 꽥.

다음 날, 프티루는 늑대의 걸음으로 집에서 나왔습니다. 엄마에게 자신의 심하게 망가진 새로운 책가방을 보이기 않기 위해서였습니다.

다음 날에도 술책이 계속되었습니다. 프티루가 수퍼롤루 지우개, 부드러운 양가죽 티셔츠, 닭으로 만든 사탕, 원격 조종되는 마닉스 자동차를 내놓았고 마침내 매일 학교에 가져오는 간식도 내어 주었습니다. 힘센 늑대들이 손에 번쩍이는 쇠를 가지고 있는데 어떻게 안 돼라고 말하겠어요? 그리고 꽥이라는 위협을?

곧 그들에게 더 많을 것을, 훨씬 더 많을 것을 주어야 했습니다. 크리스마스날이 다가왔을 때는 엄마 지갑에서 몰래 꺼낸 돈과 엄마의 은귀걸이까지 주어야 했습니다.

힘센 늑대들은 프티루의 집에 결코 가 본 적이 없으면서도 그의 집에 있는 물건에 대해 이제 모르는 것이 없었습니다. 왜냐하면 그들이 프티루에게 그의 장난감과 유명 브랜드 옷에 대해서 길게 오랫동안 질문했기 때문입니다. 그리고 프티루는 착하게 대답했습니다. 그의 엄마는 프티루에게 질문을 받으면 친절하게 대답해야 한다고 말하지 않았을까요? 그는 세 마리의 힘센 늑대들에게 이와 같이 복종했습니다. 그들은 "네가 이르면 널 혼내 줄 거야"라고 말했고요.

어쨌든 그는 작은 늑대똥, 친구를 사귈 수 없는 우스꽝스러운 작은 늑대가 아니었을까요? 아마도 그가 어떤 식으로든 돈을 지불하는 것은 평범한 것이 되었습니다.

그가 집에 들어왔을 때, 엄마 늑대가 그를 걱정스러운 눈초리로 바라보았습니다. 당신이 사랑하는 누군가에게 뭔가를 감추기란 어려운 일입니다. "네, 학교 식당은 좋고, 네, 나는 열심히 공부했어요." 이렇게 말하며 상냥한 미소 뒤로 위장해 봤자 소용이 없습니다. 엄마들은 그들의 어린 늑대의 가슴이 언제 괴로운지 알고 있습니다.

프티루가 학교에 도착했을 때, 위가 울렁거리고 고통이 심해서 양호실에 갔습니다.

— 네 배가 너무 부풀어 올랐다!라고 어느 날 간호사가 그에게 말했습니다. 그는 배에 고약한 비밀이 가득하다고 생각했습니다.

— 닭 뼈조각이 위에 걸렸어요라고 프티루는 힘없이 대답했습니다. 그는 그것이 겁 때문이라는 것을 잘 알고 있었습니다.

겁은 그의 수염까지 조금씩 갉아먹어 들어갔습니다. 그의 엄마가 발견하지 못한 겁은 지갑으로 파고 들어갔고, 구타당할까 봐 두려워하는 겁이 없습니다….

하지만 그는 부모님에게 아무것도 말하지 않았습니다. 그는 말하면 안된다고 생각했고, 어쨌든 힘센 늑대들이 그들 위협했습니다. 만일 그가 조금이라도 입을 열면, 힘센 늑대들이 그를 죽일 것이 확실합니다. 그들은 그들에게 자신의 간식을 주기를 거부하는 초등학교의 어린 늑대에게 일어났던 일을 그에게 이야기했습니다.

어느 날, 프티루가 학교 정문에 다가갔을 때, 그는 아빠의 자동차를 보앉습니다. 그리고 아빠는 으르렁거리는 큰 소리로 세 마리의 힘센 늑대들과 싸우는 중이었습니다!

— 아, 이제야 모든 걸 알겠어, 이 도둑떼들! 악당들아!

프티루는 귀를 아주 크게 세웠습니다. 그는 자신의 눈을 믿지 못했습니다! 그는 깜짝 놀랐습니다. 그는 자신의 아빠가 세 마리의 힘센 늑대들보다 훨씬 더 힘이 센 것을 보았습니다! 왜냐하면 악몽에 시달려서 프티루는 현실에 대한 감각을 잃었기 때문입니다. 그는 힘센 늑대들이 맹렬한 위세를 떨치고 탐욕을 부려서 적어도 2미터가 된다고 상상했습니다! 어느 날 밤, 그는 꿈에서조차 세 마리의 힘센 늑대들이 은행 앞에서 경기관총을 가지고 자신의 아빠를 위협하는 것을 볼 정도였습니다! 그런데 그들은 지금 아빠 앞에서 아주 작아 보였습니다…, 프티루는 눈을 크게 뜨고 그를 구조하러 온 응징의 그 광경을 확인했습니다.

그날 저녁, 아빠는 이번에는 프티루를 훈계했습니다.

— 늑대들의 세계에 법이 존재한단다! 그리고 법이란 어떤 것을 할 권리와 어떤 것을 하지 않아야 하는 권리란다. 다른 늑대에게서 강탈하고 심각한 것을 이야기하고, 제일 약한 자들을 위협하는 것…, 우리는 그런 걸 하지 않아야 하고 그런 자는 감옥에서 벌을 받는단다! 어린 늑대들은 아주 잘 교육을 받았더라도 꼭 자신을 방어해야 한다. 힘센 세 마리의 늑대들은 너무 나쁜 짓을 했고 벌을 받을 거란다.

프티루는 자신의 물건들과 수퍼룰루 가방, 수퍼룰루 폴로, 수퍼룰루 지우개를 되찾았습니다. 그는 그것들을 자신의 방에 보관했고 다시는 학교에 가져가지 않았습니다. 그리고 그 이후로 그는 훨씬 더 나아졌습니다! 운동장에서 그를 본다면 알게 될 겁니다…,

오늘 바로 그가 소리치고 가장 크게 웃습니다. 그에게 어린 수퍼늑대가 되기 위한 최고의 상표는 필요없습니다. 그리고 힘센 늑대들은 그가 늑대 발걸음으로 걷는 것에 관심을 갖지 않았습니다.

부모를 위한 조언
· · · · · · 아이들 사이의 돈 뺏기와 상표 · · · · · ·

미국의 통계에 따르면 세 명의 아이들 중 한 명이 아이들에게 돈을 뺏긴다고 한다. 다행히 프랑스는 아직 그 정도는 아니다…. 하지만 아이들 사이의 돈 뺏기는 아이 소비자의 출현, 브랜드의 힘(유아원 아이들이 이미 나이키와 아디다스의 영향력을 알고 있다)과 관련되어 점점 더 고등학교, 중학교에서 빈번해지고 있다. 그리고 초등학교에서조차 초등학교의 어떤 '꼬마들'은 자신들의 구슬이나 간식을 뺏긴다.

물물교환에 주의해야 한다. 그것은 강탈의 전단계이다. 왜냐하면 어른들은 이렇게 아이들의 순진함을 이용하기 때문이다. 만약 학교에 다니는 당신의 아이가 볼품없는 4색 볼펜을 자랑하면서 의기양양해 돌아온다면, 아이가 아주 새것인 그의 가방을 주고 교환했다면 행동을 해야 할 때인 것이다….

강탈당하는 아이의 신상

물론 아이에게 돈을 뺏는 아이들은 '두목'이나 그들을 신뢰하는 아이들이나 친구들 '무리'에게 공격하지 않지만 새로운 꼬마아이들에게 비겁하게 공격한다.

'강탈당하는 아이'는 그도 모르는 사이에 당할 수 있다. 그런 경우 아이는 자신에 대한 자신감이 없어서 친구를 사귀기 위해 작은 선물이 많아야 한다고 생각하게 된다. 당신도 방침을 바꾸어야 한다. 즉 우리는 친구를 사귀기 위해 돈을 '내지' 않는 것이다!

언제 어떻게 그것에 대해 말할 것인가

어쨌든, 그런 일이 여섯 살이 되어 학교에 들어가기 전에 일어나지 않았더라도, 학교가 위험에 노출되어 있다고 생각하거나 위험한 지역에 있다고 생각한다면 좀 더 일찍 (초등학교 때부터) 말해야 한다.

만일 아이에게 그런 일이 일어난다면, 아이가 한 명 혹은 여러 명의 학생들에게 위협을 당한다면 첫번째로, 아이에게 요구하는 것을 주어도 좋으니 아이가 상처받지 않고 나올 생각을 해야 한다.

그리고 나서 그것에 대해 집에서 말할 때가 될 것이다.

만일 아이가 위협당한다면 보복당할 것을 두려워하지 않아야 한다. 강탈하는 이들은 다른 이들보다 더 강하지 않다. 그들에게 반대의 느낌을 받게 될지라도. 만일 우리가 그들을 고발하면 그들은 감옥에 가게 될 수 있다.

그런데 아이가 말하지 않는다면?

아이의 행동이 변했을 것이다. 아이의 학교 성적이 떨어질 수 있고 아이의 얼굴이 어둡고 악몽을 꾸고 잠자리에서 오줌을 다시 싸고 당신의 질문에 이렇게 대답할 수 있다. "난 말하고 싶지 않아요." 학교에 가서 문의하라.

탐정놀이는 아니지만 때때로 그의 책가방을 보고 어떤 것이 없어지지 않았는지 '새로운 물건'이 생겼는지 경우에 따라서 확인하라. 신학기에 아이에게 주었던 예쁜 수성펜 필통은 어떻게 되었는가?

키워드가 되는 문장

★ "모든 물건에는 주인이 있다."

★ "훔치는 것은 범죄 행위다. 그것은 아주 나쁜 짓이다. 어른들이 물건을 훔치면 감옥에 갇힌다. 그리고 때때로 오랫동안 갇혀 있는다. 아이들에게도 마찬가지란다."

★ "모든 물건은 가치가 있고 돈을 지불해야 한다. 낡은 가방은 아주 새로 산 가방과 같은 값이 나가지 않는다."

★ "다른 사람들이 네 것을 훔치거나 네 몸을 건드릴 권리가 없단다."

★ "준다는 것은 무료로 하는 행위이다. 우리는 친구를 사귀기 위해 무엇을 주지 않는다. 진정한 친구들은 우리가 선물을 줘서 좋아하는 게 아니라 그냥 우리를 좋아하는 것이다. 그들이 반대를 말할지라도."

어떻게 토끼를
요리할까

    멀리서 보니 토끼들이 모두 비슷해 보였습니다. 하지만 그들은 모두 다르답니다. 거친 (딱딱한) 토끼들이 있고, 고집 센(질긴) 토끼들이 있고, 속이 아주 부드러운(연한) 토끼들이 있습니다. 팔팔한 귀를 한 자존심이 강한 토끼들이 있고 자신감이 없는 토끼들, 아주 크게 웃는 토끼들, 속으로 웃는 토끼들이 있습니다. 토끼들도 조금은 어린 소년·소녀와 같습니다. 어떤 토끼들은 말을 많이 하고 또 어떤 토끼들은 말을 조심합니다.

    에밀은 가슴이 따뜻하고 볼은 종종 회색빛에서 장밋빛으로 변하고, 감각이 아주 예민해서 빨리 움직여대는 콧수염을 하고 있었습니다. 에밀은 다른 토끼들을 열심히 관찰하고 거친 토끼들과 고집 센 토끼들에게 감탄했습니다. 그들은 운동장에서 가슴을 내밀었습니다. 그런 일은 부드럽고 내성적인 에밀이 학교에 있을 때 일어났습니다. 운동장에서 그는 눈을 크게 떴습니다. 커다란 운동장에는 온통 초록색의 벤치가 있었고 큰 토끼들이 소리를 쳤습니다. 에밀은 귀가 축 늘어진 채로 땅바닥에 적힌 아주 중요한 메시지를 해독하는 척하면서 구석에 엎드렸습니다. 하지만 바닥에는 회색 흙만 있었습니다.

유식시간마다 에밀은 생각했습니다. '이번에 내가 거기에 가야지…, 그들에게 함께 놀자고 해야지.' 하지만 에밀은 항상 초대받지 않으면 어느 곳에도 결코 들어가지 못한다고 배웠습니다. 그것은 예의 범절이지만 학교에의 규칙은 아닙니다. 그리고 럭비 스크럼 속에 그가 들어갈 아주 작은 틈도 없었습니다.

매일매일 에밀의 마음은 점점 무거웠고 자신감을 잃게 되었습니다.

— 난 쓸모없어! 쓸모없어, 너무 쓸모없어라고 그는 엄마에게 말했습니다. 만일 단지 누군가가 와서 그의 손을 붙잡고 기별을 하러 왔다면 그에게 윙크했을 것입니다! 그는 갔을 거고 말했을 것이고 모든 것을 주었을 것입니다.

그는 혼자 있기 때문에 주목을 받게 됩니다. 어느 날, 옆 학급의 큰 녀석이 가슴을 내밀며 그에게 다가왔습니다.

— 안녕, 넌 어린 생쥐구나!

그는 에밀의 수염을 잡아당겼습니다.

— 친구들끼리는 서로 네가 토끼인지 혹은 어린 생쥐인지 묻는단다.

에밀은 조금 얼굴을 붉혔습니다.

— 너도 잘 보면 저 애가 토끼라는 걸 알 거야. 저 귀를 봐! 검은색 수염을 한 커다랗고 힘센 두번째 녀석이 말했습니다.

이런, 그가 에밀의 귀를 잡아당겼습니다.

— 아냐, 저 꼬리를 봐! 그건 생쥐야! 세번째가 깔깔거렸습니다.

에밀은 불쌍하게 미소 지었습니다. 축구팀 선수들이 옆에서 관심을 가지고 곁눈질을 했습니다. 갑자기, 에밀은 큰 녀석들에게 말했고, 재미있는 뭔가가 되었습니다. 에밀은 아주 마음이 가벼웠습니다. 어쨌든, 그가 친구를 사귀게 되는 게 아닐까요? 운동장 안쪽에 혼자 남는 것보다 훨씬 더 나을 테니까요. 바로 그날 저녁, 에밀은 껑충 뛰면서 아주 따뜻한 굴 속으로 들어왔습니다.

— 엄마, 엄마 나 큰 녀석들을 만났어요! 친구들을요!

그러자 엄마는 눈을 반짝였습니다.

세 마리의 큰 쥐들은 에밀에게 "내 귀여운 토끼"라는 별명을 붙이고 끊임없이 그의 귀를 잡아당겼습니다. 하지만 그건 평범하지 않을까요? 에밀은 속으로 자신이 아주 멍청하다고 느꼈고 이렇게 생각했습니다. '난 그들이 내 귀를 잡아당기도록 허락할 수 있어. 만일 그들이 날 그들의 친구가 되는 특권을 준다면, 안 그래?'

그는 정말 그들처럼 보이고 큰 웃음으로 크게 웃고 특별한 분위기로 모두를 바라보고 싶었을 것입니다. 세번째 날, 학교에서 나오면서 세 마리의 큰 쥐들 중 하나가 에밀의 귀에 대고 속삭였습니다.

— 우린 사람들이 널 약간 씹어 먹기 전에 어떻게 요리하는지 궁금해, 내 귀여운 토끼야.

— 그래라고 큰 쥐가 말했습니다. 우린 너를 올리브와 양파와 함께 요리하는지 궁금해…, 자두, 기름살조각이랑?

마음이 아주 여린 에밀로서는 그런 말은 충격적이었습니다. 그는 얼굴을 붉히고 가짜 웃음을 웃었습니다. "녀희들은 미쳤구나"라고 말하고 싶었지만 "아냐, 아냐, 아냐"라고 하지 못했습니다.

다음 날 그들이 에밀에게 말했습니다.

— 넌 귀여운 엉덩이를 가졌구나, 귀여운 토끼야.

— 토끼야, 양배추! 토끼야, 양배추!

그리고 큰 쥐들이 토끼의 몸을 가지고 장난을 친 후에 에밀의 옷이 다 벗겨져 벌벌 떨었습니다.

그날 저녁, 그는 잠을 자지 못했습니다. 악몽이 그의 머릿속에 가득했습니다. 그에게 일어났던 일은 너무나 끔찍했고 그것은 물론 그가 상상한 것이었습니다. 그것은 있을 수 없었습니다. 어쨌든 그가 말했더라면 다른 토끼들이 눈을 동그랗게 뜨고 그를 바라보았을 것입니다.

— 에밀, 너 꿈꿨구나…, 우리에게 꿈이야기를 해주렴. 그런 일은 일어날 수 없단다. 넌 혼자고 옷이 벗겨진 채고 네 고추를 만지는 다른 쥐들이랑 함께 있었고, 그런 일은 다른 아이들과는 일어나지 않을 거야. 수줍어하고 상상력이 풍부한 어린 토끼들 세계에서 그것은 꿈처럼 때때로 일어나는 거야. 그런 토끼들은 그들 때문이라는 느낌을 받는 거야. 그들이 누구든 잘못을 저지른 거야! 에밀은 마음속 깊이 비밀을 파묻고 이렇게 생각했습니다.

'바로 내가 모든 것을 꾸며낸 거야, 일종의 미친 짓을. 아무에게도 말해선 안 돼.'

하지만 큰 쥐들은 축구장에서, 학교 화장실에서 다시 에밀의 몸을 가지고 놀기 시작했습니다….

— 만일 네가 한마디라도 말하면 네 혀나, 고추를 자를 거야. 선택해라고 큰 쥐가 말했습니다.

에밀은 항상 아무것도 말하지 않았습니다. 에밀은 그가 아무런 관심을 받지 못하는 어린 토끼라서 치러야 하는 대가가 아닐까? 라고 생각했습니다. 아, 만일 그가 말을 할 수 있었다면, 에밀은 이렇게 말했을 것입니다.

— 안 돼— 안 돼— 안 돼! 이건 내 몸이고 내 엉덩이야! 손대지 마!

하지만 에밀은 안 돼라고 말하는 것을 결코 배운 적이 없습니다. '안 돼'라고 말하는 것은 토끼로서는 감히 할 수 없는 거야라고 어린 토끼는 생각했습니다. '그건 다른 애들이나 말할 수 있는 거지, 친구들이 많은 힘

셍 애들이나.'

이런 일은 2주나 지속되었습니다. 2주 동안이나 에밀은 그 나쁜 행동, 나쁜 말, 조롱을 마음 깊숙이 파묻었습니다. 그의 장밋빛 얼굴빛은 진한 회색이 되었고 눈은 아주 슬퍼 보였으며 배는 아주 고통스러웠습니다. 그리고 특히 그는 더 이상 학교에 갈 수 없었습니다. 왜냐하면 그의 다리가 힘이 빠졌기 때문입니다. 토끼 엄마들은 아주 총명했습니다. 이것은 엄마들이 다 듣지 않고도 모든 것을 이해했다는 의미입니다.

에밀은 아주 작게 말하기 시작했습니다. 그것은 어려운 일이었습니다. 왜냐하면 그가 결코 발음한 적이 없는 단어들을 말해야 했기 때문입니다. "내 육체, 모두 벗겨져, 섹스, 지지"와 같은 것이었습니다. 그의 엄마는 물론 아주 놀랐고 계속해서 이렇게 말했습니다.

— 끔찍해, 끔찍해! 그 녀석들은 그럴 권리가 없어! 네 몸은 네 것이란다. 교장선생님에게 그 일에 대해 말해야겠다. 그건 너무 심각한 일이야.

에밀은 말을 해서 배가 좀 편해진 것 같았습니다. 그가 겪은 것이 "끔찍했다"고 말하는 것을 이해해 주는 것은 아주 좋은 것입니다. 그리고 그것은 그의 잘못이 아닙니다. 상황은 아주 분명했고 그는 나아졌다고 느꼈습니다.

다음 날부터 그는 세 마리의 큰 녀석들을 보았고 그들에게 말했습니다.

— 난 녀희들을 따라가지 않을 거야, 안 돼, 안 돼, 안 돼, 난 그러기 싫어. 큰 녀석이 당황해서 그의 귀를 돌렸습니다. 이 어린 토끼에게 무슨 일이 생긴 거지?

바로 그 순간 교장선생님이 도착했습니다…, 세 마리의 큰 녀석들은 아주 끔찍한 순간을 보냈습니다.

에밀은 그 일을 잊으려고 노력했지만 큰 녀석들이 밤마다 꿈속에서 다시 왔습니다. 불이 꺼지자마자 세 마리의 큰 녀석들이 그를 기다렸고 그의 귀에 대고 끔찍한 것을 말하며 비웃었습니다. 조금 후에 에밀은 친구, 진정한 친구들을 사귀었습니다.

　그는 또한 그가 원할 때는 그래라고 말하고 원하지 않을 때는 "천만에, 난 포로 공놀이 하고 싶지 않아"라고 그들과 대등하게 말하는 것을 배웠습니다. 그것이 중요합니다. 우리가 배가 고플 때 과자를 주면 그래라고 말하고 원하지 않으면 아니라고 말하는 것입니다. 그것이 보통이죠! 그는 또한 혀나 다른 것을 잘릴 거라는 두려움 없이 말하는 것도 배웠습니다….

세상에 대한 중요한 질문들

요정 광고

옛날에 요정나라에 미누크라는 이름의 요정 소녀가 있었는데 하루 종일 텔레비전을 보았습니다. 그렇죠, 요정들도 작은 결점이 있답니다! 미누크가 특히 좋아했던 것은 다큐멘터리나 만화가 아니라… 광고였습니다.

아무리 요정이라도 약간의 꿈과 많은 요술이 필요한 거죠. 그리고 광고는 미누크에게 굉장히 많은 꿈을 꾸게 했습니다. 텔레비전에서 선전하는 그 모든 장난감, 그 모든 물건들이 공상적인 것이라는 사실을 그녀는 이해하지 못했습니다.

원격 조종으로 달까지 가는 로켓, 커다란 자연 잠수함, 벌레들의 언어를 이해할 수 있는 오디오, 개미, 딸기맛 아이스바를 만드는 인형 등이 있었습니다.

그런데 광고가 나올 때 미누크의 가슴은 더욱 빨리 뛰었고 볼은 장밋빛이 되고 눈은 크게 떠졌습니다. 무엇보다 더 강한 갈망이 생겼습니다. 우선 위가 텅 비고 배 속이 간지럽고 머릿속에는 오직 한 가지 생각이 자리 잡고 목소리는 날카롭게 이렇게 외쳤습니다. "난 원해! 난 살 거야! 난 그걸 원하고 그걸 가질 거야!" 그리고 그녀가 마침내 물건을 획득하는 순간 까지 이런 불편함은 사라지지 않았습니다.

요정들의 나라에서 마술가루 덕택으로, 한 푼도 갖고 있지 않더라도, 마술지팡이를 제외하고는 요정은 원하는 것을 얻습니다. 그것들은 요정 들의 아카데미로 배달되었습니다. 미누크는 모든 물건들을 그녀 앞으로 오게 했습니다. 원격 조종 로켓, 요리하는 인형, 커다란 자연 잠수함, 방을 정돈하는 로봇.

마술지팡이가 작동하는 1,2초 동안 미누크는 아주 기뻤습니다. 그녀는 혼자서 웃고 노래하고 여기저기 뛰어다녔습니다. 하지만 장난감이 그녀 에게 배달되자마자 그녀는 필연적으로 실망했습니다. 로봇은 희귀한 건 전지로만 작동했고, 로켓은 결코 달에 다시 가지 못했으며 인형이 만든 딸기맛 아이스바는 플라스틱 맛이 나는 오래된 것이었습니다. 요컨대 물 건이 현실적이 되자 요술이 사라진 것입니다. 그럼에도 불구하고 미누크 는 계속해서 광고를 보았습니다. 광고는 여러분에게 온 세계를 소유하고 싶은 욕망을 주고 아주 멋진 이야기를 들려줍니다!

그런데 일상이 다시 시작되었습니다. 배 속이 비고 간지럽고 머릿속에 는 한 가지 생각만 있고 목소리는 이렇게 외칩니다. "난 그걸 원해, 난 그 걸 가질 거야!". 텔레비전에서 장난감이 나오고 실망해서 눈물을 흘리는 위기가 생깁니다.

창고에 쌓인 오래된 장난감 재고품, 새로운 성능 좋은 엔진이 달린 재 고품, 자질구레한 물건들, 기적을 울리지 않는 기차들, 다른 것들보다 더 빠른 새로운 자동차들, 텔레비전에서 본 아침식사용의 새로운 시리얼과 그 안에 들어 있는 선물들을 이젠 셀 수도 없게 되었습니다!

어느 날, 미누크는 텔레비전을 켜면서 가슴이 훨씬 더 빨리 뛰고 볼이 훨씬 더 붉어지는 것을 느꼈습니다.

작은 스크린에서 작은 요정이… 도금한 은지팡이의 장점을 자랑했습니다.

— 이 도금한 은지팡이를 가지면 당신의 QM(마술 지수)이 더 높아질 것이고 당신은 경이로운 마술을 하게 될 것입니다! 이 고귀한 지팡이를 가지고 당신은 가장 행복해질 것입니다.

그러고 나서 작은 요정은 모든 놀라운 마술을 펼쳐 보였고 도금한 은지팡이 덕분에 성공할 수 있었습니다. 즉 공주를 오랑우탄으로 변화시키고 엄마를 아빠로, 아빠를 할머니로, 압력솥을 시어머니의 모자로, 초콜릿 조각을 각설탕으로 변형시켰습니다…, 오, 미누크는 정말로 그것을 갖고 싶어했습니다!

하지만 어린 요정들은 마술지팡이만… 제외하고 모든 것을 얻을 수 있다는 것을 기억하세요. 그녀가 이 끔찍한 현실의 이 규칙을 의식했을 때 머리를 다 쥐어뜯을 뻔했습니다. 그녀는 바로 이번에 처음으로 "난 그걸 원해, 난 그걸 가질 거야"라는 날카로운 목소리를 내지 않아야 했습니다. 그녀의 가슴은 고통으로 가득했습니다.

그녀가 만일 공주를 오랑우탄으로, 암사슴을 세 마리의 두꺼비로, 압력 솥을 시어머니의 모자로, 초콜릿 조각을 각설탕으로 변화시킬 수 없다면 요술이 살아가는 데 무슨 소용이 있을까요?

그녀는 침대로 가서 어떻게 하면 경이롭게 하는 도금한 은지팡이를 얻을 수 있을까 생각했습니다. 어느 날 밤, 그녀가 침대에서 1,678번이나 몸을 뒤척거리는 동안 대모 요정이 그녀 앞에 나타났습니다. 그녀는 항상 절망한 어린 요정들을 도와줍니다. 미누크가 그녀에게 왜 그녀가 잠을 이루지 못하는지, 그것이 경이롭게 하는 도금한 은지팡이 때문이라는 것을 설명하자, 대모는 아주 크게 방울이 울리는 웃음을 웃었습니다.

　　— 왜 웃는 거예요? 그건 우습지 않아요, 미누크가 투덜거렸습니다. 하지만 대모 요정은 계속해서 웃었습니다.

　　— 그건 요정 광고지! 장난꾸러기지! 그 요정은 좀 아무것도 아닌 걸 이야기하는 거야, 그리고 거의 약속을 지키지 않지, 넌 내가 이야기해 주기 바라니? 그녀는 어느 정도는 마녀지…, 그녀가 텔레비전 앞에 있는 아이를 볼 때, 손을 문지르고 한 구석에서 조롱하는 거야, "아, 아, 내 수중으로 하나 더 떨어졌군…." 그녀는 그러니까 악동인 거야, 그녀가 관심을 갖는 것은 세상의 여왕이 되는 거라구!

　　그리고 나서 대모 요정은 다시 진지해졌습니다.

　　— 네가 갖고 싶어하는 도금한 은지팡이는 다른 지팡이와 같은 거야, 그것이 조금 더 빛나는 것만 빼고, 그것만 다른 거란다!

　　어린 요정은 화가 나서 약간 화를 벌컥 내고 발을 쾅쾅거리고 털이불을 공중으로 던지고 지팡이를 창 밖으로 던졌습니다. 그리고 나서 그녀는 차분해져서 곰곰이 생각했습니다.

　　그녀는 여전히 텔레비전을 계속해서 보았습니다. 하지만 그녀가 텔레비전을 켰을 때, 그리고 그녀가 위가 잔지럽고 머리에 한 가지 생각이 가득하고 심장이 더 세게 뛰는 것을 느꼈을 때, 요컨대 텔레비전에서 선전하는 장난감을 가지고 싶은 마음이 생기자마자 그녀는 한 구석에서 손을 비비고 조종하는 요정의 광고를 떠올렸습니다. "꿈꿔라, 소녀야, 꿈꿔…, 곧 난 세상의 여왕이 될 거야! 모든 아이들이 내 거가 되는 거야!"

그러자 미누크는 텔레비전을 끄고 아주 크게 말했습니다.

— 안 돼, 안 돼 장난꾸러기 요정, 이번에 넌 날 갖지 못할 걸! 네 장난감은 신비로워 보이지만 전혀 그렇지 않아!

그리고 바로 그녀가 화가 나서 초록색이 된 요정을 상상하면서 은밀히 웃었습니다. 그리고 그녀는 이렇게 생각했습니다. '우리 둘 중에서 바로 내가 강하지!'

부모를 위한 조언
· · · · · · 텔레비전의 아이들 · · · · · ·

텔레비전은 우리의 어린애들을 거의 최면상태로 빠뜨린다! 그래서 스크린 앞에 있고 다가가는 게 너무 좋은 것이다…. 바로 그런 이유 때문에 아이들에 대한 광고는 대충 짐작으로 발전하고 있다. 모든 것이 아이들을 광고로 매료시키기 위해 만들어진다. 짧고 컬러풀한 이야기…. 아이들은 무서운 구매 전문가들이고 광고는 그걸 이용한다! 통계수치에 따르면 가족 소비의 43퍼센트(열 개 중 네 개 이상의 구매)가 아이들의 체에 의해 선별된다. 종종 어른들은 그들에게 물어본다(자동차를 사기 위해서조차). 푸조 806에 대한 광고에서 보라. "아이들이 그들의 부모에게 자동차를 조언한다." 텔레비전 화면에서는 어린 관객과 '주인공' 간의 동일시를 조장하도록 되어 있는———아이들의 존재를 이제는 고려하지 않는다. 그 결과, 콘소주니어〔역주: Consojunior; 청소년의 소비 행동과 매체에 대한 연구〕 연구에 따르면 여덟 살-열 살의 42퍼센트가 "광고가 많은 물건을 사고 싶게 한다"고 생각한다. 그리고 (더 나쁘게!) 26퍼센트는 "광고가 부모들을 설득하는 데 도움이 된다"고 말하기까지 한다….

심리학자들에 의하면 '큰' 아이들(일곱 살-여덟 살)은 어른들보다 아주 더 고지식하지는 않다고 한다. 하지만 그들은 광고의 힘을 믿고 싶어한다. 왜냐하면 그들은 또래의 그룹에 통합되고 싶어하기 때문이다.

'텔레비전'의 위협에 어떻게 반응할 것인가?

우리는 비디오 테이프 녹화기를 지나치게 사용하고 남용한다. 배우처럼 포즈를 취하게 해서 광고의 노예로 변형시키지 말라.

매일 아침 텔레비전을 금지하라. 집중과… 가족 간의 소통을 망치게 된다.

아이들 방에 텔레비전을 두지 않도록 하라(있다면 점점 더 짧게 시청하게 하라). 아이들이 텔레비전을 켜기 전에 허락을 받게 하라.

작은 화면 앞에서 보내는 시간을 제한하라. 두 살에서 세 살 사이의 경우 최대 20분, 세 살에서 여섯 살 사이에는 30분, 주말에는 하루에 한 시간 정도. 여섯 살에서 열한 살 사이에는 일주일 동안 하루에 한 시간. '꼼짝 않고 텔레비전' 보는 것을 피하도록 한다.

24시간 내내 텔레비전을 켜는 것은 아이들에게 아주 나쁜 습관이다! "텔레비전 자막' 앞에서 많은 아이들이 잠이 든다. 그것은 나쁜 일이다"라고 정신분석학자 주느비에브 드즈나티가 단언한다. "내가 보기에 그것은 호사를 포기하는 것이다."

텔레비전을 악마라고 소개하지 말라. 때때로 카세트 라디오를 칭찬하고 함께 시청하는 주도권을 쥐도록 하라. 우리가 어렸을 때 감동을 준 만화를 아이들에게 알게 하라.

베이비시터에게 텔레비전을 잊도록 요구하라. 필요하다면 서랍에 두고 원격 조종처럼 위장하라.

'광고'의 위협에 대해 어떻게 행동할 것인가?

아이들과 함께 짧은 상업 광고를 해독하라. "저거 보이지. 그것들은 음악과 몇 가지 색깔로 이루어진 거란다…. 그것을 보니 사고 싶지, 그렇지?"

경연대회, 놀이 등의 경품에 대해 아이들에게 경고하기 위해 최소한의 경우를 이용하라. 예를 들면 아침마다 게임기를 상품으로 주겠다고 유혹하는 시리얼 상자를 읽으면서.

키워드가 되는 문장

★ "너 봤니? 텔레비전에 장난감이 나오면 그것은 약간 신비로워 보이지. 그것을 사고 싶어하게 하는 거란다."

★ "텔레비전에 나오는 인형은 실제보다 훨씬 더 커보이고, 시리얼은 그릇에 담기는 것보다 텔레비전에서 훨씬 더 많이 바삭바삭거린단다."

306

아주 멋을 부리는
화성 여자들

사람들은 화성인들이 녹색의 끈적거리는 괴물이라고 생각합니다.

아주 오래 전 한때에는 어린 화성 여자들이 아주 아양이 있었답니다. 화성 여자들은 옷, 작은 가방, 머리 손질하기, 화장, 작은 모자, 머리끈 등을 아주 좋아했습니다.

그런데 화성에 대해 결코 말하지 않은 게 있는데, 우리의 아름답고 오래된 지구로부터 수백만 광년의 거리에 있는 화성에서는 정오 전에는 아무도 외출하지 않았답니다. 당신도 알다시피 모양을 내고, 머리를 손질하고 손톱을 다듬고 촉수를 땋는 데는 시간이 필요하니까요. 신비의 거울을 5만 6천 번 들여다보고 다음과 같은 질문을 5만 6천 번 합니다. "거울아, 내 아름다운 거울아, 내가 유행을 따르니?" 신비의 거울은 정확히 5만 6천번째의 순간까지 이렇게 대답합니다. "오 그래요, 녹색 미녀여, 당신은 유행을 이끌어요. 당신은 유행을 타내요."

바로 그때에 유행이 번개 속도로 이어지고 있었습니다. 촉수 땋기 유행, 깃털 촉수의 유행, 5층짜리 모자, 57센티미터의 신발굽이 유행이었습니다. 펄럭이는 운동화가 유행하고 녹색 이를 머릿속에 갖고 다니는 유행, 살아있는 거미를 갖고 다니는 유행, 무서운 얼굴의 유행, 납작코, 날렵

한 코가 유행했습니다. 선모 사탕, 털 털기, 입술에 녹색 바르기와 손톱에 녹색 칠하기 유행.

때때로, 당황스러운 순간이 있곤 했습니다. 왜냐하면 제조인들이 2초에 한 번씩 유행을 내놓아서 즉시 따라야 했기 때문입니다. "이번에는 촉수 땅기가 유행!"이라고 그들은 외쳤습니다. 그런데 외출하기 전에, 그리고 거울 앞에 서기 전에 코를 재빨리 납작하게 해야 하고 모퉁이에 있는 가게에서 거미를 사야 하고 5분 내에 볼을 통통하게 살찌우기 위해 엄청나게 먹어야 했습니다.

패션의 상인들이 바로 번영을 누렸습니다. 그들은 작은 녹색조각을 세고 한 구석으로 가서 이렇게 자문하면서 슬그머니 우스갯소리를 했습니다. "내일은 또 뭘 만들어 낼 수 있을까?" 그리고 그들은 탕타쿨르, 프티푸아, 니니토, 튀튀슈라는 상표 덕택에, 우리는 더 강해지고 더 용감해지고 더 꾀바르고 더 사랑에 빠지게 된다고 말하는 메시지를 전달했습니다.

때때로 어떤 어린 화성 여자가 반항을 했습니다. 그녀는 거의 잠옷을 입고 그렇게 외출했습니다. 끔찍해!

그녀는 그 자리에서 벼락을 맞았습니다. 화성인들의 나라에서는 360개의 시각에 의해 동시에 쏘아보아지게 되면 이것은 해를 입습니다. 눈에는 유행에 반대되는 것을 감지하는 탐지기와 레이저총이 설치되어 있었습니다.

그래서 당신이 발레리나 옷을 입고 외출할 때 반면에 코끼리 발로 다니는 것이 유행이었다면, 당신이 스키바지를 입고 나갔다면, 옷 때문에 모두가 당신을 바라볼 것입니다. 학교에서도 마찬가지입니다. 운동장에 가면 잘 알 수 있을 것입니다…, 만약 어떤 사람이 유행을 따르지 않고 촉수를 따지 않고 별모양의 촉수를 하고 나타난다면 혹은 종이로 만든 운동화 대신 스파이크 운동화를 신는다면 그것은 재앙입니다. 그녀는 즉시 300만의 마취시키는 눈에 의해 쏘아보임을 당하고 집으로 뛰어 들어가게 됩니다.

어떤 어린 화성 여자는 유행에 신물이 났습니다. 그녀는 엄마, 자매들이 머리를 곱슬거리게 했다가 풀었다가 몸이 말랐다가 뚱뚱해졌다가 붉어지는 것을 보았습니다. 그녀는 그들이 어리석다고 생각했습니다. 어느날, 그녀는 이렇게 선언했습니다.

— 난 잠옷을 입고 나갈 거야, 이상 끝!

그리고 그녀는 신비의 거울을 들여다보지 않고 나가 버렸습니다.

여러분은 다른 소녀들의 반응을 알 수 있을 것입니다. 그들의 눈이 촉수에서 튀어나왔습니다.

— 저 애… 저 애는 미쳤어! 머리가 돌았어!

하지만 그 소녀는 귀를 막고 지나갔습니다. 그녀는 몇몇 사람들을 불러들였습니다.

— 사람들이 여러분에게 복종해야 한다고 생각하게 한 겁니다! 행성이 이단으로 변했어요! 그리고 우리는 거울 앞에서 몇 시간을 보내고 우리의 모든 돈을 소비하죠…, 그건 수치스러운 일이에요! 하고 어린 화성 여자는 합성된 목소리로 말했습니다. 그것은 바보예요. 우리의 피부가 진한 녹색이기는 해도 우리는 모두 달라요. 그런데 왜 똑같이 옷을 입어야 하죠?

다음 날 어떤 어린 소녀는 장밋빛과 녹색의 물방울무늬의 원피스를 입고 또 어떤 소녀는 영양 뼈로 만든 나막신과 어울리는 날염된 멋진 옷을 입었습니다. 각자가 이런 식으로 새로운 의복을 만드는 것을 즐거워했습니다. 그게 바로 새로운 유행이었습니다. 즉 모두가 다르게 입는 거죠!

어린 화성 여자는 완전히 이상한 옷을 만들었습니다. 물방울무늬와 줄무늬가 있는 알려지지 않은 상표의 옷을. 하지만 결코 그녀는 그 옷들이 신비하다고 주장하지 않았습니다. 그리고 그 이후로 결코 그들의 눈은 다른 사람들을 쏘아보지 않았습니다.

신비의 거울에 대해 말하자면 그것은 화가 나서 아주 당연히… 녹색이 되었답니다.

부모를 위한 조언

· · · · · · 어린 로리타들의 패션 · · · · · ·

최근의 현상: 아이들의 발육이 점점 더 빨라지면서 신체에 대한 염려도 더 빨라진다. 그리고 패션은 소녀들을 점점 더 일찍 사로잡는다. 사회학자들과 청소년 전문가들은 이렇게 설명한다. 아이들은 점점 더 일찍 자율적이 되면서 어른들의 코드와 패션에 적응된다는 것이다.

얼마 전부터 특정 브랜드가 여덟 살-열두 살의 소녀들을 사로잡기 위해 만들어졌다. 장난감 전문가들조차도 아이들(여덟 살-열 살)이 점점 더 일찍 장난감을 놔두고 의류, 패션, 액세서리 등으로 눈을 돌린다고 단언한다.

왜 패션인가, 그것이 매력적인가?

왜냐하면 패션의 차림을 하면 특정성(즉 다른 사람들과 같이 되므로)을 없애고 타인의 눈에 두드러지지 않게 된다고 생각하기 때문이다. 소녀가 열 살이 될쯤 운이 좋으면 신체는 변모하기 시작하고 유행에 관심갖는다. 어떤 애어른이 강조하듯이 "만약 내가 학교에서 패션을 따르지 않으면 사람들이 나를 마치 페스트 환자처럼 피하기 때문이다."

정신분석학자 세르주 티세롱이 지적하듯이 그들은 외적인 것을 조절함으로써 신체의 내적인 변화도 정확히 제어할 수 있다는 느낌을 갖기 때문이다.

한 집단에 속하기 위해서이다. 그리고 자신이 제외되었다는 느낌을 갖지 않기 위해서다. 하지만 그것이 패션의 체계적인 강요에 순응하는 이유일까?

어떻게 반응할 것인가?

'쇼핑에 재미'를 붙이지 않게 한다. 즉 쇼핑을 여가활동으로 여기지 않게 한다. 아홉 살 혹은 열 살경에 그것은 좀 이르다…. 특히 친구들끼리 쇼핑을 하는 것은 이르다.

미안함을 느끼는 부모들이 반사적으로 행동하지 않도록 한다. 즉 용돈을 주거나 옷을 사주는 것을 피한다.

아이들과 함께 브랜드의 힘에 대해 생각해 본다. 우리는 아이들에게 이러저러한 상표의 값을 지불한다. 다음과 같이 바뀌어야 할 필요가 있다. "너도 알다시피, 나는 우리가 모두 함께 휴가를 가기 위해 돈을 절약하는 걸 더 좋아한단다. 너도 스키를 타기 위해서 말이지" 등등.

아이들과 함께 옛날 사진 앨범을 들춰 보면서 유행이 지난 것을 보여주고 옷단의 길이들도 보여준다…. 우리에게 멋의 절정으로 보였던 것이 완전히 시대에서 '벗어난' 것이 된다.

그렇다고 해서 아이의 작은 반짝이는 탑이나 꽉끼는 긴 자켓에 대해 뭐라고 비판하지 않도록 한다. 그것은 그 또래의 표현의 일부이고 자신을 나타내는 방식이다. 이에 대해서 심리학자들의 말을 생각하라. 당신이 비난하면 할수록 아이는 더욱 더 '자신의' 패션에 몰입될 것이다.

수수왕 1세

수수왕 1세는 무지무지 엄청나게 돈이 많은 억만장자입니다. 그의 성은 금벽돌로 지어졌고 왕은 다이아몬드가 박힌 루비로 된 매트리스(왕은 자면서 다이아몬드에 엉덩이를 찔리곤 했죠)에서 잠을 잤고 순금으로 가득한 물에서 목욕을 해서 왕의 몸에는 금빛이 나는 우아한 줄무늬가 생겼답니다. 부유하고 싶다면 그의 줄을 잡아야 합니다.

해가 떴을 때, 수수 1세는 코를 땅에 대고 엎드렸습니다. "안녕하십니까, 오, 나의 루이 도르여!" 그리고 그는 땅에다 작은 주화를 던지고 태양의 훌륭하고 공정한 처사에 감사했습니다. 그가 태양과 친밀함을 나눌 수 있는 것은 그가 몇 년 전에 태양을 샀기 때문이었습니다. 수수왕 1세는 상점에서 "난 저걸 원해!"라고 손가락으로 장난감을 가리키며 소리 지르는 변덕스러운 아이처럼 많은 것을 샀습니다.

수수는 구매하는 데 그의 삶을 다 보냈습니다. 아주 어린아기 적부터 그는 움직이는 비행기, 전자 왕홀, 플러시천으로 만든 작은 왕인형, 불꽃을 내뿜는 용들을 갖고 있었고, 그리고 나서 자동 전기자동차, 유원지 전체, 장터에서 벌어지는 오락, 금분수, 스키장을 손에 넣었습니다. 훨씬 나중에 그는 사람들을 사서 마치 살아 있는 장난감처럼 취급했습니다. 또한 왕은 현실에서 여러 담당자를 고용했습니다. 왕에게 매일 아침 신문을 읽어 주는 사람, 왕들의 케이크를 만드는 특별 요리사, 작은 손가락의 손톱을 잘라 주는 사람, 겨울에 스카프를 감아 주는 사람, 여름에는 옷을 벗겨주는 사람, 저녁마다 침대 시트를 펴주는 사람, 매일 가방을 들어 주는 사람, 숙제해 주는 사람, 암송해 주는 사람을 고용했습니다. 그가 고용한 사람들을 열거하려면 수천만 페이지도 모자랄 것입니다.

왕국에서 가장 중요한 인물은 바로 물건 구매담당자로 매일 아침 수수왕을 보러 왔고 새로 살 장난감 목록을 왕 앞에 펼쳐 보였습니다. 수수왕은 사랑하는 사람의 프로포즈를 대하듯 매일 아침 두근거리는 가슴으로 그것을 훑어보았습니다.

— 수영장이 있는 호텔, 집 20채 넓이의 토지, 별 다섯 개짜리 맛있는 식당, 동양의 공주 스무 명? 수천 년 된 떡갈나무 숲? 세 명의 해적과 두 명의 마녀?

수수왕은 왕좌에 앉아 들뜨면서 소리쳤습니다.

— 내 금을 가져오도록 하라! 내가 살 것이다!

그렇게 해서 수수왕은 모든 것을 샀습니다…. 수백만 킬로미터의 푸른 하늘을 사는 것에서부터 시작해서 654개의 구름, 곧 쏟아지려고 하는 320개의 적란운, 매우 뜨거운 세 개의 활화산, 1만 미터 높이의 산, 하늘에 예쁜 금줄무늬를 생기게 하는 50개의 멋진 번개.

구매담당자가 입을 열자마자, 왕이 소리쳤습니다.

— 내가 살 거야! 내 금을 가져오게 하라!

시간이 흐르자 그는 아무 생각없이 사들이기 시작했습니다. 왜냐하면 왕은 바로 사는 행위를 즐겼고, 바로 그 순간 모든 것이 흔들리고 장난감이 그의 힘으로 받아들여졌기 때문입니다. 사고 난 후에 왕은 코를 골면서 잠이 들었습니다. 흥분했기 때문이죠. 그리고 그가 깨어났을 때 아주 고약한 사람이 되었습니다. 그는 금우리에 있는 사자처럼 돌아다녔고 미친 사람처럼 지겹다고 소리쳤습니다.

— 사라! 사라구! 난 또 사고 싶단 말야!라고 고함을 쳤습니다. 수수왕 1세는 원하는 대로 되었다고 생각할 때 점점 더 화를 내게 되었습니다. 그가 가장 실망하는 것은 비가 올 때였습니다. 그는 온 세상의 비를 모두 사고 이렇게 말했습니다. "만일 비가 내 것이라면 난 비가 오는 것을 막을 수 있을 거야."

그런데 일기예보에서 소나기가 올 것이라고 예보하면 왕은 아주 얼굴을 붉히며 화를 냈습니다.

— 어떻게 그럴 수 있지! 내 비가 고장났으니 애프터 서비스를 불러 주시오!

하지만 고집스러운 비는 신경쓰지 않았습니다….

그리고 구매담당자는 언젠가 왕이 그가 산 것이 판매되지 않는다는 것을 알게 될 위험이 있다고 생각하면서 몸을 떨었습니다! 구매담당자는 이제 밤낮으로 새로운 아이디어를 찾느라 고심했습니다. 왜냐하면 왕은 더 많은 것을 사길 원했으니까요. 항상 더 많은 것을! 왕은 점점 더 화려하고 점점 더 정교하고, 점점 더 엄청난 것을 원했습니다…. 모든 것이 점점 더 빨리 시행되었답니다! 구매 행위는 0.6초당 전개되었습니다. 구매담당자는 매우 빨리 말했습니다. "어쩌구 저쩌구…" 수수왕은 대답했습니다. "내가 사겠어!" 그리고 나서 2초 후에 잠이 들었고 깨어 나서 "나 싫증났어!"라고 투덜거렸습니다. 그리고 그런 일은 계속되었습니다.

가장 나쁜 일은 이제 왕궁의 바닥에 잔뜩 널려 있는 그 모든 멋진 장난감, 경주용 자동차, 헬리콥터, 별 다섯 개짜리 호텔…들을 보는 것이죠. 그것들은 도처에 널려 있었습니다! 종탑은 망가진 자질구레한 것들, 러시아 공주인형들, 동양 공주인형들로 가득했고 그 한 구석에서 낡은 해적들이 미소 짓고 있었습니다. 하지만 지겨워 죽을 지경인 사람은 바로 왕이었죠! 수수왕 1세는 종탑에 그 역시 갇혀 있는 느낌이었습니다. 부서지고 고장난 모든 물건을 가지고 '물건들을 산들 아무도 함께 놀아 주려고 오지 않는다면 그게 무슨 소용이 있어?'라고 왕은 생각했습니다.

그렇지만 어느 날 수수 1세는 구매담당자가 다른 것들보다 훨씬 더 재미있는 장난감을 소개하자 훑어보면서 가슴이 뛰기 시작했습니다.

— 폐하께… 적을 소개합니다. 그로 수 1세는 폐하와 싸우기 위해 길을 나섰습니다.

— 내가 살래! 내가 살 거야! 산다구!라고 수수 1세는 소리 질렀습니다. 그는 가슴이 부푸는 것을 느꼈습니다. 오, 난 정말 기뻐! 시간을 보내는 데는 작은 적만한 게 없지.

그리고 그렇게 해서 그는 가장 나쁜 적을 샀고 그가 매번 하던 대로 그 적을 감옥에 가두었습니다. 때때로 왕이 지루할 때면 적을 감옥에서 나오게 했습니다.

— 나와 싸우자.

— 오, 그건 진절머리가 나는데.라고 그로 수 1세가 대답했습니다.

— 넌 거부할 권리가 없어! 넌 내 거라구. 넌 나와 함께 놀아야 해.

그로 수는 싸우면서 하품을 했습니다. 그는 자신이 수수 1세의 장난감이라는 것을 잘 알았습니다. 그러니 어떻게 그런 일이 맘에 들겠어요? 이런 상태에서 어느 누가 성에서 재미있을 수 있겠어요. 왕의 배우, 어릿광대, 익살꾼, 바보스런 농담을 하는 이도 왕에게 더 이상 미소 짓게 하지 못했습니다.

'수천억 개의 장난감을 갖는들 무슨 소용이 있어, 아무도 함께 놀러와 주지 않는다면?' 하고 왕은 생각했습니다.

슬픔에 대한 담당자가 왕을 진찰했습니다. 왕의 가슴은 풍선처럼 부풀었습니다. 그리고 왕의 머리는 풀 수 없는 문제로 가득 찼습니다. 왕은 상세한 것들은 담당자에게 물었습니다.

— 왜 나는 혼자이지?라고 왕이 물었습니다. 왜 학교가 텅 비었지? 왜 내가 내 운동장을 산책할 때 아이가 한 명도 없는 거야?

— 그들은 종탑의 장난감 가운데 있습니다라고 담당자가 대답했습니다.

— 아 그래?라고 수수 1세가 한숨을 쉬었습니다.

그리고 또 물었습니다.

— 왜 내 156개의 성, 320개의 별장, 내 산들, 내 비 그리고 내 태양조차 날 엄청나게 지루하게 하는 걸까? 왜 내가 뭘 사자마자 끔찍할 정도로 쓸쓸하게 느껴지지?

담당자는 세세한 질문에 대해 현학적인 태도로 대답했습니다.

— 때때로 물건을 사고 싶은 욕망은 행복감을 주지만 막상 사고 나면 그렇지 않답니다.

그리고 그는 또 말했습니다.

— 때때로 행복하게 되는 것은 단지 1초의 한순간이죠. 새로운 것을 사고 싶은 바람을 가지는 순간이죠. 하지만 그것을 사면 새로움은 이제 새로운 것이 아닌 게 되는 거랍니다. 그래서 우리는 지겨워지는 것입니다.

— 해결책이 뭐야? 하고 왕이 물었습니다.

— 그것은… 에, 사지 않는 것이죠.

그러자 수수 1세는 구매담당자를 불러들였습니다.

— 당신은 멍청이야. 수년간 당신이 내게 바보 같은 것들을 제안했어. 아무 쓸모도 없고 날 불행하게 하는 것이었어. 당신은 내게 결코 친구들은 제안하지 않았지. 내가 당신을 사는 게 아니었는데.

— 친구는 사는 게 아닙니다라고 구매담당자가 왕에게 대답했습니다. 단지 친구를 사귀는 것이죠.

— 내가 친구들을 어디서 찾을 수 있지?

— 왕궁을 떠나 수백만 킬로미터를 달리고 자신 앞에 바로 서야 합니다라고 구매담당자가 대답했습니다. 폐하가 어느 지방에 도착해서 아무것도 더 이상 사지 않을 때 친구를 찾을 수 있을 것입니다.

하지만 특히 친구를 사려고 하지 않아야 합니다.

다음 날이 되자마자 아주 이른 새벽에 수수왕 1세가 출발했습니다. 어깨에 보따리를 메고 여행담당자 없이 물 짐꾼도 없이 샌드위치를 만들어주는 하인 없이 떠났습니다. 왕은 한숨과 망가진 장난감으로 가득한 탑을 바라보지 않았습니다. 왕은 오랫동안, 아주 오랫동안 걸었고 가는 도중에 수백만 개의 푯말을 스쳐 지나갔습니다. "수수 1세의 소유지" "출입금지" "사냥금지" "수수 1세 주택…" 모든 것이 그에게 속한 것이었습니다. 그는 언덕을 급히 달려서 산의 사면에 기어올랐고 등반을 하고 구르고 다시 달리고 다시 기어올랐습니다….

걷기 시작한 지 며칠, 몇 주, 몇 년 후, 왕이 아주 늙게 되고 머리카락이 희끗해지기 시작했을 때 푯말과 게시판이 보이지 않게 되었습니다. 그는 그 어떤 것과도 비슷하지 않은 작은 집들과 아주 새롭고 아름다운 경치를 발견했습니다.

감탄에 차서 왕의 가슴은 뛰었고 볼이 붉어졌습니다. 그는 이렇게 외쳤습니다.

— 내게 내 금을 가져오라! 내가 살 거야!

하지만 그는 단 하나의 금도 없이 출발했다는 것을 기억했고 친구를 찾길 원했다는 것을 기억했습니다.

그래서 그는 빨간 지붕이 있는 마을의 작은 집에 자리잡고 새로운 환경 속에서 산책을 하러 나갔습니다. 산책 도중에 그는 여러 사람들을 만났습니다. 그들은 그의 발톱을 자르거나 가방을 들어 주는 이들이 아니었습니다. 그들은 그가 함께 놀고 말하고 다투고 승부와 관계없는 싸움을 할 친구들이었습니다. 그는 그들을 어떤 종탑에도 결코 가두지 않았습니다.

그리고 저녁때, 태양이 장밋빛과 자줏빛의 수평선으로 사라질 때 수수는 자신의 예쁜 성을 생각하며 한숨을 쉬었습니다. 그래서 그는 자신의 기상대로 가서 자연의 멋진 전망을 보고 글을 썼습니다. 그는 요동치는 화산, 불꽃을 내뿜는 용들, 결코 팔지 않는 동양의 공주인형, 아무도 등산할 수 없는 산에 대한 이야기를 지었습니다. 도시의 작은 아이들은 감탄을 하며 그의 이야기에 찬사를 보냈습니다. 수수는 정말 자랑스럽고 행복했습니다. 왜냐하면 그는 '내 옛날 생활에서는 내가 살 것이 더 이상 아무 것도 없고 지겨웠지. 하지만 이제 난 천일야화를 만들 정도로 내 모든 삶에 대한 풍부한 이야기가 있어'라고 생각했기 때문이죠. '그 이야기들을 종탑에 가두는 대신 내 머리에서 날아오르게 하는 거야, 멧비둘기들처럼!'

그렇게 해서 무지무지 엄청나게 돈이 많은 억만장자였던 수수왕은 소박한 이야기꾼이 되었습니다.

어떤 사람들은 화가, 장기 두는 사람, 유도선수, 위대한 피아니스트, 등반가가 되려고 합니다. 또 어떤 사람들은 단지 훌륭한 관찰자가 되죠. 사람이 억지로 소유하려고 하지 않을 때 세상이 얼마나 잘 돌아가고, 세상이 얼마나 아름다운지 멀리서 볼 수 있으니까요.

부모를 위한 조언
· · · · · · 왜 아이들은 돈을 좋아할까 · · · · · ·

아이들에게 돈은 신비한 것이다. 능력과 동의어이다. 아이들은 돈이 있으면 모든 것을 살 것이라고 생각한다. 사탕, 장난감 등.

이러한 '마술' 이라는 느낌은 현금자동인출기로 인해 강화된다. 아이들은 돈을 원하면 바로 돈이 나온다는 느낌을 갖는다. 그래서 그들은 이렇게 표현한다. "벽장 속에서 돈 찾아" 혹은 "은행에 돈 찾으러 가."

심리학자들에 의하면 어린이들은 점점 더 돈에 관심을 갖는다. 일상적인 관심에서 기인하는 것이고 장난감의 가격표를 '부착하는' 장치에 흥미를 느끼기 때문이다. 그럴 때 어떻게 돈에 관심이 집중되지 않겠는가?

여덟 살부터는 사회화의 과정에 들어가는 시기라서 아이들은 가난에 대한 두려움, 실직에 대한 두려움을 나타내기도 한다. 바로 이런 나이의 아이들이 자신의 돈을 세는 것을 종종 볼 수 있다.

그들에게 돈을 주어야 할까?

일곱 살, 뺄셈을 할 줄 아는 초등학교에 다니는 그들에게 돈을 주기 시작하는 것이 좋다. 너무 많은 돈(아이에게는 근심이 될 수 있다)을 주지 않도록 한다. 그리고 특히 아이들에게 돈을 빌려 주는 것은 하지 않도록 한다(아이에게 '대출'에 대한 생각이 자리잡을 위험이 있다).

아이들은 왜 그렇게 사는 것을 좋아할까?

그것은 새로운 것에 끌리기 때문이다. 아이들은 작은 물건 다음에는 자동차, 사탕봉지를 사고 싶어한다. 그저 사는 것이다. 하지만 아이들의 변덕에 끌려서 우리가 판도라의 상자를 열게 되는 것이다. 왜냐하면 아이들의 욕망은 제한되지 않기 때문이다. 그러므로 아이들에게 '하찮은 것' '선심공세'에 대한 생각을 발전시키지 않도록 해야 한다. 즉 "네가 착하게 지냈으니까 네게 작은 자동차를 사주는 거야" "넌 공부 잘했니? 자 여기 인형이다." 또한 '박물관의 쇼핑상점'을 철저하게 피하도록 한다. 그곳은 아이들에게 물론 아주 마음에 드는 곳이다. 멋진 것을 본 기쁨이 하찮은 것을 얻는 것으로 귀결되지 않아야 한다.

키워드가 되는 문장

★ 자동인출기에서 돈을 꺼내며 "너도 보았지, 내가 돈이 있는지

를 현금인출기는 은행에다 알아본단다. 내가 일해서 돈을 벌기 때문에 은행에서 돈을 보관해 주는 거란다."

★ "돈은 아무것이나 사는 데 쓰는 게 아니야. 우선 집세를 내야 하고 온 가족이 먹을 것을 사야 하고, 그러고 나서 휴가 여행에 쓰인단다."

토끼들의 전쟁

쿠드 그리수와 쿠드 토르송이 바닷가에 있었습니다.

멀리서 토끼의 네 귀가 바람에 빠르게 흔들리는 것이 보였습니다. 마치 웃는 것 같았습니다.

쿠드 그리수 집에서는 양쪽 귀가 모두 회색이었고 쿠드 토르송 집에서는 모두 구름처럼 흰색이었습니다. 귀는 토끼들이 서로 말할 때 쫑긋 세워졌고 웃기 시작할 때는 흔들렸습니다. 그리수와 토르송은 돼지같은 친구들이었습니다. 그리고 돼지나 토끼들 사이에서는 서로 좋아하는지 알기 위해 서로에게 말할 필요가 없었습니다. 그러므로 그들은 거기서 행복을 갈망하고 있었습니다. 갑자기 쿠드 그리수가 입을 열었습니다.

— 오, 물은 아주 파랗고 아주 아름다워.

쿠드 토르송은 미소 지었습니다.

— 물은 예쁘지만 파랗지는 않아, 물은 녹색이지라고 대답했습니다.

쿠드 그리수가 눈썹을 찌푸렸습니다.

— 놀랍군, 그럼 이 물의 잔영을 봐, 저기, 푸른 하늘처럼 푸르잖아.

쿠드 토르송이 또 미소 지었습니다.

— 그렇지, 하지만 저기를 봐, 비취처럼 녹색이잖아! 덜 익은 자두처럼 녹색이지.

그리고 그들은 15분 동안 계속해서 말했습니다.

파란색, 녹색? 각자 의견을 말했어요. 그들은 밤이 될 때까지 거기에 있없고 잔영의 수를 세고 녹색과 파란색을 비교했습니다.

멀리서 두 쌍의 귀가 보였고 아주 곧은 채로 전혀 흔들리지 않았습니다. 그러고 나서 욕설이 나왔습니다.

— 넌 더러운 대가리야, 모든 이들이 바다가 파랗다는 걸 알지.

— 엄청난 멍청이, 네 아이큐는 녹색 당근 수준이야.

— 넌 스튜 요리 하기에 딱 좋아!

두 쌍의 귀는 저녁이 지나서 아주 빠르게 각각 자기 쪽으로 떠났습니다. 두 마리의 토끼, 돼지 같은 친구들은 무지 화가 나서 헤어졌고 곧 마을에서 둘은 두 파벌을 만들었습니다. 한쪽은 바다가 녹색이라고 생각했고, 다른 한쪽은 바다가 파란색이라고 생각했습니다. 그들은 각각에 반대해서 서로 모였고 두 개의 토끼 군대가 되었습니다. 이렇게 해서 전쟁이 시작되었습니다.

토끼 우두머리 기술자들은 아주 고도의 무기를 제작하는 데 그들의 지능을 발휘했습니다. 폭발 물질로 가득한 당근을 만들었는데 그것은 위에 커다란 구멍을 생기게 하고, 들판 전체를 페스트균이 넘치는 개자리속으로 만들었습니다. 그런 작전을 '토끼의 일격' 이라고 불렀습니다. 또한 시냇물을 마르게 하고 나쁜 독으로 채웠는데 어느 곳에서도 더 이상 갈증을 풀 수 없게 하기 위해서였습니다. 그것은 대량학살이었습니다. 그리고 어떤 순진한 토끼들은 살해되었습니다.

때때로 참모들이 모여서 치명적인 세균을 기본으로 하는 새로운 전략을 세웠습니다.

전쟁은 여전히 계속되었고 세대를 거치고 여러 세대 동안 계속되었습니다. 쿠드 토르송의 아들과 쿠드 그리수의 아들이 '집안 대대로 내려오는 적' 이라고 선언했고, 손자들과 그 뒤의 자손들과 그 후의 자손들, 그들의 마지막 토끼의 이빨까지 집안 대대로 내려오는 적이 되었습니다.

토끼들은 무기 조작에서 엄청나게 진보를 했기 때문에 그들은 훨씬 적은 무기를 가지고 훨씬 더 많은 토끼들을 죽이게 되었습니다. "그것은 탁월한 장점과 가치가 있는 것"이라고 장군들은 말했습니다. 쉽게 죽일 수 있었습니다. 대단하죠! 수백의 토끼를 제거하는 데 손톱 4분의 1만큼의 쥐들의 페스트로 충분했습니다. 그들은 적을 죽이는 것만 생각했습니다. 때때로 두 마리의 토끼들이 만나게 되면 함께 싸우다 좋아하게 되었습니다. 그리고 갑자기 그들이 적이었다는 것을 알게 되었을 때, 그들은 장치가 달린 당근을 꺼내서 얍 하고 끝냈습니다. 토끼들이 많아지면 많아질수록 더 많이 사랑하게 되었습니다. 토끼들의 문명은 전쟁기술에서 아주 막강했습니다. 그때 얼마나 진보를 했는지!

당근은 핵무기가 되고 무는 원자무기가 되고, 녹색 양배추는 페스트균이 가득 찬 것으로 확인되었고, 잔디는 썩은 생선냄새가 났습니다. 토끼들의 휴머니티에도 큰 발전이 있었습니다.

전쟁은 백 년 동안 지속되었습니다. 100년이란 긴 세월이죠. 토끼들은 기억을 잃었습니다. 왜냐하면 그들이 비록 무기 제작에 재능이 있었을지라도 코끼리의 기억력을 갖고 있지 않았기 때문입니다. 그래서 그들은 전쟁이 필요하다는 것을 알았지만 이제 정확히 왜 그런지는 알지 못했습니다(전쟁과는 종종 있는 일이죠).

어느 날, 쿠드 쾨르는 조사를 해야겠다고 결심했습니다.

도서관에서 그는 전쟁의 기원을 찾으려고 시도했고 역사라고 부르는 것을 찾아보았습니다. 책을 읽기 시작한 몇 달 후, 그가 쿠드 그리수와 쿠드 토르송 사이의 대양 앞에서 무슨 일이 일어났는지 알게 되었습니다. 그는 양배추 속으로 떨어질 뻔했습니다. 그는 소리쳤습니다. "토끼 귀의 이름이군." 수천, 수백만, 수십억의 토끼들을 죽인 게 이렇게 우스꽝스러운 이유 때문이라니, 전쟁할 가치가 없군!"

쿠드 쾨르는 마을에 사는 토끼들을 소집했습니다. 그들은 귀가 잘리고 위에 구멍이 나고 뇌에는 페스트균으로 가득했습니다. 그는 그 토끼들에게 끔찍하고 너무나 끔찍한 소식을 알렸습니다. 바다 색깔에 대한 진짜 사실을요. "바다는 반사광 때문에 파랗고 녹색입니다." 쿠드 토르송의 손자의 손자의 손자의 손자의 손자가 쿠드 그리수의 손자의 손자의 손자의 손자의 손자의 손을 잡았습니다. 그 전쟁은 너무 길었고 너무 터무니없어서 그들은 역사책에 기록했고 그것은 '10만 년 전쟁'이 되었습니다. 그들이 어린아이들에게 모든 것이 취향과 색깔의 이야기 때문에 시작되었다고 상기 시켰을 때, 토끼들의 귀가 야유하듯 획획거렸습니다. 하찮은 것 때문에 생긴 불화였죠!

그럼에도 불구하고 전쟁은 바로 그치지 않았습니다. 왜냐하면 전쟁을 멈추기란 아주 복잡했기 때문입니다. 전쟁은 미친 기계와 같아서 계속 벌어지고 제어하지 못하게 됩니다. 그렇지만 언젠가 100년 더 후에 모든 무기를 부수고 아기 토끼들을 낳기 시작했습니다. 귀들이 다시 흔들리기 시작했고 서로에게 애교를 부리고 서로 비벼대기 시작했습니다.

그 후로 토끼들은 바다, 강물, 하늘조차 바라보는 것을 싫어했습니다. 아주 변화무쌍하니까요.

오늘날에 토끼들은 녹색 풀을 더 좋아합니다. 모두 알고 있듯이 풀은 반사광이 없으니까요.

그리고 그들 중 하나가 이렇게 말합니다. "오 저기를 봐요, 저건 약간 노랗네요…, 아마도 태양 때문이겠죠." 토끼들의 귀는 두려워서 쫑긋 세워졌습니다. 그리고 각자가 말합니다. "물론…, 네가 맞아, 자 얘들아, 내

당근이 타겠어…" 혹은 "나 가야겠어, 친구들아, 나 무 사러 가야 하거든" 혹은 "꼭 그런 건 아니지, 하지만 내가 치과에 예약을 해서 가야겠어…." 여러분도 토끼의 이빨을 알죠, 그리고 들판에서 작은 귀들이 도망치는 게 보였습니다.

부모를 위한 조언
· · · · · · 아이들을 둘러싼 세상에 대해 · · · · · ·
알게 해야 할까?

그렇다. 왜냐하면 네 살부터, 더구나 여섯 살에는 그들이 살고 있는 세상에 대해 의식하기 때문이다. 그것은 아이들을 과잉보호하거나 아이들을 현실에서 벗어나 살게 하라는 것이 아니다(아이들은 이미 학교라는 누에고치에서 하루 종일 보내고 있다).

매일 아침 아이들에게 아침을 먹으면서 라디오를 이용해 세상에 대해 말하라. 그들이 관심이 있는 주제가 반드시 우리의 관심거리가 되지 않는다는 것을 알도록 하라.

그들이 집착하는 주제란?

— 생태학(동물, 사냥의 개시, 등),

— 아이들(학대, 소년애, 민족주의),

— 전쟁, 폭력, 비인간적인 표정….

반대로 그들은 '정치 정책'을 싫어한다. 우리는 그것을 알아야 한다….

그들에게 영상물을 보여주어야 할까?

그들에게 영상물을 보여주기 전에 그것에 대해 말해두는 것이 더 낫다. 특히 전쟁에 관계될 때 그렇다.

아이들이 영상물을 볼 때 현장에 있을 것인지 선택하라. 왜냐하면 아이들이 텔레비전 앞에서 생각을 하면서 보거나 추론하지도 않고 최면상태로 빠져들기 때문이다. 오늘날의 아이들은 영상물에 휩싸이게 된다. 그전에 우리가 아이들을 일깨우면 일깨울수록 아이들은 좀 더 영상물을 파악할 수 있다…. 하지만 그들이 그것을 해독할 수 있는 개념적인 도구를 꼭 갖고 있는 건 아니다.

2001년 9월 11일(오후 무렵에 벌어진) 폭파 테러가 벌어지는 동안에 많은 아이들이 학교에서 돌아와 혼자서 텔레비전 앞에 있었고 두 개의 빌딩이 불타고 사람들이 허공으로 떨어지는 장면을 보고 눈이 휘둥그레졌었다…. 보지 못하게 했어야 했다.

키워드가 되는 문장

★ 아이를 편집광으로 만들고 싶지 않다면 항상 정보의 예외성을 강조해야 한다. "그런 건 네게 일어날 위험이 없어. 그것은 여기서 아주 먼 곳에서 벌어지는 거야"(어떤 심리학자들은 오늘날 아이들이 미국과 이라크 전쟁 동안에 공포에 사로잡혔었다고 언급한다. 즉 아이들은 미사일이 그들의 집에서 50미터 정도 지점에 떨어졌다고 생각했다는 것이다).

★ 영상물에 대해 설명을 하라.

★ 어른들의 텔레비전 뉴스를 보여주면서 '선' '악' 의 개념으로 설명하라. "국가의 돈을 훔치는 것은 나쁜 일이다." 그리고 전쟁의 정확한 원인에 대해 이야기하라. 전쟁은 토끼들의 전쟁이 벌어지게 된 것만큼 항상 어리석은 것은 아니다. 하지만….

두 전갈 우화

하나님이 인간을 위해 지구, 바다, 하늘, 좋은 동물, 나쁜 동물을 만들었습니다. 마지막으로 하나님은 전갈을 만들었는데 그것들이 좋은지 혹은 고약한지 몰랐습니다. 그것을 알기 위해 시험해 보기로 했습니다.

— 내 지구는 지금 메마른 상태다라고 신은 검은색 전갈, 노란색 전갈, 두 마리의 전갈에게 말했습니다. 난 인간들을 위해 부유해져야 한다. 그들에게 집과 병원과 학교를 건설해 주고 싶다. 그들이 아이들을 키우고 함께 살기 위해 필요한 모든 것을 주고 싶다. 그래서 난 녀희들에게 임무를 맡기겠다. 녀희들은 사막에서 발견하는 아주 고귀한 돌들을 내게 가져오도록 하라. 그 돌들은 아주 깊이 묻혀 있다.
하지만 녀희들은 창이 있으니 찾아낼 수 있을 것이다.
신은 그들을 쳐다보았습니다.
— 그런 귀한 것을 얻게 되면 내 인간들에게 아주 유용할 것이야. 난 녀희들에게 그 노동의 대가로 각가에게 정교한 돌 세 개를 줄 것이다.
그리고 신은 눈살을 찌푸렸습니다.
— 그 일은 길고 고된 일이다. 녀희는 그 돌을 녀희를 위해 찾으려고 노

력해야 할 것이다. 하지만 너희가 내게 거짓말을 한다면 엄히 벌을 받게 될 것이다.

이렇게 해서 두 마리의 전갈은 그들의 위대한 신에게 맹세를 한 후에 출발했습니다. 그 일은 길에서 발견하는 가장 귀한 돌을 공개적으로 다시 가져오는 것입니다.

국가를 위해서 보물을 모으는 것이고 모든 인간들을 위해 부를 모으는 것이죠. 자신을 위해 부를 찾는 게 아니었습니다. 자신을 위해 간직하려는 욕망과 싸워야 합니다.

전갈들은 즉시 출발했고 뜨거운 열기, 바람, 모래와 마주치고 모래사구, 물결 속을 창으로 깊이 찌르면서 거기에 루비, 사파이어, 다이아몬드가 있는지 살펴보았습니다.

사막에는 진귀한 것들이 아주 많이 숨겨져 있다고 알려져 있습니다. 그것이 정교한 보석일 수도 금덩어리 혹은 다른 것일 수 있습니다. 또한 모든 사람들이 잠든 밤, 혼자라고 느낄 때, 바로 밤에 그 부를 획득할 기회가 있다고 알려져 있습니다. 왜냐하면 부는 종종 보이지 않는 먼 곳에 있으니까요. 낮에는 50도, 밤에는 20도 이하의 상태에서 '금을 찾는' 일은 고되고, 피곤한 일입니다. 그리고 물 한 방울도 없답니다. 하지만 그런 일이 고되지 않다면 찾아낸 돌을 '보물'이라고 부를 수 있겠어요, 안 그래요?

검은 전갈은 파고파고 또 파고 또 팠습니다.
전갈은 강하고 대담했기 때문에 이미 100개의 다이아몬드, 600개의 에메랄드, 300개의 사파이어와 셀 수 없을 정도의 루비를 발견했습니다.

도중에 피곤해서 전갈의 머릿속에 나쁜 생각이 들었습니다. '이런 일을 하면 뭐해! 뭣 때문에 돌을 모으는 거지? 아주 보잘것없는 작은 다이아몬드 하나, 손톱보다 작은 루비, 쪼그라든 에메랄드, 보잘것없는 사파이어 하나를 위해서? 만일 내가 가장 아름다운 돌들을 갖는다면 지구에서 가장 부유하고 힘센 동물이 될 텐데! 그리고 아마도 신은 우리, 우리 전갈들을 인간만큼이나 존중해 줄 거야.'

그러고는 전갈은 창을 가지고 아주 깊숙이 땅을 파고 최고의 비밀 구멍이나 모래에서 발견한 가장 고귀하고 아름다운 돌들을 묻었습니다.

그러는 동안 노란 전갈은 발 사이에 모든 작은 보물을 넣고 끌고 다녔습니다. 세 개의 루비, 다섯 개의 다이아몬드, 일곱 개의 사파이어, 돌 위에서 긁어낸 금 조금. 전리품은 빈약했습니다. 왜냐하면 그 전갈은 너무 오랫동안 태양에 몸을 그을리는 데 시간을 보냈고, 특히 고독감을 잊기 위해 사막의 여우, 사막의 모든 거주자와 이야기하면서 많은 시간을 보냈기 때문입니다.

정해진 시간이 되어서 신은 그 앞에 두 마리의 전갈을 불러들였습니다. 검은 전갈은 신에게 여섯 개의 돌만 가져왔습니다. 그것은 아주 작고 우스꽝스럽고 아주 나쁜 것이었습니다.

— 신이시여, 난 더는 발견하지 못했어요라고 검은 전갈이 거짓말을 했습니다. 내 노란 형제는 아주 빨랐어요! 그가 나를 앞서 모든 것을 모았다구요!

그렇게 말하는 전갈의 두 눈은 루비처럼 붉어지고 불꽃이 번쩍였습니다. 그것은 거짓과 사기의 표시였습니다. 신은 그에게 차분히 대답했습니다.

— 거짓말하는군! 넌 너 혼자만을 위해 모든 보물을 간직했지! 네가 한 짓은 나쁜 일이야, 우선 너는 내게 거짓말을 했고, 특히 넌 인간들의 부를 훔쳤기 때문이야, 넌 인간들의 이익을 무시했어, 그렇기 때문에 넌 저주받을 거야! 네가 사람을 보거나 동물을 보면 넌 네 창으로 찌르고 싶은 욕망을 어쩔 수 없이 갖게 될 거야, 그리고 네가 찌르면 그건 죽게 될 거야,

그리고 나서 신은 노란 전갈 쪽으로 향했습니다,

— 넌 아주 게을렀어, 넌 고독을 달래는 데 모든 시간을 보냈지, 하지만 보물을 찾으려면 용기를 갖고 피곤함과 고독을 견딜 수 있어야 한다, 네 창도 역시 찌르는 데 사용될 것이지, 하지만 3일 낮과 3일 밤 동안 열만 나게 할 것이다,

그날 이후로 사람들이 검은 전갈을 보면 두려움이 생겨서 발로 짓눌렀습니다, 하지만 노란 전갈을 볼 때는 그 전갈이 착하다는 것을 잘 알아서 살게 내버려두고는 그 전갈을 멀리했습니다,

어린
에고왕 1세

에고 1세는 여덟 살이기는 했지만 키는 사과를 세 개 쌓아 놓은 것만 했고 왕궁에서는 그만 보였습니다. 그가 도처에 거울을 두게 했다고 말해야겠네요. 즉 거실에, 방에, 놀이방에, 화장실에, 골방에, 창고에까지 거울이 있었습니다. 에고 1세는 거울에 비친 모습으로만 살아간 덕분에 자신의 욕망에만 관심을 기울였습니다. 그는 자신의 관심에 봉사하는 법만을 만들었습니다. 그는 풍선껌, 카랑셰 젤리, 캐러멜을 너무 좋아해서 왕궁이 사탕에 대해 특권적인 소유권을 갖는 법을 선포했습니다. 매주 아이들은 르비 다리 앞으로 희생 제물로 사탕을 가져갔습니다. 그리고 매달 장관들은 자기 집에 감히 추잉껌과 캐러멜을 보관한 이들을 죽음에 처했습니다.

보통, 법은 공평하고 그것은 모든 사람들을 행복하게 해야 한다는 뜻입니다. 하지만 에고 1세의 나라에서는 아주 정반대였습니다. 법은 왕의 특별한 관심에만 봉사했습니다. 그렇기 때문에 법은 솔직히 이상했습니다. 공공 교통수단의 어떤 자리도 장애인이나 상이군인들에게 배려되지 않았습니다.

160센티미터 이하의 키와 35킬로그램 이하의 어린 왕에게 제한된 자리만 있을 뿐이었죠. 그래서 모든 사람들은 서 있었고, 사람이 많은 시간 동안에조차 여러분을 참수시킬 왕의 대표를 만나게 될까 봐 두려웠기 때문입니다. 영화관에서 사람들은 첫째 자리와 마지막 자리에 앉을 수 있었습니다. 다른 모든 자리들은 어린 왕, 몸종, 친구들에게 조직적으로 제한되어 있었습니다. 그렇지만 에고 1세는 결코 오지 않았습니다. 왜냐하면 그는 친구가 없었으니까요.

몇 년의 통치 후에 그 왕국에는 단 한 명의 거주자도 남지 않았습니다. 모든 어린이들이 주머니에 사탕을 가득 채운 채 떠났습니다. 자기 자신의 행복에만 관심 있고 다른 사람들의 행복에는 관심이 없는 왕과 함께 누가 어떻게 살기를 바랄 수 있겠습니까? 에고 1세는 왕궁에 단지 홀로 남았고 그가 혼자라는 것도 알지 못했습니다. 몇 주가 흐른 후 왕의 장관들이 사탕, 추잉껌, 카랑셀 젤리를 가지고 모여서 수집이 여전히 되고 있다고 왕에게 믿게끔 했습니다!

어느 날 아침, 에고왕은 왕궁의 달력을 살펴보면서 그가 곧 아홉 살이 된다는 것을 알았고 자기 또래의 아이들과 축제를 하고 싶은 마음을 간절하게 갖게 되었습니다. 왕은 수백만장의 초대장을 만들게 했고 거기에 "어린 에고왕 1세가 아홉 살 생일에 당신을 초대하는 무한한 영예를 베푸노라. 6월 17일 14시와 20시 사이"라고 인쇄하게 했습니다. 그리고 왕은 곰곰이 생각한 후 이렇게 덧붙였습니다. "다섯 살과 열일곱 살 사이의 모든 자는 참수되고 싶지 않으면 왕궁문 앞에 출석해야 한다."

분명히 아무도 나타나지 않았습니다. 왜냐하면 어린아이는 더 이상 없었기 때문이죠. 장관들은 나뭇잎처럼 몸을 떨었고 어린 왕이 몇 주 전부터 자신에게 거짓말을 했다는 것을 알아챌까 봐 두려워했습니다!

생일날, 거리에서 몇몇의 늙은 부랑자들을 모았고 그들을 목욕시키고 공들여 치장시키고 깨끗한 옷을 입히고 화장을 시키고 왕이 아이라고 믿게 하기 위해 희끗희끗한 머리를 뽑았습니다. 부랑자들은 초콜릿 과자, 사탕, 그 외의 맛있는 다른 음료수를 걸신들린 듯 먹어댔습니다. 그러고 나서 코를 골면서 좋았습니다.

어린 왕 에고 1세가 화가 나서 소리쳤습니다.
— 감히 생일날에 잠든 이 모든 자들에게 벌로 죽음을 내릴 것이야!
그래서 막 잠을 자던 모든 부랑자들의 목이 잘렸습니다. 그리고 에고왕 1세는 그대로 남아 거울 앞에서 사람들은 아주 예의가 없었고 걸신들린 것 같았으며 탐욕스러웠고 이기적인데다 그들이 생일 케이크를 다 먹어 버린 후에 잠만 자서 자신이 정말 혼자였다고 투덜거렸습니다.
— 에고 1세 왕궁에 썩은 뭔가가 있어라고 그는 불평했습니다.

그는 너무나 혼자였고 금으로 된 감옥에 갇힌 듯해서 경비대 없이 외출하기로 결심했습니다. 그가 정원을 산책할 때 장미가 즉시 시들었고 해가 저물었습니다.
그의 정원에서 꽤 먼 곳까지 나온 에고왕 1세는 정원사와 마주쳤습니다. 그는 완전히 귀가 멀고 약간 미친 듯했습니다. 그래서 그는 왕을 알아보지 못했습니다.
— 오, 저런 하고 에고 1세가 외쳤습니다. 선량한 사람이여, 내가 길을 잃었어, 밤에 휴식처를 찾으려면 어디로 가야 하는지 가르쳐 주겠어? 오 감이 가는 왕이 있을 멋진 왕궁을?
정원사는 그에게 정면에 있는 왕궁을 가리켰습니다.
— 그럼 착하고 다정하고 인자한, 다른 사람들을 행복하게 해주려고 애쓰는 왕이 사는 저 멋진 집으로 가세요.

그리고 그는 속삭였습니다.

— 여기서 빨리 떠나세요, 여기에는 못된 에고왕 1세가 산답니다. 지독하게 이기적이죠. 종들이 그의 목을 자르지 않아 다행이죠, 바로 그 정도예요!

에고는 솔직한 정원사에게 고맙다고 인사하고 그를 살려 보냈습니다. 그리고 정면에 있는 왕궁으로 서둘러 갔습니다.

거기서 그는 몇 가지 법을 배웠습니다. 도시의 벽에다가 낙서하지 않고 거짓말하지 않기, 다른 사람들을 때리지 않고 존중하기, 때때로 돈을 주기, 물론 왕을 위해서가 아니라 훌륭한 것, 병원, 학교, 유아원과 유용한 건물들을 건설하고 살 수 있게 하기 위해서 필요한 것, 사람들은 그것을 세금이라고 불렀습니다. 에고왕 1세는 깜짝 놀랐습니다. 이 법률들은 정말 잘 만들어졌군! 그는 여기에서 다른 사람들과 살면서 왕이라는 직업에 대해 배우기로 결심했습니다. 한 푼 때문에 목이 달아나는 게 아니라 미소 짓는 훌륭한 사람들을 보는 것은 아주 좋은 것이었습니다. '곧 내가 내 끔찍한 이기주의에서 치료될때 난 내 왕국으로 다시 돌아갈 거고 모두를 위해서 좋은 훌륭한 법만 쓸 거야!' 라고 에고 1세는 생각했습니다.

그는 자신이 한 말을 지켰습니다. 그가 세 개의 사과를 쌓아놓은 것만한 우스꽝스런 철부지 왕이 아니라 성숙한 왕이 되었을 때, 그는 자신에게만 관심을 갖는 우스운 작은 당근의 법이 아니라 그 이름에 어울리는 법률을 만들었습니다. 그는 위대한 왕국을 발전시켰고 위대한 것을 만들었습니다. 그리고 모든 사람들이 그의 나라에서 아주 행복했고 이제 아무도 다시는 떠날 생각을 하지 않았습니다.

부모를 위한 조언
· · · · · · 시민정신을 잃어버리다 · · · · · ·

어느 것도 거절당한 적이 없는 아이는, 세상에서 그가 다섯번째로 존귀하다고 알고 있는 아이는 변덕스러운 유아로 살아갈 것이다. 혹은 성장하면서 '현실의 원칙'이 '쾌락의 원칙'을 대체한다는 것을 점차적으로 받아들이게 될 것이다. 가족 전체의 규율, 학교의 규칙, 사회의 규칙을 알게 된다. 그리고 아이가 학교에 들어가는 순간에 바로 이 법이 효력을 발휘한다. 그때 아이는 시민으로서 행동하고 도시, 타인들, 학교의 물건들을 존중해야 한다….

오늘날 시민정신과 법을 존중하는 정신이 쉽사리 사라지고 있다. 그것은 이미 자주 말했듯이 아버지들의 애정 결핍…. 부모의 압박 때문일까? 우리는 종종 부모들이 이렇게 말하는 것을 듣는다. "산다는 것은 힘든 일이야. 아이를 전투사가 되도록 격려해야 해…." 달리 말하면 최고가 되려면 다른 사람들을 밟아야 해…. 반대로 사회 밖에서 아이를 살아가게 하는 것은 오히려 아이를 '실패자'가 되게 하는 것이다! 그것은 아이로 하여금 친구를 사귀게 하는 임무를 조장하는 것도 아니다….

키워드가 되는 문장

★ "법은 세상 사람들을 생각한 어른들에 의해 만들어졌단다."

★ "더욱이 그래서 국가가 만들어진 것이지. 국가는, 예를 들면 집의 여주인이 과자를 조각으로 공평하게 나누어 주는 것처럼 왕들의 재산을 꺼내서 공평하게 분배해야 한다."

★ "부를 함께 잘 나누기 위해서는 세상을 모두 함께 공유해야 한다."

★ "만일 지켜야 할 법이 없다면 인간의 법이 없다면 '정글의 법'이 생겨날 거야. 그것은 동물들의 세계를 지배하는 것이지. 즉 각각이 자기 자신을 위하는 거지. 난 나를 위해 모든 것을 원해!(라고 말하는 것과 같은 거야)"

★ "만일 여주인이 한 아이에게 왕들의 재산의 4분의 3을 주고 나머지를 다른 이들에게 준다면 그것은 완전히 불공평한 것이야. 여주인은 나쁜 우두머리가 될 거고 법은 지켜지지 않을 거란다."

★ "버스에는 장애인, 임신부, 맹인들을 위한 지정석이 있단다…. 넌 그것을 볼 수 있지. 법은 서 있을 수 없거나 서 있기 불편한 이들을 위한 몇 개의 좌석을 지정하기로 결정했단다. 그래서 너는 그들이 그 자리에 앉도록 그냥 비워두어야 한다."

★ "학교에서도 비슷하다. 규칙을 지켜야 한다. 속이거나 물건을 망가트리거나 벽에 낙서하지 않아야 한다…."

★ "우리의 첫번째 바람은 우리를 위해 모든 것을 갖는 것이다. 즉 장난감, 뉴텔라 초코잼… 하지만 그런 식으로 하면 친구들이 달아날 것이다!"

★ "사람들이 네게 그런 똑같은 일을 당하게 한다고 간단히 상상해 봐…. 넌 그것에 동의하지 않겠지. 넌 다른 사람의 입장에서 항상 생각해야 한다. 그리고 네게 말해봐. '나 역시 그렇게 하면 기분이 나쁘지 않을까' …?"

오페라의
작은 쥐들

작은 쥐가족이 파리의 어느 창고에 살았습니다. 어디인가는 중요하지 않았는데 그곳은 오페라의 창고였습니다. 쥐들은 매우 지적이었지만 어느 정도로 그들이 음악적인 귀를 가졌는지 알 수 없었습니다. 그 작은 쥐들은 그곳을 거주지로 선택했습니다. 왜냐하면 그들은 환기통을 통해서 음악을 들을 수 있었기 때문입니다. 그들은 정말 행복했습니다. 그들이 좋아하는 아리아를 들을 수 있었으니까요, 기도하듯이 손을 모으고 들었습니다!

그곳에는 아빠, 엄마, 할아버지와 할머니, 작은 두 딸들이 있었습니다. 오페라의 첫 장면을 볼 때마다 그들은 연미복이나 길고 흰 드레스를 입었습니다. 두 딸인 엘사와 엘시는 버려진 낡은 얇은 망사를 가지고 장밋빛 발레용 스커트를 재단해 입었습니다. 그리고 두 딸은 '카스-누와제트' 음악에 맞추어 발레의 토 자세를 취했습니다.

쥐가족끼리는 말을 많이 하지 않았습니다. 그 쥐들은 아주 조용했고, 물론 그래서 그들은 음악을 좋아했습니다. 그들은 손을 마주 잡고 눈을 감고 조용히 음악을 들었습니다. 그들의 눈이 반짝였습니다. 만일 그들에

게 질문을 했다면 이렇게 대답했을 것입니다,

— 쉿! 우리대신 음악이 말하게 가만히 있어.

바로 그렇습니다, 그들은 그들을 위해 음악이 말하게 합니다,

생은 이렇게 마치 긴 음악의 소절처럼 흘러갔습니다. 하지만 삶이란 항상 부드러운 것이 아니죠, 왜 그런지 내게 묻지 마세요, 때때로 플랫(반음 내림표), 8분음표가 나타나 당신의 다리를 걸고 넘어집니다, 그걸 사고라고 하죠,

4년째 되는 어느 날 토 동작에 아주 열중인 엘사는 오케스트라 단장 고양이인 베르디가 오는 것을 보지 못했습니다, 그 고양이는 이빨을 세워 그녀를 한입에 철컥했습니다, 그녀 앞에 별이 보였습니다,

그녀는 거의 익사할 뻔했고 쥐들이 피할 수 없는 병에 걸렸을 것입니다, 그것을 드라마라고들 하죠, 이빨에 두 번 부딪치며 요동하는 것이죠, 물론 걱정할 일은 아닙니다, 이런 일은 10억 년에 한 번 생기니까요, 작은 쥐들은 네 살의 쥐조차도 운명에 맞서 자신을 지키기 위해 모든 것을 다 합니다, 하지만 이렇게 생각할 수도 있겠죠, "와, 고양이가 쥐를 먹는게, 당연한 거 아닌가?"

하지만 죽음이 한 가족에게 닥쳤을 때, 쥐가족일지라도 그것은 끔찍한 불행입니다, 특히 엘사가 죽음에 처할 때 그리고 네 살의 경우에 그렇습니다, 부모들은 생각했습니다, '우리는 결코 잊을 수 없을 거야,' 엘시는 생각했습니다, '왜 그애야? 내가 아니라?' 가장 끔찍한 것은 조부모로서의 경우입니다, '어떻게 이런 일이 있을 수 있어?' 라고 머리가 희끗희끗한 할머니가 생각했습니다, '죽음이 실수한 거야, 첫번째로 떠날 건 우리인데, 죽은 건 바로 엘사라니,'

마음속에, 눈물의 시내에, 침묵 속에, 쉼 속에, 소음 속에 집 안의 내부 전체에는 슬픈 반내림표가 있었습니다. 음악만이 곡조를 바꿀 뿐 아무도 아무것도 말하지 않았습니다. 음악의 꿈결 같은 쪽이나 행복한 쪽에 있는 것이 아니라 끔찍한 불행 쪽에 있었습니다. 왜냐하면 거기서 음악은 슬픔과 애수의 곡조로 들렸기 때문입니다.

갑자기 작은 쥐들은 단 하나의 음표도 들을 수 없었습니다. 왜냐하면 그 음표는 마음을 뒤집고 어린 딸을 생각나게 했기 때문입니다. 그들은 그 음표를 싫어하기 시작했습니다. 그 음악은 그들을 기쁘게 했었지만 그들의 어린 무용수를 떠오르게 했습니다.

음표마다 그들의 마음을 아프게 했습니다. 그래서 조용히 그들은 창고의 통풍망을 막고 그들의 귀에 솜을 막고 그들 역시 죽은 듯이 있었습니다. 그것을 장례식이라고 부르죠.

쥐들이라 해도 때때로 그들은 눈물을 흘렸습니다. 그들은 남몰래 눈물을 닦고 투덜거렸습니다.

— 아니, 이 창고에 왜 먼지가 이렇게 많담! 하루 날 잡아서 청소를 해야겠어!

그러고 나서 길고 긴 몇 주가 흐른 후 어느 날, 엘시는 통풍망 쪽에 귀를 아주아주 가까이 대고서 '카스-누와제트' 첫박자를 들었습니다. 그것은 엘사가 좋아하던 작품이었습니다. 그녀의 마음에서 무언가가 움직이기 시작했습니다. 마치 오랜 세월이 지난 후에 벽장에서 나온 바이올린처럼요. 묘하게도 음악은 더 이상 슬프지 않았습니다. 엘시는 토 동작을 다시 하기 시작했습니다.

그날부터 그들은 통풍구를 열고 조용히 그처럼 아름다운 음악을 다시 듣기 시작했습니다. 멀리서, 세상 깊숙한 곳에서, 아마도 엘사의 마음에서부터 나오는 것 같았습니다. 그들은 음악을 들었습니다. 손을 모으고 눈을 감고 전보다 더 많은 애정을 갖고 들었습니다.

그들은 엘사가 웃는 소리를 들었고 춤을 추고 토 동작으로 회전하는 것을 보았습니다. '난 이제 내가 왜 그렇게 음악을 좋아하는 지 알아' 라고 아빠는 생각했습니다. '음악은 세상을 더욱 커지게 하지, 음악 덕분에 우리는 다른 곳에 갈 수 있어, 아주 멀리, 아마도 신이 존재하는 곳으로, 엘사와 함께,' 하지만 그는 침묵했습니다.

엄마는 생각했습니다. '음악은 우리에게 신이 계신 장소와 모든 사라진 것들에 대해 말해, 그 장소는 지구가 아니라 하늘이지, 그렇기 때문에 음악은 아름다운 거야!' 하지만 그녀는 말하지 않았습니다.

그리고 엘시는 생각했습니다. '음악은 마치 사진 앨범 같아, 내 눈 앞에서 엘사를 보려면 몇 개의 음표를 듣는 것으로 충분해, 난 아직도 그녀가 생각나!' 하지만 그녀는 말하지 않았습니다.

— 쥐 할머니가 소리 높여 말했습니다. 난 우리의 엘사를 들어, 난 음표를 통해 그애가 웃는 소리를 듣지, 장밋빛 발레복을 입고 몸을 돌리는 그애를 봐, 들어봐! 마치 그애가 저기 있는 거 같잖아…,
할머니는 자신이 소리 높여 말했다는 것을 알지 못했습니다. 처음으로 엘사의 이름이 발음된 것입니다. 할머니의 말은 성당에서 그렇듯이 울려 퍼졌습니다.

이 말을 듣고 엄마 쥐는 앞치마의 한 끝을 가지고 남몰래 눈물을 닦았습니다.

— 눈에 또 먼지가 들어갔네, 이런, 조만간 날을 잡아서 누가 창고를 청소할래?라고 투덜거렸습니다.

커다란 수코양이로 말하자면 회환으로 가득한 마음을 갖게 되었습니다. 그는 이렇게 생각하면서 발꿈치를 돌렸습니다.

'쥐들한테는 안 될 일이야. 그 쥐들은 너무 소화하기 어렵고 너무 지적이야.'

그리고 그는 오페라의 창고에 영원히 나타나지 않았습니다. 빨간 생선을… 잡느라고 바빴기 때문이죠!

부모를 위한 조언
· · · · · · 죽음에 대한 문제 · · · · · ·

프랑수아즈 돌토는 "집에 있는 고양이와 쥐는 항상 모든 것을 알고 있다"라고 썼다. 그리고 그는 사실상 아이들이 비밀, 금기사항, 암묵적인 발화를 싫어한다고 단언했다. 어떤 것을 위장하려고 시도한다면 그것은 비통하게 실패로 끝날 수 있다.

아이에게 몇 살에 죽음에 대해 말해야 할까? 심리학자들은 네 살부터 아이가 죽음에 대해 조금 의식하기 시작한다고 말한다. 죽음이 돌이킬 수 없다는 것과 어떤 식으로 다가오는지 알지 못한 채 말이다.

여섯 살 때 초등학교에 들어가는 순간 '신비로운 사고'가 아주 완만하게 깨어지기 시작한다. 아이가 꼬마 악마, 장난꾸러기 요정, 산타할아버지에 대해 믿지 않게 된다. 아이는 삶의 사이클, 탄생에서 죽음의 사이클에 대한 정보를 받아들일 준비가 된다.

대략 여덟 살에 죽음이 보편적이고 돌이킬 수 없는 것이라는 의식을 갖게 된다.

아이의 반응

당신이 어느 날 아이에게 아기들이 어떻게 태어나는지 설명할 때 아이의 반응은 절대 예측할 수 없을 것이다. 아이가 갑자기 산만해 보이고 변덕스럽게 굴고, 그림을 그리기 위해 종이를 잡아당기는 모습을 보일 수도 있다…. 그것은 아이가 듣지 않는 것을 의미하는 게 아니다. 오히려 반대일 것이다….

······ 친족의 죽음 ······

친족(조부모, 사촌, 그리고 새끼 고양이까지!)의 죽음이 남아 있다. 그것은 아주 다른 것이다. 어떻게 반응할까?

세대가 필연적으로 연속된다는 것을 언급하라. "할아버지는 너보다 먼저 태어난 아빠 전에 태어나셨단다." "슬퍼하지 않아야 해. 할아버지는 삶을 다 사셨기 때문에 세상을 떠나신 거란다…."

어린 남동생이나 여동생 등등의 경우. "때로 인생은 잔인하단다. 사고가 일어나. 아주 드물지만 사고가 일어날 수 있어. 스스로 주의를 해야 한단다."

아이들은 항상 죄의식을 느끼는 데 민감하다. 주저 말고 명확히 해야 한다. "사람이 죽더라도 그건 사람의 잘못이 아니란다…."

'사후'에 대해 언급하는 것도 괜찮다. 신앙이 있는 가족의 경우는 종교를 이용하거나 사라진 것에 대한 기억을 언급하면서. 비망록이나 음악에서 그런 기억을 찾을 수 있다.

아이가 장례식에 참석해야 하나?

여섯 살–일곱 살부터는 아이에게 제안할 수 있을 것이다…. 그리고 어쨌든 아이가 너무 어리다는 구실로 아이의 참석을 결코 금지하지 않아야한다. 그런 사항을 이유로 보호하다가 단지 암묵적 발화와 정신적 외상을 야기할 수 있다. 다른 해결책을 생각해 본다면 장례식에 지나가게 하되 아주 잠깐 고인의 무덤에 데리고 간다.

키워드가 되는 문장

★ "우리는 우리가 사랑했고 이 세상을 떠난 누군가를 결코 잊지 못한다. 죽은 이들은 우리를 통해서 계속해서 살아가는 거야. 네 할아버지(네 삼촌, 네 사촌 등등)는 네게 많은 것을 가르쳐 주었지, 그렇지? 그는 그런 식으로 네 속에서 계속해서 살아가는 거란다."

★ "만일 우리 중에서 누군가 죽어 버린다면 얼마 동안은 아주아

주 슬플 거고 늘 울고 싶어질 거야. 그러고 나서 점차적으로 뭔가가 그 슬픔을 대신할 거란다. 그것은 더 다정하고 심오할 거야. 추억과 같은 뭔가지…. 그건 우리가 잊는다는 것을 의미하는 게 아니란다."

★ 아이를 속여서 안심시키는 대답을 피해야 한다. 즉 "그는 긴 여행을 하기 위해 떠났다.""그는 영원히 자는 거야.""그는 잠들었어." 그 나이에는 말하는 그 단어를 그대로 받아들인다. 잠과 죽음을 혼동하지 않게 하는 것이 더 낫다.

내 작은
고양이가
죽었어

날씨가 다시 추워지기 시작했습니다, 알리스는 푸른 바다색 망토를 입으면서 셔츠 깃에 회색 털이 붙어 있는 것을 보았습니다, 고양이의 털이었습니다, 그것은 알리스의 가슴을 할퀴는 것 같았습니다,

알리스는 불행한 표정으로 복도에 서 있었습니다,

그녀는 자신에게 말했습니다, "넌 뭘 기다리는 거야? 바보같이," 그녀는 아무도 기다리지 않았습니다, 특히 세자르는 아니었습니다,

세자르는 이제 더 이상 그녀의 다리에 몸을 비비지도 위아래로 장단지를 만지면서 머리를 내밀거나 야옹거리지도 않았습니다,

— 나만 혼자 있게 하지마, 넌 왜 날 데려가지 않는 거야? 난 이 아파트에서 너무 심심해,

세자르는 이제 다시는 알리스에게 대답하지 않을 것입니다,

— 자, 세자르! 얌전히 굴어! 넌 내가 학교에 간다는 걸 잘 알잖아!

그리고 그녀는 이제 결코 세자르를 공중으로 들어 올리지도, 그에게 비밀을 말하면서 아주 부드러운, 턱 아래를 쓰다듬어 주지도 않을 것입니다,

아뇨, 세자르는 죽었습니다, 세자르를 수의사에게 데리고 가야 했고 그에게 주사를 놓게 해야 했습니다, 알리스는 기억을 떠올렸습니다, 긴 테이블이 하얀 종이로 덮여 있었고, 코를 찌르는 냄새가 났습니다, 아주 파란 눈을 한 수의사는 손을 마주 잡고 말했습니다,

— 자, 어린 소녀야, 용기를 좀 내렴, 네 귀여운 고양이는 전혀 아픔을 느끼지 않을 거야, 내가 약속할게, 고양이는 조용히 잠잘 거야, 그러고 나면 다 된 거란다,

알리스는 세자르를 바라보았지만 세자르는 알리스를 보지 않았습니다, 세자르가 몸을 쭉 뻗었고, 그러고 나서 갑자기 영원히 늘어졌습니다,

커다란 푸른 바다색 망토를 입은 알리스는 복도에 혼자 서 있었고 슬픔에 차 있었습니다, 작은 회색 털을 하나씩 떼면서 알리스는 그녀가 학교에서 돌아올 때 그녀의 손등을 핥던 까끌까끌한 세자르의 귀여운 장밋빛 혀를 생각했습니다, 세자르가 침대에 와서 아주 다정하게 야옹거리던 것을 생각했습니다, 알리스의 가슴은 터질 듯했습니다, "세자르, 네가 너무 보고 싶어! 정말 보고 싶어!"

그녀는 다른 말을 하고 싶었지만 다른 말을 할 수가 없었습니다, 커다란 검은 구름만이 몰려왔습니다,

엄마가 알리스 뒤로 와서 그녀의 목을 감싸 주었습니다, 알리스의 시선은 슬프고 파랬습니다,

— 알리스, 갈래? 라고 엄마가 말했습니다,

사실 엄마는 아무 말도 하지 않았지만 알리스는 그 문장 뒤에 숨어 있는, 감춰진 말을 이해했습니다,

엄마는 알리스에게 이렇게 말하고 싶었을 것입니다,

— 슬퍼하지 마, 너도 알다시피, 세자르는 치료될 수 없었어, 우린 어쩔 수 없었어.

— 우리가 정말 어쩔 수 없었을까?라고 알리스는 침묵하면서 물어보았습니다.

— 정말이야, 정말이라고 엄마는 침묵 속에서 대답했습니다.

알리스는 이제 두 팔과 두 손과 가슴으로 무얼 해야 할지 몰랐습니다. 그녀는 더 이상 인형의 옷을 입히고 싶지도 않았고 반죽을 빚어 만들고 싶지도 않았습니다. 게다가 귀여운 고양이들이 매일 죽는데도 그녀가 아직도 놀 수 있는 권리가 있는 걸까요?

그녀가 매일 죽는 그 모든 고양이들, 그 모든 사람들을 생각하자 그건 수백, 수천, 수백만에 이를 것이라는 생각이 들었습니다…, 알리스는 주먹을 쥐고 마침내 입을 열었습니다.

— 그게 무슨 소용이야?라고 그녀가 소리쳤습니다. 난 이해할 수 없어! 귀여운 고양이가 살다가 아파서 병이 들고… 그러고 나서 고양이가 죽었어, 그런데 내가 기뻐하고 웃고 산책을 가야 하는 거야?

엄마가 미소 지었습니다.

— 알리스야, 너도 괜찮아질 거야.

적절한 말을 찾기가 아주 어려웠습니다. 엄마는 알리스에게 고통의 사이클에 대해 말하고 싶었습니다.

— 네 고통은 서서히, 천천히 사라질 거야, 처음에는 슬프고 추억이 떠오르겠지, 그러고 나서는 좋은 기억만 남을 거란다, 그건 네가 세자르를 잊게 될 거라고 말하려는 게 아니란다, 오히려 반대지, 넌 세자르를 생각할 거고 사진으로 볼 수 있어, 너는 이렇게 생각할 거야, "잠시 동안이었지만 내가 세자르를 알았던 건 행운이었어, 세자르는 내게 많은 기쁨을

주었어, 나도 그랬고, 세자르는 작은 고양이의 턱 아래와 귀 뒤쪽이 얼마나 부드러운지를 가르쳐 주었지! 나는 세자르에게 그가 정말 다정했기 때문에 학교에서 돌아오는 사람을 반갑게 맞으라고 가르쳐 주었어, 이제 난 만족해, 세자르는 더 이상 고통스럽지 않고 나 역시 그렇기 때문이야."

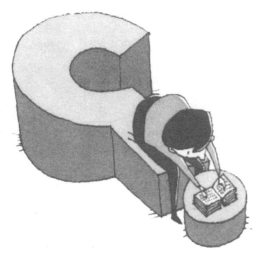

이야기쟁이
아줌마를 만난
어린 피에르

피에르는 부모님, 고양이 알퐁스, 하
얀 토끼와 함께 슬레이트로 된 예쁜 집

에서 살았습니다. 피에르는 '거의' 다른 아이들 같은… 어린 소년이었습

니다. 그가 계속해서 질문을 한다는 것을 제외하고요. 그는 1시간에 백번,

1분에 열 번을 질문했습니다. 이미 아주 어려서부터 말할 줄 알기 전에

그는 질문을 하는 표정으로 손가락으로 가리켰고 대답이 늦을 때는 소리

를 지르고 아주 벌겋게 되었습니다.

"왜 초콜릿은 밤색이에요? 그리고 왜 토끼들은 초콜릿을 좋아하지 않

아요? 그리고 왜 설탕은 달아요? 그리고 설탕은 어떻게 만들어요? 그리고

왜 사람들은 화성인들을 본 적이 없는데 화성인들이 녹색이라고 말하는

거죠? 피에르의 부모는 대답을 찾기 위해 하늘을 올려다보았지만 어떤

대답도 나오지 않았습니다.

피에르가 커가면 커갈수록 부모는 점점 더 머리를 긁적거렸습니다. 왜

냐하면 나이가 들면서 그의 질문은 항상 더 복잡해졌으니까요.

예를 들면 이랬습니다. "병은 어디서 오는 거예요? 왜 늙은 사람들은 죽

게 되나요? 그리고 왜 난 숲 속의 로빈이 아니라 나인 거죠? 그리고 난 태

어나기 전에 어디 있었어요?" 이런 것들은 약간의 시간을 필요로 하는 대

답이죠. 부모들이 자동차 바퀴를 바꾸거나 저녁식사를 준비할 때 그들로

서는 대답하기 어렵습니다.

피에르가 어떤 질문(예를 들면 아기들에 대한 질문, 병에 대한 질문, 죽음에 대한 질문)을 할 때, 엄마는 머리를 끄덕이며 이렇게 대답을 합니다.

— 음, 아들아, 그건 아주 까다로운 질문이구나. 괜찮다면 내가 생각해 볼 시간을 좀 주렴.

아마도 엄마가 철저하게 잊어버렸기 때문일 것입니다.

하지만 또한 엄마는 어떻게 말을 돌려야 할지 몰랐기 때문일 것입니다. 피에르의 엄마는 말없이 있었습니다.

대답을 얻지 못해서 당신이 더 이상 질문을 하지 않는 때가 있을 겁니다. 피에르는 어느 날 흰 토끼 라피누가 우리에서 갑자기 죽은 것을 발견하고 엄마를 당황하게 할까 두려워 엄마에게 감히 질문을 하지 않았습니다. 아마도 그는 어떤 죽음은 '죽음, 병, 아기 만들기'처럼 심각한 단어라고 생각했을 것입니다. 그래서 어린 소년은 토끼를 조용히 묻고 질문도 그 위에 묻었습니다.

피에르는 외동아이들이 종종 그렇듯이, 정원에 있는 자신만의 작은 텐트에 혼자 남아 있었습니다. 그리고 그는 인생과 존재에 대해 곰곰이 생각했고 그 모든 것이 그의 머릿속에 작은 검은 구름을 떠돌게 했습니다. 그는 좀 슬펐고 조금 추웠습니다. 그는 그것이 '고독이라고 한다는 것'을 알지 못했습니다.

어느 날 오후에 프티 피에르가 여전히 그의 텐트에 있었을 때 아주 부드러운 목소리를 들었습니다. 그는 깊고 검은색 눈동자를 한 아줌마를 보았습니다. 그 아줌마는 미소 지으면서 그를 바라보고 있었습니다. 그런 아줌마는 창고에서, 고물 가운데에서, 골동품 상점에서나 만날 수 있을 것 같았습니다. 하늘에는 헬리콥터가 지나가고 사람들은 낚시를 하거나 음악콘서트를 하는 중이었습니다.

　— 안녕, 프티 피에르, 아줌마가 그에게 말했습니다. 넌 내가 누군지 아니? 난 이야기쟁이 아줌마란다.

　— 이야기해 주는 아줌마요?

　— 난 너 같은 어린 소년을 보러 왔지. 가슴속에 검은 구름을 갖고 있는 아이 말이야. 그런 아이들에게 책 속에 있는 어떤 이야기들이 대답을 줄 수 있다고 말해 주려고 말이지.

　— 내 모든 질문에 대한 대답이요?

라고 프티 피에르는 눈을 크게 뜨면서 물었습니다.

이야기쟁이 아줌마가 주저했습니다.

　— 네가 반드시 대답을 모두 찾을 수 있는 건 아니지만 아마도 모든 질문은 찾게 될 거야. 이야기를 읽어 가면서 다른 사람들도 너와 함께 질문을 함께 나눈다는 것을 알게 될 거야. 그렇기 때문에 책은 작은 오기심들을 위해 만들어진 거란다. 수십억 개의 질문이 있는 사람들과 게다가 동시에 여러 개의 삶을 살고 싶은 사람들을 위한 책이지. 너는 숲 속의 로빈인 동시에, 피터팬이 될 수 있단다. 특별한 허가 없이 말이지! 그리고 가장 놀라운 것은 책 속에서 바로 네가 살아가고 오흡하고 맛보고 노는 것을 배우게 되는 거란다…. 네가 알지 못했던 많을 것을 한다면! 단지 종이에 있는 몇 개의 말과 많은 상상력으로….

그녀는 피에르에게 책을 내밀었고 그는 얼른 잡아들었습니다. 그가 책을 읽어 감에 따라 그의 작은 검은 구름이 사라졌고 그는 아주 가벼워진 느낌이 들어서 노래를 부르고 싶어졌습니다. 숲 속에서 바람이 속삭였습니다. "읽어, 읽으렴…. 책을 읽는 건 아주 좋은 거란다." 그리고 새들은 책 읽기를 즐기는 피에르를 보기 위해 그들의 둥지로 모여들었습니다.

피에르가 책을 뒤적이는 동안 그는 그와 함께 책장을 넘기는 작은 난쟁이의 속삭임을 들은 것 같았습니다. 실제로 정원에는 아무것도 없었고 오두막 집에도 없었습니다. 그는 아무튼 아서왕과 함께 비행기, 배, 성에 있을 수 있었습니다.

그는 동시에 그 모든 것이었고 예전에는 체험하지 못한 것을 느꼈습니다. 그는 결코 바다를 본 적이 없었는데 입에 바다의 맛이 느껴졌고 결코 맛 본 적이 없는 레몬과자 맛이 느껴졌습니다. 피에르가 소녀들을 싫어하는데도 사람이 사랑에 빠질 때 가슴이 두근거리는 마음을 갖게 되었습니다!

그는 이야기쟁이 아줌마에게 어떻게 잉크와 몇 페이지의 종이만으로, 그리고 아마도 상상력이 그런 효과를 낼 수 있는지 물어보려고 책에서 눈을 들었습니다.

하지만 이야기쟁이 아줌마는 이미 사라졌습니다. 멀리서 그에게 이렇게 말하는 아줌마의 부드러운 목소리(하지만 아마도 나무에서 불어오는 바람의 속삭임이겠죠?)가 들렸습니다

— 프티 피에르, 난 돌아간다. 수십만, 수십억의 책들이 있잖아!

질문으로 꽉 찼던, 아주 검은 구름이 날아가 버렸습니다.

그 대신 온 세상의 수천, 수십억의 책을 읽고 싶다는 욕망으로 꽉 찬 투명한 작은 구름이 있었답니다. 그날 이후로, 프티 피에르는 결코 다시는 질문으로 머리가 아프지 않았고 약간 추울 때와 약간 혼자라서 슬프다고 느낄 때는 책을 한 권 잡았고 그때마다 마술이 다시 시작되었습니다.

부모를 위한 조언
······ 초월성과 철학에 대한 질문 ······

아이들은 아주 빨리 '다른 세상,' 현실 저 너머에 이데아의 세계가 존재한다는 것을 안다. 그러므로 아이 안에서 잠들고 있는 철학자를 질식하지 않게 노력하자. 그에게 아주 간단하게 그 범위에 대해 대답할 수 있다. 하지만 또한 약간 더 늦게 아이에게 철학, 책과 예술에 대해 취향을 주는 것도 괜찮다.

아이의 질문들이 아주 복잡하다면 문학 · 시 · 음악 · 미술 등에서 효과를 찾을 수 있다. 예술은 보편적이고 모두에게 이해되는 언어를 전달한다. 우리는 게다가 그것을 감동과 기쁨을 느끼며 받아들인다. 그렇기 때문에 아이들에게 예술작품을 보여주는 것이 좋다. 박물관이든 책 속에서든 텔레비전(오페라의 경우)을 통해서든.

아이가 목요일에 암기과목을 공부해야 하는가? 약간 바보같이 그것을 하게 하는 대신 그에게 감춰진 감각을 이해하게 하고 이러저러한 그림을 보고 아이가 느끼는 것을 질문할 수도 있다.

아이가 책을 좋아하게 하라

만일 아이가 아직 책에 흥미가 없다면 아이에게 우리의 유아적 감정을 이야기하고 '책의 즐거움'을 이야기하라(우리 시대에는 오히려 만화 팡토메트(프랑스 만화)나 해리 포터의 다섯 명 클럽이 낫겠다). 도서관에서 책을 찾아보려고 노력할 수도 있다. 아이들에게 우리의 감정을 전달하는 것이 중요하다.

너무 선별적이 되지 않도록 하라! 절대적으로 아이가 마음에 드는 것을 읽게 하는 것이 더 낫다. 요리책을 포함해서 만화, '유아' 책. 만일 아이가 말하기를 좋아하다면 그 아이는 다른 것에 관심을 가질 것이다.

키워드가 되는 문장

★ "종종 책은 어른들에게 또한 '애인 같은 인형'이 된다."
★ "책은 우리의 가장 좋은 친구다…. 종종 우리가 제기하는 중요한 질문에 대답할 수 있는 것이 바로 책이다."
★ "위대한 작가(몽테스키외)는 심각한 슬픔조차도 좋은 책 속으로 빠져드는 시간 동안에는 사라질 수 있다…라고 말한다."

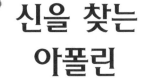

신을 찾는
아폴린

아폴린은 오기심이 무척 많았습니다. 그녀가 처음
으로 발음한 단어는 '아빠'도 '과자'도 아니라 '왜'
였습니다. 그런데 왜 구름은 하양죠? 그런데 왜 물고기
는 빨개요? 그 정도까지는 아직 괜찮았습니다. 하지만 질문은
나이를 먹자 변해 갔습니다. 어느 날 그녀는 사람들이 많이 말하
는 그 하나님이 누굴까 하고 생각했습니다.

— 하나님은 할아버지처럼 흰 수염이 있어요?
— 아니 그건 산타할아버지야. 하나님은 세상과 우리를 만들었고 하늘
에 살아. 그렇단다. 사랑스런 아이야라고 아폴린의 엄마가 대답했습니다.
— 그래요? 그럼 하나님이 어릴 때는 어디에 살았나요? 하나님은 학교
에 잘 다녔겠죠, 적어도 여섯 살부터는요?
엄마는 아주 한숨을 크게 쉬었습니다.
— 얘야, 하나님은 어린 적이 없었단다. 항상 아주 크고 아주 좋은 분이
지. 그리고 하나님 덕분에 우리도 크고 좋은 거란다.
— 하지만 그때, 지난 일요일에 내 자전거를 도둑 맞은 거죠, 네, 엄마?
라고 아폴린이 물었습니다.
아폴린의 엄마는 고개를 끄덕이면서 한숨을 쉬었습니다.
— 그래 맞아, 하나님은 땅의 지진도 자전거 절도도 운동장에서 벌어지

는 싸움도 막지 않아, 하나님은 사람들이 서로 죽이는 것을 막을 수 없지, 그렇단다. 이제 나 일 좀 할게.

처음으로 아폴린은 자신의 질문을 되받게 되었습니다. 그녀는 주먹을 허리에 대고서 방 한가운데 서 있었습니다.

─ 신, 당신이 존재한다면 즉시 금덩어리가 들어 있는 초코과자를 나타나게 해봐요! 즉시!

하지만 아무것도 움직이지 않았습니다. 분명히.

─ 자, 난 오감이 있어요…, 말합니다…, 막대사탕, 추파춥스, 코카콜라.

그녀는 눈을 아주 꽉 감았다가 떴습니다.

─ 아주 작은 기적을 만들어 봐요, 그러면 내가 당신을 믿을 테니!

하지만 물론 막대사탕도, 추파춥스도 하늘에서 떨어지지 않았습니다.

다음 날, 학교에서 아폴린이 클라라, 앙리, 잠므에게 질문을 했습니다.

─ 엄마가 그러는데 하나님은 존재하지 않는대. 난, 하나님을 믿어. 그는 산타할아버지야라고 잠므가 대답했습니다. 그들은 둘 다 커다란 흰 수염이 있고 결코 보이지 않지. 단지 크리스마스날에 빨간 옷을 입고 땅에 내려오는 거야.

클라라가 그녀에게 말했습니다.

─ 아빠가 그러는데 신들이 아주 많이 있다는데! 바람 신, 비 신, 밀의 신, 아주 많은 신이 있다고 해.

그리고 앙리가 그녀에게 말했습니다.

─ 엄마는 하나님이 항상 숨어 있다고 생각해. 신은 보이지 않아서 신을 찾으려면 멀리 아주 멀리 가야 한대…, 사막으로 하늘로 아니면 숲으로.

이런 모든 설명들은 상황을 더 복잡하게 하는 것 같았습니다. 아폴린은 작은 가방을 준비했습니다. '앙리가 옳아, 모든 것은 숲을 지나가지'라고 그녀가 곰곰이 생각했습니다. '바로 거기에서 빨간 모자가 늑대를 만났지, 그리고 바로 거기서 금발머리 소녀가 세 마리의 곰을 만났지, 난 하나님을 만나러 갈 거야.' 그리고 그렇게 해서 아폴린은 숲 깊숙이 들어갔습니다. 그녀는 아주 오랫동안 걸은 후에야 누군가를 만나게 되었습니다. 마침내 그녀는 앞에 나타난 방울새와 마주쳤습니다. 방울새는 활기 있게 깡충 뛰었습니다.

— 안녕, 방울새야! 난 하나님을 찾고 있어!라고 아폴린이 말했습니다.

— 하나님은, 봄이고 둥지이고 잔가지이고 예쁜 시구절이고 덤으로 얻는 약간의 태양빛이기도 해라고 작은 방울새가 날갯짓하면서 날아가며 말했습니다. 자, 안녕!

아폴린은 한숨을 짓고 고개를 저었습니다. 그래, 그건 방울새의 대답이야…. 그녀는 용기내어 다시 걸었습니다. 몇 미터를 지나자 회색빛 토끼가 그녀 앞을 도망쳐 지나갔습니다. 아폴린은 토끼에게 소리쳤습니다.

— 넌 하나님을 우연히라도 본 적 있니?

토끼는 갑자기 멈추고 슬픈 표정으로 수염을 쏟어내렸습니다.

— 몇 달 전에는 내가 총알로부터 먼 저기에 신이 있다고 말했을 거야. 하지만 엄마가 지난 주에 사냥꾼에게 죽임을 당했어, 그런데 신이 있으면 무슨 소용이야, 신이 너희를 죽게 놔둔다면?

— 맞아라고 아폴린은 말했습니다. 우리도 지진, 재앙, 기아를 겪지…. 그리고 나도 역시 지난 주에 내 물건을 도둑맞았어….

하지만 토끼는 벌써 달아났습니다.

날이 저물기 시작했고 아폴린은 아주 배고프고 목이 말랐습니다. 질문은 거대한 구멍을 만들고 배 속 깊이 거렁뱅이를 만들었습니다, 아폴린은 자신의 작고 아주 포근한 방이 아쉬웠지만 질문으로 가득했고, 바로 그때 그녀가 그것을 보았습니다…, 하나님이 아니라 푸른 왕의 깃털 장식을 한 작고 귀여운 요정이었습니다, 그 요정은 어두운 밤에 작은 광채가 났습니다, 아폴린은 땅에 꿇어 앉아 아주 작은 목소리로 말했습니다, 왜냐하면 그녀는 요정이 놀라서 간혹 눈 깜짝할 사이에 사라진다는 것을 알았기 때문입니다,

— 말해 줘, 작은 요정아…, 난 하나님을 보고 싶어, 하나님이 우리를 사랑하는지 아니면 우리를 놀리는 건지 묻고 싶어라고 아폴린이 말했습니다, 넌 내가 어디서 하나님을 찾을 수 있는지 아니?

— 오, 오라고 작은 요정이 작은 목소리로 대답했습니다, 미안해, 큰 소녀야, 하지만 하나님을 보는 건 불가능해, 그런데 왜인지 아니?

— 아니라고 아폴린이 말했습니다,

— 신은 크고 내성적이라서 도처에 좀 숨거든,

하나님은 포플러 위에, 아주 뜨겁고 아주 둥근 태양 속에 있어, 그는 잎의 향기 속에 있고 겨울 다음에 되돌아오는 봄 속에 있고 아주 멀리 저무는 붉은 구름 속에 있고, 네 눈에서 눈물이 나게 하는 아주 아름답고 아주 슬픈 음악, 아주 멀리 들리는 음악 속에 있어, 네가 사랑에 빠질 때 그리고 너를 완전히 감동시키는 멋진 책을 읽을 때, 신은 또한 거기에 있단다,

그리고 작은 요정은 고개를 저었습니다,

— 넌 신을 소리로 찾을 수 없어, 넌 아무리 빨리 달린다 해도 찾을 수 없어, 네가 아무리 요란하게 웃고 아마도 끈질기게 그를 찾을지라도 역시 찾을 수 없을 거야, 난 때때로 이렇게 앉아 있을 때 코에 바람이 불고, 얼굴에 태양빛을 받을 때, 난 정말 하나님의 소리를 듣고 본단다, 내가 눈을 감았을지라도 말이야,

아폴린은 더 이상 아무것도 말하지 않았지만 이렇게 생각했습니다, '나 역시 그래.' 그리고 작은 요정은 아폴린이 자신의 입에 손을 대는 것을 보았습니다.

— 이제, 어린 소녀야, 네 집으로 빨리 돌아가렴! 모든 것을 설명할 필요도 모든 것을 분석할 필요도 없단다. 그렇지 않으면 하나님은 그가 왔던 것만큼 빨리 사라질 거야. 그는 내성적일 뿐 아니라 설명을 싫어해.

아폴린은 작은 요정에게 인사하고 아주 많이 감사했습니다.

그리고 가슴속에 약간의 오기심과 함께 훨씬 많은 감동을 가지고 다시 출발했습니다.

그녀가 집으로 다시 돌아왔을 때, 그녀는 피아노 앞에 있었습니다. 그리고 그녀는 눈에 눈물이 생길 때까지 오랫동안 피아노를 쳤습니다. 그리고 바로 처음으로 그런 일이 일어났습니다. 그것은 작은 기적이었고 코카콜라 막대사탕보다 훨씬 더 좋은 기적이었습니다! 방울새에게 신은 봄이고 토끼에게는 침묵이었습니다.

— 오, 내 안에 있는 하나님, 그것은 음악이다라고 그녀는 선언했습니다.

좀 더 후에 아폴린은 피아니스트가 되었고 이상하게도 그녀는 오기심이 약간 줄어들었습니다.

부모를 위한 조언
· · · · · · 신에 대한 아이의 질문 · · · · · ·

네다섯 살에 '죽음에 대한 생각'의 발단이 아이에게 일어나기 시작한다. 그러므로 아이는 신, 초월자에 대해 믿을 필요를 느끼기 시작한다. 그것은 안심을 하려는 욕구이다. 때로 친족의 사망 후에 아이는 질문의 형태로 신에 대해 말한다. "그러면 할아버지는 계속 숨을 쉬는 거예요? 저 위에서 할아버지는 어떻게 살아요? 어떻게 옷 입어요?" 예닐곱 살, 추론이 생기는 나이에는 정말로 현실에 대해 말을 한다. 그는 산타할아버지의 세상을 떠나서 바로 그 순간에 종종 신을 믿어야 할 현실적인 필요를 느낀다. 게다가 근원에 대한 이야기, 자신의 탄생에 대한 것에 매료된다…. 난 어떻게 태어났을까? 내가 태어나기 전에 무엇이 있었을까? 종교는 질문의 고리를 멈추게 할 수 있다. 그에게는 안심되는 것이다.

아이에게 어떻게 대답할 것인가?

신앙이 있는 가족의 경우는 쉬운 일이다. 예비 과정부터 기독교적 교육 방향으로 가는 것이다.

만약 의심한다면, 믿지 않는다고 강제로 그에게 강요하지 말고 아이에게 사물에 대한 관점을 발전시키게 해야 한다. 그리고 "죽은 다음에는 아무것도 없어"라고 말하지 않도록 한다.

반대로, 믿지 않는 경우 신을 믿으라고 주장하는 것은 무용한 일이다.

키워드가 되는 문장

★ 그에게 이렇게 말하라. "넌 다르게 생각할 권리가 있단다. 우리가 같은 생각을 공유해야 할 의무는 없단다."

★ 다른 어떤 것 속에 신이 존재할 수 있다고 아이에게 말하는 때가 있다. 그것을 '초월적 존재'라고 부른다.

★ "눈에 보이지는 않지만 다른 뭔가(현실과 다른 것)가 존재한다는 느낌을 가질 수 있다. 우리는 그것을 음악, 예술, 책 속에서도 경험할 수 있다."

★ "그것은 우리가 교회에 있을 때처럼, 그리고 기도하기 시작하고 모두 함께 찬송할 때처럼 종교적인 감정이란다."

역자 후기

《아이가 자라면서 겪는 짤막한 이야기들》은 세상에 많이 소개되었으면, 솔직히 많이 판매되었으면 하는 욕심이 드는 책이다. 누군가로부터 권장의 글을 부탁을 받거나 그런 역량이 있는 것도 아니다. 또한 이 책이 많이 팔린다고 해서 이 역자에게 금전적인 혜택이 조금이라도 돌아오는 건 아니다. 현실적으로 아무런 이익이 없는데도 이 책이 많이 알려졌으면 하는 바람을 품는 것은 바로 이 책을 엄마의 마음으로 읽고 우리말로 옮겼기 때문일 것이다.

이 책을 알게 되었을 당시 곧 엄마가 될 나로서는 아이에게 읽어 줄 동화가 생겼다는 기쁨으로 들뜨고 얼른 번역하고 싶은 욕심이 가득한 상태였다. 그런 기대와 욕심에 비해 너무 늦게 작업을 마쳐 부끄럽고 아쉽다. 더욱이 이 책과 함께하는 과정에서 잠자기 싫어하는 아이를 달래는 요령, 새로운 세계에 나서는 아이의 두려움에 대처하는 방법을 터득해가며 혼자 기뻐한 것에 대해 미안스럽기도 하다.

이제 드디어 아이에 대한 걱정과 기쁨을 함께 나눌 수 있게 되었다.

이 책은 아이가 태어나서 한해한해 성장해가면서 겪는 일상, 겪을 수 있는 있는 문제들을 짤막짤막한 이야기들을 통해 들려준다. 공주, 왕자, 토끼, 쥐, 곰과 같은 동화의 단골 인물들이 주인공으로 등장하는 이들의 이야기는 우리의 품에서, 무릎에서 혹은 잠자리에서 듣게 될 우리 아이 자신의 이야기라고 할 수 있다. 잠자기 싫어하고 친구들과 어울리는 데 어려움을 느끼고 때로 왕따를 당하기도 하고 또래 친구에게 물건을 빼앗기고 못된 어른들에게 상처를 입기도 하고… 언제나 부모의 사랑을 갈구하는 우리 아이들의 이야기 그 자체다.

　아이들은 5세를 전후로 죽음이라는 것에 대해 알게 된다고 한다. 아이에게 죽음에 대해 어떻게 설명해야 할까? 이 책은 동화의 주인공들을 통해 형이상학적 질문, 철학의 문제까지 다루고 있다. 그럼 이 책은 아이들이 읽어야 할 책인가, 어른들이 읽어야 할 책인가라는 의문이 생길 수 있다. 이 책은 아이를 위한 책이다. 아이에게 들려주어야 하는 책이며 아이를 이해하기 위해 어른이 읽어야 할 책이다. 부모가 곰곰이 생각해 보아야 할 사항이 책 한 켠에 마련되어 있기도 하다. 책 제목처럼 아이가 성장해가는 과정의 문제를 다루고 있기 때문에 유아에서 초등학교 학동에 이르기까지 우리 아이의 연령과 상황에 맞는 이야기를 골라 들려줄 수 있도록 다양한 동화로 구성된 책이다.

　프랑스인이 쓴 책이라 그 짤막한 이야기들 중에 몇몇은 우리의 정서에 맞지 않을 수도 있을 것이다. 어른들이 생각하기에 문화적으로 좀 거리가 있고 낯설지 않을까 싶을 수도 있다. 아이에게 생소한 것, 만화 주인공, 사탕 이름 등등이 언급되는 경우 우리의 적당한 것으로 대체해도 좋을 듯하다. 아마도 우리들의 우려와 달리, 아이들은 처음 듣는 단어, 공주와 왕자의 이름을 듣고 깔깔거리며 재미있어 할지도 모른다. 아이들의 상상력과 이해력, 작을 것 같은 그들의 세계는 항상 우리의 생각을 넘어서니까. 또 한편으로 소피 카르캥의 이 동화는 부모가 생각하지 못한 아이의 사고와 마음을 표현하는 그 기발함에 감탄을 자아내는 책이기도 하다.

　우리는 '저 어린 애가 점점 더 험악해지는 이 세상을 어떻게 헤쳐나갈까' 염려를 한다. 그러면서도 아이가 모르는 더 심란한 현실을 짊어지고 살아가야 하는 우리 어른들로서는 때로 시무룩한 표정의 아이를 보고도 '어린 나이에 무슨 고민이 있겠어'라며 그냥 지나치기 쉽다. 소피 카르캥은 오히려 조그마한 그 세계에 사는 아이들의 걱정이 넘쳐난다고 말한다. 이 역자 역시, 아이를 위한 동화라고 생각하며 아이에게 들려주겠다며 펼쳐든 이 책을 덮으면서는 바로 나, 부모의 사고가 먼저 변화되어야 한다는 평범한 결론에 이르게 되었다. 그 결심이 금방 무너지는 것은 여전하기는 하지만 말이다.

매일 아침, 제 몸보다 더 커보이는 유치원 가방을 등에 메고 나서는 아이가 안쓰러워 얼른 내 어깨에 걸고 배웅한다. 그 조그만 아이의 뒷모습을 보면서 이 애가 이 세상을 어떻게 살아갈지 걱정을 떨치기 어렵다. 이미 그 세상을 살아왔고 살아가면서도 그곳에 우리의 아이를 내놓기 두려운 부모들… 그들에게 조금이나마 그 방법을 알려 주는 책이 되었으면 하는 바람으로 이 글을 맺는다.

2010년 9월
박은영

박은영
한국외국어대학교 불어과 졸업
동대학원 석사 및 박사
한국외국어대학교 강사
역서:《고요함의 폭력》《맞춤 육체》
《사진의 이해》《에곤 실레》외 아동물 번역 다수

문예신서
2015

아이들이 자라면서 겪는 짤막한 이야기들

초판발행 : 2010년 10월 5일

東文選
제10-64호, 78. 12. 16 등록
110-300 서울 종로구 관훈동 74번지
전화 : 737-2795

편집설계 : 李姃旻

ISBN 978-89-8038-936-0 94370
ISBN 978-89-8038-000-8(문예신서)

【東文選 現代新書】

1 21세기를 위한 새로운 엘리트　　FORESEEN 연구소 / 김경현　　7,000원
2 의지, 의무, 자유 ― 주제별 논술　　L. 밀러 / 이대희　　6,000원
3 사유의 패배　　A. 핑켈크로트 / 주태환　　7,000원
4 문학이론　　J. 컬러 / 이은경・임옥희　　7,000원
5 불교란 무엇인가　　D. 키언 / 고길환　　6,000원
6 유대교란 무엇인가　　N. 솔로몬 / 최창모　　6,000원
7 20세기 프랑스철학　　E. 매슈스 / 김종갑　　8,000원
8 강의에 대한 강의　　P. 부르디외 / 현택수　　6,000원
9 텔레비전에 대하여　　P. 부르디외 / 현택수　　10,000원
10 고고학이란 무엇인가　　P. 반 / 박범수　　8,000원
11 우리는 무엇을 아는가　　T. 나겔 / 오영미　　5,000원
12 에쁘롱 ― 니체의 문체들　　J. 데리다 / 김다은　　7,000원
13 히스테리 사례분석　　S. 프로이트 / 태혜숙　　7,000원
14 사랑의 지혜　　A. 핑켈크로트 / 권유현　　6,000원
15 일반미학　　R. 카이유와 / 이경자　　6,000원
16 본다는 것의 의미　　J. 버거 / 박범수　　10,000원
17 일본영화사　　M. 테시에 / 최은미　　7,000원
18 청소년을 위한 철학교실　　A. 자카르 / 장혜영　　7,000원
19 미술사학 입문　　M. 포인턴 / 박범수　　8,000원
20 클래식　　M. 비어드・J. 헨더슨 / 박범수　　6,000원
21 정치란 무엇인가　　K. 미노그 / 이정철　　6,000원
22 이미지의 폭력　　O. 몽젱 / 이은민　　8,000원
23 청소년을 위한 경제학교실　　J. C. 드루엥 / 조은미　　6,000원
24 순진함의 유혹 〔메디시스賞 수상작〕　　P. 브뤼크네르 / 김웅권　　9,000원
25 청소년을 위한 이야기 경제학　　A. 푸르상 / 이은민　　8,000원
26 부르디외 사회학 입문　　P. 보네위츠 / 문경자　　7,000원
27 돈은 하늘에서 떨어지지 않는다　　K. 아르트 / 유영미　　6,000원
28 상상력의 세계사　　R. 보이아 / 김웅권　　9,000원
29 지식을 교환하는 새로운 기술　　A. 벵토릴라 外 / 김혜경　　6,000원
30 니체 읽기　　R. 비어즈워스 / 김웅권　　6,000원
31 노동, 교환, 기술 ― 주제별 논술　　B. 데코사 / 신은영　　6,000원
32 미국만들기　　R. 로티 / 임옥희　　10,000원
33 연극의 이해　　A. 쿠프리 / 장혜영　　8,000원
34 라틴문학의 이해　　J. 가야르 / 김교신　　8,000원
35 여성적 가치의 선택　　FORESEEN연구소 / 문신원　　7,000원
36 동양과 서양 사이　　L. 이리가라이 / 이은민　　7,000원
37 영화와 문학　　R. 리처드슨 / 이형식　　8,000원
38 분류하기의 유혹 ― 생각하기와 조직하기　　G. 비뇨 / 임기대　　7,000원
39 사실주의 문학의 이해　　G. 라루 / 조성애　　8,000원
40 윤리학 ― 악에 대한 의식에 관하여　　A. 바디우 / 이종영　　7,000원
41 흙과 재 〔소설〕　　A. 라히미 / 김주경　　6,000원

【東文選 文藝新書】

3104 《센소》 비평 연구	M. 라니 / 이수원	18,000원
3105 《경멸》 비평 연구	M. 마리 / 이용주	18,000원

【기 타】

▨ 모드의 체계	R. 바르트 / 이화여대기호학연구소	18,000원
▨ 라신에 관하여	R. 바르트 / 남수인	10,000원
▨ 說 苑 (上·下)	林東錫 譯註	각권 30,000원
▨ 晏子春秋	林東錫 譯註	30,000원
▨ 西京雜記	林東錫 譯註	20,000원
▨ 搜神記 (上·下)	林東錫 譯註	각권 30,000원
■ 경제적 공포〔메디치賞 수상작〕	V. 포레스테 / 김주경	7,000원
■ 古陶文字徵	高 明·葛英會	20,000원
■ 그리하여 어느날 사랑이여	이외수 편	4,000원
■ 너무한 당신, 노무현	현택수 칼럼집	9,000원
■ 노력을 대신하는 것은 없다	R. 쉬이 / 유혜련	5,000원
■ 노블레스 오블리주	현택수 사회비평집	7,500원
■ 딸에게 들려 주는 작은 지혜	N. 레흐레이트너 / 양영란	6,500원
■ 떠나고 싶은 나라─사회문화비평집	현택수	9,000원
■ 미래를 원한다	J. D. 로스네 / 문 선·김덕희	8,500원
■ 바람의 자식들─정치시사칼럼집	현택수	8,000원
■ 사랑의 존재	한용운	3,000원
■ 산이 높으면 마땅히 우러러볼 일이다	유 향 / 임동석	5,000원
■ 서기 1000년과 서기 2000년 그 두려움의 흔적들	J. 뒤비 / 양영란	8,000원
■ 서비스는 유행을 타지 않는다	B. 바게트 / 정소영	5,000원
■ 선종이야기	홍 희 편저	8,000원
■ 섬으로 흐르는 역사	김영회	10,000원
■ 세계사상	창간호~3호:각권 10,000원 / 4호: 14,000원	
■ 손가락 하나의 사랑 1, 2, 3	D. 글로슈 / 서민원	각권 7,500원
■ 십이속상도안집	편집부	8,000원
■ 얀 이야기 ① 얀과 카와카마스	마치다 준 / 김은진·한인숙	8,000원
■ 얀 이야기 ② 카와카마스의 바이올린	마치다 준 / 김은진·한인숙	9,500원
■ 얀 이야기 ③ 이스탄불의 점쟁이 토끼	마치다 준 / 김은진·한인숙	12,000원
■ 얀 이야기 ④ 초원의 축제	마치다 준 / 김은진	12,000원
■ 어린이 수묵화의 첫걸음(전6권)	趙 陽 / 편집부	각권 5,000원
■ 오늘 다 못다한 말은	이외수 편	7,000원
■ 오블라디 오블라다, 인생은 브래지어 위를 흐른다	무라카미 하루키 / 김난주	7,000원
■ 이젠 다시 유혹하지 않으련다	P. 쌍소 / 서민원	9,000원
■ 인생은 앞유리를 통해서 보라	B. 바게트 / 박해순	5,000원
■ 자기를 다스리는 지혜	한인숙 편저	10,000원
■ 천연기념물이 된 바보	최병식	7,800원
■ 原本 武藝圖譜通志	正祖 命撰	60,000원
■ 테오의 여행 (전5 권)	C. 클레망 / 양영란	각권 6,000원